Conserver la couverture

BIBLIOTHÈQUE D'HISTOIRE CONTEMPORAINE

J.-L. de Lanessan

Député,
Ancien Ministre de la Marine.

68
1906

Les Enseignements maritimes de la Guerre Russo-Japonaise

AF475171

Paris, FÉLIX ALCAN, éditeur, 1905.

LES ENSEIGNEMENTS MARITIMES

DE

LA GUERRE RUSSO-JAPONAISE

AUTRES OUVRAGES DE M. J.-L. DE LANESSAN

Le programme maritime de 1900-1906. 2e édit. 1 vol. in-12. 3 fr. 50

L'Indo-Chine française. Étude économique, politique et administrative, 1889. 1 vol. in-8, avec 5 cartes en couleurs, de la *Bibliothèque d'histoire contemporaine*. . . . . 15 fr.

Principes de colonisation, 1897. 1 vol. in-8 de la *Bibliothèque scientifique internationale*, cartonné à l'anglaise. . . . . 6 fr.

Introduction à la Botanique. Le sapin. 2e édit. 1890. 1 vol. in-8, avec figures, de la *Bibliothèque scientifique internationale*, cartonné à l'anglaise. . . . . 6 fr.

La morale des religions, 1905. 1 vol. in-8, de la *Bibliothèque de philosophie contemporaine*. . . . . 5 fr.

La morale des philosophes chinois, 1896. 1 vol. in-12, de la *Bibliothèque de philosophie contemporaine* . . . . 2 fr. 50

La lutte pour l'existence et l'évolution des sociétés. 1 vol. in-8, de la *Bibliothèque générale des sciences sociales*, cart. à l'angl. 6 fr.

La concurrence sociale et les devoirs sociaux. 1 vol. in-8, de la *Bibliothèque générale des sciences sociales*, cart. à l'angl. 6 fr.

L'Expansion coloniale de la France. Étude économique, politique et géographique sur les établissements français d'outre-mer. 1 vol. in-8, avec cartes. . . . . (*Epuisé*).

La colonisation française en Indo-Chine, 1895. 1 vol. in-12, de la *Bibliothèque d'histoire contemporaine*. . . . . (*Epuisé*).

La Tunisie. 1887. 1 vol. in-8 . . . . (*Epuisé*).

LES ENSEIGNEMENTS MARITIMES

DE

LA GUERRE USSO-JAPONAISE

BIBLIOTHÈQUE NATIONALE
R.F.
IMPRIMÉS

PAR

J.-L. DE LANESSAN

Député,
Ancien Ministre de la Marine.

PARIS
FÉLIX ALCAN, ÉDITEUR
ANCIENNE LIBRAIRIE GERMER BAILLIÈRE ET Cie
108, BOULEVARD SAINT-GERMAIN, 108

—

1905

Tous droits réservés.

PRÉFACE

Ecouen, 16 septembre 1905.

Pendant que je terminais les *Enseignements maritimes de la guerre russo-japonaise*, la direction du *Standard* me pria de lui donner un article sur *Nelson* pour le numéro spécial qu'elle consacre à l'illustre marin, à l'occasion du centenaire de sa mort. On sait qu'il fut tué, sur le *Victory*, au cours de la bataille de Trafalgar, le 19 octobre 1805, par une balle française. A ce moment, il pouvait considérer la victoire comme certaine, si ses ordres étaient ponctuellement suivis. Il mourut donc en pleine gloire et de la mort qui convient aux grands capitaines, ayant détruit, en deux batailles, la marine française et fondé la prépondérance maritime de sa patrie.

Après des hésitations dont il me paraît inutile de donner les motifs, je me suis décidé à écrire l'article qui m'était demandé.

Il m'a semblé ensuite qu'il formerait une préface convenable pour le présent livre, car en comparant les erreurs dont la France fut victime il y a un siècle, avec celles que certaines personnes voudraient lui faire commettre aujourd'hui, on verra combien peu servent les leçons de l'histoire à ceux qu'aveuglent les passions, l'ignorance ou le désir de flatter les préjugés de leur temps.

Voici cet article :

LES LEÇONS DE L'HISTOIRE

Il serait fort douloureux pour un Français de parler de Nelson, si nous n'étions pas à un siècle de l'époque où le grand capitaine anglais remportait les victoires par lesquelles fut établie, pour une période de temps non encore révolue, la prépondérance maritime de la Grande-Bretagne.

A si longue distance, après cent années de relations pacifiques entre l'Angleterre et la France, et à l'heure où les deux peuples viennent de fraterniser par leurs marines elles-mêmes dans les eaux de Brest et dans celles de Portsmouth, les batailles d'Aboukir et de Trafalgar ne peuvent plus être envisagées par les Français raisonnables et pacifiques que comme des leçons de guerre navale. C'est à ce point de vue que je me propose d'étudier les événements dans lesquels la marine anglaise et Nelson jouèrent un rôle si considérable à la fin du XVIIIe siècle et au début du XIXe.

Ces événements eux-mêmes ne furent que la résultante de faits historiques dont le point de départ remontait à deux siècles en arrière.

Admirablement situées l'une et l'autre pour se consacrer aux œuvres de l'industrie, du commerce et de la marine, la France et l'Angleterre précédèrent, en effet, dans cette voie, toutes les nations de l'Europe. La France y marcha la première, l'Angleterre ne l'y suivit qu'à partir du XVIIe siècle. Un moment même, sous la dictature militaire de Cromwell, elle se lança dans des guerres et des conquêtes continentales qui l'auraient détournée pour toujours peut-être de ses destinées naturelles, si le génie militariste sous lequel toutes les têtes s'étaient courbées n'avait disparu avant que l'avenir de son pays eût été complètement engagé.

Dès le lendemain de sa mort, les deux grandes nations que la Manche sépare adoptaient, dans leurs rapports avec le reste de l'Europe, des attitudes essentiellement contraires et qui devaient leur assigner des destins tout à fait différents.

Renonçant avec une remarquable sagesse à l'impérialisme et aux conquêtes continentales, où ses libertés n'auraient pas tardé de sombrer, la Grande-Bretagne s'attacha d'une manière définitive à la politique maritime, commerciale et pacifique qui seule est compatible avec ces mêmes libertés. Elle ne conserva de l'œuvre de Cromwell que son « Acte de navigation » et la flotte de guerre qu'il avait créée, c'est-à-dire l'instrument « qui fondait », suivant l'expression de Seeley, « l'empire commercial du peuple anglais », et l'organisme puissant qui devait protéger le commerce britannique en assurant à l'Angleterre la prépondérance maritime.

La Grande-Bretagne, à partir de cette époque, n'est restée étrangère à aucun des grands faits politiques qui se sont produits en Europe; mais elle ne tenta jamais de prendre pied sur le continent. Elle abandonnait à ses rivales la charge des grandes armées, dont la seule existence entraîne presque fatalement les guerres de conquêtes. Elle se réservait l'empire de la mer.

Tandis qu'à partir du règne de Louis XIV, la France épuise ses ressources financières et verse à profusion le sang de ses enfants dans des guerres européennes qui devaient la ruiner et l'affaiblir, l'Angleterre s'enrichit, se répand à travers le monde et prend la place de la France dans les colonies mêmes que celle-ci avait fondées.

En 1794, après les admirables campagnes par lesquelles le peuple français, légitimement soulevé contre l'Europe entière, avait assuré la sécurité de ses frontières et l'indépendance de sa politique intérieure, alors que la Prusse, l'Empire, l'Espagne, l'Italie nous demandaient la paix, il eut été facile à la France de revenir à la politique maritime qui convient à sa situation géographique et à l'attitude pacifique où devraient toujours se complaire les démocraties.

Cependant, les ambitions et les intérêts de quelques hommes lui firent oublier les leçons du passé et la jetèrent de nouveau dans la politique de conquêtes incessantes qui l'avait ruinée et épuisée sous Louis XIV. Il fallait à Napoléon des lauriers. Il lui en fallait sur les champs de bataille de l'Europe et sur les océans. Son génie militaire devait lui en procurer d'abondantes moissons sur tous les points du continent européen, son ignorance de la marine et son acharnement à combattre la puissance insaisissable de l'Angleterre, ne devaient qu'assurer le succès des flottes britanniques et créer la gloire de Nelson.

Méconnaissant les principes les plus élémentaires de la guerre navale, oubliant toutes les leçons du passé, il lança la France dans une série d'entreprises pour lesquelles il aurait fallu les flottes les plus puissantes et les marins les plus habiles du monde, sans vouloir créer ni la flotte ni les marins nécessaires. Par son impéritie, il prépare Aboukir et l'évacuation de l'Egypte, Trafalgar et la ruine de la marine française.

S'il est un principe admis par toutes les marines du monde et assis sur le raisonnement scientifique le plus rigoureux c'est, à coup sûr, celui qui interdit de tenter des transports maritimes de troupes sans s'être assuré préalablement la maîtrise de la mer. Dédaigneux de ce principe, Napoléon s'embarque pour l'Egypte, en 1796, avec 40.000 hommes répartis sur 400 transports qu'escorte l'escadre de l'amiral Brueys. Celle-ci ne comprenait que 13 vaisseaux dont un seul de 120 canons, deux de 80 canons et dix de 64 canons. L'armement des navires avait été si hâtif que l'on dut placer sur chaque vaisseau 500 soldats auxquels on faisait faire l'exercice du canon pendant la traversée. Si cette flotte, embarrassée par des transports et chargée de soldats n'ayant pas l'expérience de la mer avait été rencontrée par une escadre anglaise même moins forte, la France aurait subi un désastre semblable à celui de la grande « armada » espagnole.

Les ordres tactiques donnés par Bonaparte pour un combat naval éventuel n'auraient pu que compromettre encore davantage le sort de l'escadre française, car dans son ignorance absolue des choses de la mer, il avait prescrit à chaque vaisseau de n'avoir qu'un but : joindre un vaisseau ennemi et l'aborder. Il comptait sur les soldats mis à bord de chacun de nos bâtiments pour assurer la victoire, mais il n'avait pas prévu ce qu'il y aurait à faire si Nelson donnait à sa flotte des ordres ayant pour objet de rendre impossible la manœuvre imposée à Brueys ou si le vent et les autres circonstances de la mer ne permettaient pas d'exécuter cette manœuvre.

Le corps expéditionnaire de Bonaparte faillit être surpris. Nelson s'était mis à sa poursuite avec une escadre composée de 14 vaisseaux de ligne et 5 frégates. Entre Malte et Alexandrie, l'escadre de Nelson et celle de Brueys suivirent, pendant plusieurs jours, des routes parallèles et distantes seulement d'une centaine de milles, sans se découvrir, parce que celle de Nelson, n'ayant rien à traîner derrière elle, marchait beaucoup plus vite que celle de Brueys.

Je ne raconterai pas la bataille d'Aboukir ; je me borne à rappeler le seul ordre donné par Nelson, parce qu'il montre combien sa tactique différait de celle de Bonaparte et lui était supérieure : « on attaquera l'avant-garde et le centre de l'escadre française ». C'était le renouvellement de la manœuvre appliquée déjà le 14 février 1797, contre les Espagnols, dans la bataille de Saint-Vincent, par l'amiral anglais Jervis sous les ordres duquel Nelson avait brillamment combattu comme commodore. Elle consiste à concentrer tout l'effort de l'offensive sur une partie seulement des navires à attaquer, en ayant soin d'opérer de façon à ce que les autres ne puissent pas leur porter secours. C'est ce qui advint dans la bataille d'Aboukir. La flotte de Brueys étant au mouillage sur une seule ligne, Nelson fit attaquer sa tête d'abord, puis son centre, avec la certitude que l'arrière ne pourrait pas les secourir, car il aurait dû pour le faire remonter contre le vent. Nelson put ainsi lancer d'abord deux, puis trois et quatre de ses vaisseaux contre chacun de ceux de Brueys.

On sait quelles furent les conséquences de cette victoire. Lorsque le corps expéditionnaire de Bonaparte dût quitter l'Egypte soulevée contre lui et où il était attaqué par l'Angleterre, la France n'avait plus de flotte : c'est sur des navires anglais que l'on fut contraint d'embarquer les troupes françaises. Dans cette inutile expédition, Bonaparte avait perdu la meilleure partie de notre flotte, livré la domination de la Méditerranée à l'Angleterre et rendu impossible l'occupation française de l'Egypte, car un corps de débarquement privé de communications avec sa métropole est nécessairement condamné à la défaite et à la destruction ou à la capitulation.

Aussi, lorsque Bonaparte voulut renouveler contre l'Angleterre l'expédition si improductive, si néfaste même de l'Egypte, le ministre de la marine Decrès avait-il toute autorité pour combattre ce projet et demander que nos escadres fussent d'abord reconstituées et rendues assez fortes, assez instruites, assez expérimentées pour nous assurer la maîtrise de la Manche. Mais Bonaparte croyait à l'inutilité de cette maîtrise ; il avait négligé la construction des vaisseaux de ligne ; il comptait sur des petits bateaux qui traverseraient la Manche par surprise et qui, étant légion, pourraient, en quelques heures, transporter sur le sol britannique une armée de 120,000 hommes avec ses chevaux, ses canons, ses munitions et ses vivres.

Dès 1801, il avait consacré toutes les ressources financières de la marine à la construction de ces pygmées de la mer, à celle des forts par lesquels on dût les protéger à Boulogne et à Wimereux, à la concentration des hommes, des matières et armes qu'il fallait transporter. Non seulement on ne construisait aucun grand navire, mais encore on avait dégarni nos quelques vaisseaux de ligne, de leurs meilleurs matelots. A Toulon, il avait fallu, pour compléter les équipages, embarquer des soldats ignorants de tout ce qui touche à la mer et jusqu'à des nègres déportés. Cependant, près de 22.000 matelots avaient été embarqués sur les 250 chaloupes canonnières, 500 bateaux canonniers, 400 péniches et 900 bâtiments de transport réunis dans la Manche. Et il se trouvait des officiers généraux comme l'amiral Bruix pour se moquer du ministre de la marine Decrès lorsqu'il disait : « on ne « peut méconnaître la valeur des chaloupes canon- « nières, elles portent plus de 3.000 bouches à feu de « gros calibre, c'est-à-dire autant qu'une flotte de « 36 vaisseaux de ligne... mais où a-t-on vu les cha- « loupes se mesurer contre les gros bâtiments?... « Supposez ces chaloupes dans le milieu du canal en « présence de vaisseaux,... supposez, en outre, un vent « assez fort qui rendrait la manœuvre facile pour les « vaisseaux, difficile pour vos chaloupes, ne seraient- « elles pas en danger d'être foulées, noyées en grand « nombre par les géants avec lesquels on les aurait « obligées à se battre? »

Ce langage était trop raisonnable pour que la majorité des officiers et l'empereur lui-même ne fussent pas contraints de l'écouter. On décida donc qu'il faudrait protéger la flottille par des escadres de vaisseaux de ligne. Mais, ces escadres on ne les avait plus. On avait négligé la construction des vaisseaux de ligne pour celle des petits bateaux; on avait négligé l'instruction des équipages, des officiers, des commandants des grands navires. On avait ainsi préparé le désastre de Trafalgar, car il suffit de jeter un simple coup d'œil sur un plan de cette bataille pour se convaincre que si l'amiral Villeneuve avait disposé de bons vaisseaux à trois ponts et d'habiles canonniers, le résultat de la bataille eut pu être fort différent de ce qu'il fût.

La bataille de Trafalgar, en effet, a servi, en quelque sorte, de modèle à celle de Tsou-Shima. Le plan des deux batailles est le même et il est très simple. L'une des flottes forme une seule file rectiligne; l'autre est divisée en deux files parallèles entre elles et marchant perpendiculairement sur la première.

Il est évident que tous les navires de la ligne unique peuvent, dans cette disposition, concentrer le feu de toutes leurs pièces d'un bord sur les navires de tête des deux files qui marchent contre elle. Au contraire, les navires de ces dernières ne peuvent se servir que de leurs pièces de l'avant. La file unique jouit donc, *a priori*, d'un avantage considérable. Si ses canonniers sont plus habiles que ceux de l'ennemi, cet avantage se trouve accru dans de très fortes proportions.

C'est précisément ainsi que les choses se passèrent dans la bataille de Tsou-Shima. Les Russes entrèrent dans le détroit sur deux files parallèles, ayant en tête leurs meilleurs cuirassés. Les Japonais se présentèrent en travers de leur route sur une seule file transversale. Parvenus à bonne distance, tous les navires de la file japonaise concentrèrent les feux de toutes leurs pièces de tribord contre les navires de tête des files russes tandis que ceux-ci ne pouvaient se servir que de leurs pièces de l'avant. Les Japonais avaient donc l'avantage de la position. Comme, en outre, leurs canonniers étaient excellents, tandis que ceux des Russes étaient détestables et tiraient d'autant plus mal qu'il y avait du roulis, la victoire était, d'avance, assurée aux Japonais. Après une seule demi-heure de combat, les deux cuirassés formant la tête des files russes étaient désemparés, le désordre se mettait dans les files elles-mêmes et l'amiral Togo pouvait télégraphier que la bataille était gagnée.

A Trafalgar, le 19 octobre 1805, la disposition des deux flottes est la même qu'à Tsou-Shima. La mer est également houleuse. La flotte franco-espagnole commandée par l'amiral Villeneuve est sur une seule file, contre laquelle marche très lentement, car le vent est faible, la flotte de Nelson disposée sur deux lignes. Villeneuve est dans la même situation que les Japonais à Tsou-Shima. Nelson est dans celle des Russes. Villeneuve a incontestablement l'avantage de la position; mais ni ses navires ni ses marins ne valent ceux de Nelson: celui-ci dispose de sept vaisseaux à trois ponts, Villeneuve n'en a que cinq et encore sont-ce des navires espagnols dont les gréements sont en piteux état. Nelson a des officiers et des équipages très amarinés, instruits, expérimentés, et des canonniers excellents; Villeneuve n'a que des équipages de fortune, des officiers pour la plupart peu expérimentés parce que Napoléon a toujours négligé les escadres au profit des flottilles, les manœuvres des grands navires au profit des mouvements des petits.

L'infériorité du matériel et l'inhabileté du personnel de Villeneuve devaient lui faire perdre d'autant plus facilement les avantages de la position, qu'il avait devant lui l'amiral le plus habile et le plus audacieux que l'Angleterre ait eu jusqu'à ce jour. Les navires qui forment la file commandée par Villeneuve sont mal disposés, laissent entre eux des vides et tirent mal. Nelson et Collingwood ont beau jeu, malgré qu'il y ait peu de vent et que leur marche soit fort lente, pour se jeter sur la flotte de Villeneuve, séparer son centre de son avant et de son arrière, et concentrer sur le centre isolé tous les feux de leurs navires. Dès lors la bataille est gagnée.

Nelson avait compris qu'il pouvait tout oser contre une flotte dont ni le matériel, ni le personnel n'étaient comparables à ceux dont il disposait lui-même. Il put être audacieux parce qu'il n'avait à craindre que la vaillance de ses ennemis. Or, la vaillance ne suffit pas pour faire gagner les batailles. Le génie lui-même les perd, comme Napoléon à Waterloo, quand il n'a pas le matériel et le personnel nécessaires. Nelson avait le génie ; le gouvernement britannique avait mis à sa disposition les plus beaux navires et le plus habile personnel maritime qu'il y eut alors dans le monde.

C'est sur ce dernier fait que j'attire particulièrement l'attention de mes compatriotes, en ce jour anniversaire d'un désastre que la France aurait évité, si Bonaparte ne s'était pas entêté dans le dédain systématique de ces vaisseaux de ligne et de ces grandes escadres qui, après Aboukir et Trafalgar, donnèrent à la Grande-Bretagne la domination des mers, tandis que la flottille de Boulogne s'effritait, inactive et impuissante, sous le soleil et la pluie.

S'il y a encore, dans une marine quelconque, des officiers hostiles aux grands et forts vaisseaux de ligne et aux puissantes escadres, ils feront sagement de méditer les leçons que leur donne l'histoire maritime de l'Angleterre et de Nelson.

J. L. DE LANESSAN.

BIBLIOTHÈQUE NATIONALE R.F. IMPRIMÉS

LES ENSEIGNEMENTS MARITIMES

DE LA

GUERRE RUSSO-JAPONAISE

BIBLIOTHÈQUE NATIONALE R.F. IMPRIMÉS

CHAPITRE PREMIER

QUESTIONS MARITIMES POSÉES AVANT LA GUERRE RUSSO-JAPONAISE

Pendant les trente dernières années, la France a beaucoup hésité sur le choix des différents types de navires à introduire dans sa flotte de guerre, sur la détermination du nombre relatif des navires de chaque type qu'il convenait de construire et sur l'armement le plus convenable à chaque type de navire.

Les hésitations de l'opinion publique ont été très prononcées, surtout à partir du moment où la torpille fut découverte. Certains publicistes d'un esprit plus imaginatif que scientifique, affirmèrent alors qu'il était possible de faire détruire les plus grands navires par les plus petits, et préconisèrent une organisation des flottes de guerre dans laquelle chaque unité ne porterait qu'une seule arme et ne chercherait sa protection que dans la petitesse de sa taille et sa vitesse.

Cette doctrine fut plus particulièrement exposée en France. Elle fut le point de départ d'une division parmi nos officiers, que les publicistes ont exagérée et, détermina la formation d'une école qui, sous le nom de « jeune marine », a beaucoup agité l'opinion publique. Il me paraît donc utile de rappeler ici les principes de cette doctrine. Nul ne les a mieux ni plus nettement exposés que Gabriel Charmes, dont les articles de journaux et les livres passèrent jadis pour être inspirés par l'amiral Aube. Dans son livre la *Réforme de la marine*, publié en 1886, il disait :

« L'organisation actuelle des forces maritimes des gran-
« des nations européennes reposait sur un principe faux
« et dangereux, le principe de la concentration de toutes
« les armes de combat sur un même navire ; c'est contre
« ce principe que je me suis élevé ; c'est ce principe que
« j'ai attaqué, non, comme on le croit, au profit de la tor-
« pille, mais au profit d'un principe opposé qui a triomphé
« depuis longtemps dans l'armée et qui doit triompher
« enfin dans la marine, le principe de la division du tra-
« vail. Le problème que j'ai posé et que j'ai essayé de
« résoudre (il fait allusion aux articles de journaux et de
« revues avec lesquels était fait son livre), n'est pas exclu-
« sivement celui de savoir si le torpilleur coulera le cui-
« rassé ou si le cuirassé résistera au torpilleur. Quelle que
« soit la gravité de ce dernier problème, quelles qu'en
« puissent être les conséquences, il en est un autre qui
« me paraît plus essentiel encore, et qui doit se traduire
« ainsi : vaut-il mieux continuer à construire des navires
« géants, plus ou moins cuirassés, sur lesquels on accu-
« mule des moyens d'attaque et de défense qui ne sau-
« raient se développer qu'au détriment l'un de l'autre,
« ou n'est-il pas préférable de donner à chaque arme un
« bateau spécial, sur lequel l'efficacité de cette arme sera
« portée à son maximum ? Les navires géants n'auront
« jamais qu'une vitesse inférieure. Or, la vitesse est deve-

« nue la qualité maîtresse des navires de guerre. Ne vaut-
« il pas mieux remplacer la puissance défensive, qui
« réside aujourd'hui dans la cuirasse, par le nombre des
« bâtiments, la supériorité de leur marche et leur invulné-
« rabilité relative obtenue à l'aide d'aussi faibles dimen-
« sions que possible ?... Substituer au cuirassé d'escadre,
« navire essentiellement complexe, à plusieurs fins, très
« coûteux, doué d'une vitesse restreinte, une grande quan-
« tité de bateaux spéciaux : bateaux-canons, bateaux-
« béliers, croiseurs, etc., donner à ces bateaux construits
« pour un but unique, la plus grande vitesse possible, en
« un mot diviser le travail, afin de le produire meilleur et
« à meilleur marché. A la vérité, la réalisation d'un pro-
« gramme aussi excellent en théorie, pouvait paraître
« alors difficile. Le grand mérite de la torpille est de
« l'avoir, au contraire, rendue aussi aisée qu'elle est néces-
« saire. Grâce à cette arme nouvelle, on peut aujourd'hui
« constituer une défense absolue des côtes avec de petits
« bâtiments légers, très rapides et peu coûteux ; on peut
« aussi, avec ces mêmes bâtiments modérément agrandis,
« attaquer au large les escadres elles-mêmes, les obliger
« à se réfugier dans les ports, forcer jusqu'à ces retraites.
« Dès lors, tous les obstacles tombent. Le nombre et la
« vitesse constitueront la puissance offensive ; la puis-
« sance défensive sera obtenue par la vitesse et par les
« petites dimensions, grâce auxquelles on obtiendra tout
« ce qu'il est permis d'espérer d'invulnérabilité pour un
« navire de combat. »

En somme, la « jeune marine » condamnait la réunion sur un même bâtiment des trois armes dont les vaisseaux de ligne étaient alors dotés, c'est-à-dire l'éperon, le canon et la torpille ; elle réclamait la construction de petits bateaux dont chacun serait muni exclusivement, soit d'un éperon, soit d'un canon, soit d'une torpille; elle repoussait toute autre protection que la vitesse et la faible visibilité résultant de la petite taille.

On n'a pas tenté en France la réalisation du bateau-éperon. Il n'était nécessaire ni d'être marin, ni d'être ingénieur, pour comprendre que l'éperon et la petite taille sont deux conditions impossibles à réunir sur un bâtiment auquel on demanderait de naviguer et de se battre ailleurs que dans une cuvette et contre d'autres navires que ceux construits par des lilliputiens.

On a essayé de réaliser le bateau-canon; au moment où l'idée fut lancée, on écrivit de nombreux articles de journaux et de revues où l'on montrait une flottille d'innombrables bateaux-canons armés d'obusiers de 155 millimètres, partant de l'un de nos ports de guerre à l'entrée de la nuit, allant bombarder Gênes ou Porstmouth dans l'obscurité, puis rentrant chez eux avant que fût dissipée la terreur jetée par leur action destructive parmi les habitants et les défenseurs des villes bombardées.

L'expérience a démontré qu'il fallait renoncer à un pareil rêve [1]. Je ne crois pas qu'on puisse trouver aujourd'hui dans notre flotte un partisan du bateau-canon.

1. En 1893, on fit d'abord des expériences à bord d'un vieux navire le *Saint-Louis* pour savoir si des obusiers pourraient être utilement placés sur les grands bâtiments, soit en vue du bombardement des batteries de terre, soit dans le but de lancer sur les grands navires des projectiles lourds qui, tombant verticalement sur les ponts, les traverseraient pour aller éclater dans les entreponts. Les résultats de l'expérience furent peu encourageants. Dès que le navire roulait un peu, le but étant immobile, le tir était inefficace. Avec le navire en marche très lente, la proportion des projectiles qui atteignirent le but fut très faible: 14 projectiles sur 72 seulement tombèrent sur un rectangle long de 100 mètres et large de 15, immobile. Si le but avait été mobile, il n'est pas douteux que le nombre des coups efficaces

Le bateau porte-torpille ou torpilleur est le seul des trois types de petits navires proposés à l'admiration de notre marine par Gabriel Charmes qui ait été construit en grand nombre.

§ 1. — Les torpilleurs

Conformément au principe qui dominait les théories de la « jeune marine », les premiers torpilleurs furent construits aussi petits que possible : leur déplacement n'était que d'une trentaine de tonnes et leur vitesse atteignait 19 nœuds, ce qui alors représentait une marche très rapide ; ils n'étaient munis que d'une seule torpille disposée au bout d'une hampe et destinée à être portée directement sous les flancs du navire ennemi. C'est ainsi

aurait été fort réduit. Ultérieurement, en 1896, on plaça le même obusier de 155 sur un aviso torpilleur de 418 tonnes, la *Dragonne*, dont on faisait ainsi le véritable bateau-canon. On parvint à couler, au bout d'un certain nombre de coups, un vieux bateau en bois, le *Panama*, en le perforant à la flottaison, mais aucun projectile ne tomba sur le pont. Avec de la mer, les résultats eussent été probablement tout à fait nuls. Cependant, on admit qu'à 1.500 mètres, avec des affuts convenablement adaptés au tir sur mer, on pourrait atteindre un but fixe *très large*. Mais, à cette distance, le bateau-canon serait coulé par les grands navires à artillerie avant même qu'il ait pu régler son tir. L'expérience, en somme, a confirmé le raisonnement. D'abord, les obusiers ne peuvent agir efficacement que si le point de chute du projectile est calculé avec une admirable précision, ce qui est fort difficile quand le but est un navire en marche ; ensuite, il leur faut une plate-forme immobile que les grands navires sont incapables de leur fournir et qu'il serait puéril de demander à des petits navires. Ils ne sont donc pas à leur place sur les bâtiments de guerre et aucune marine n'a songé à les y mettre. Quant à l'artillerie à trajectoire tendue, elle exige aussi une plate-forme relativement stable, que les petits bateaux-canons seraient incapables de lui offrir. Tout cela était indiqué par le raisonnement scientifique avec une telle netteté que la confirmation expérimentale était à peu près inutile.

qu'opéra le lieutenant de vaisseau Gourdon, à Foutchéou, avec plein succès, contre un bâtiment chinois.

Lorsque la torpille automobile eût été découverte, on la plaça d'abord, comme la précédente, sur des navires dont on réduisit autant que possible les dimensions et la hauteur sur l'eau, afin de leur donner le maximum possible d'invisibilité. Les premiers torpilleurs munis de torpilles autonomes ne déplaçaient que 50 à 60 tonneaux. Leur vitesse était d'une vingtaine de nœuds et ils ne portaient qu'une seule torpille logée à l'avant du bateau, dans le tube destiné à son lancement.

En agissant de la sorte, on avait obéi à la théorie. L'expérience démontra que l'on s'était trompé. Les torpilleurs aussi petits que possible dont on avait doté notre flotte étaient incapables de résister à la moindre houle. Dès que la mer était un peu grosse, ils perdaient à la fois leur vitesse et la faculté de lancer leur unique torpille. On augmenta donc les dimensions du torpilleur, ce qui permit de le doter d'une vitesse plus grande en même temps que d'un armement plus sérieux. Avec un déplacement de 80 à 85 tonnes, on obtint une vitesse de 24 à 25 nœuds, et l'on put mettre quatre torpilles à bord de chaque bateau. On put même y ajouter quelques pièces de petite artillerie, à tir très rapide, qui permettent au torpilleur de se défendre au besoin contre un torpilleur ennemi.

Néanmoins, avec le déplacement de 80 à 98 tonnes qui caractérise chez nous le navire connu aujourd'hui sous le nom de « torpilleur de 1re classe », on ne peut avoir que des bâtiments impropres à tenir la mer pendant plusieurs jours, à cause de leur faible approvisionnement en charbon et en vivres, et incapables de se servir utilement de leurs torpilles quand la mer est un peu dure. De tels navires étaient évidemment, *a priori*, incapables d'accompagner les escadres dans leurs évolutions au large. L'expérience a confirmé ce que le raisonnement scientifique avait permis de prévoir.

Cependant, on était d'avis que des torpilleurs d'escadre pourraient être utiles soit pour aider les cuirassés pendant le combat, soit pour achever leur œuvre destructive après la bataille d'artillerie. Pour réaliser cette pensée, on imagina d'abord des navires très petits, embarqués sur des bâtiments spéciaux, sortes de « mères-gigognes de torpilleurs », ainsi qu'on les nomma. C'est de cette conception que sont sortis nos quelques « torpilleurs-vedettes » de 12 tonnes et le croiseur *La Foudre*, qui devait porter sur son pont huit de ces petits navires. L'expérience a formellement condamné les torpilleurs de petite taille et embarcables soit sur des « mère-gigogne », soit sur des cuirassés ou croiseurs cuirassés qui les mettraient à la mer au moment de leur entrée en action. D'abord, leur débarquement et leur rembarquement au large offrent de sérieuses difficultés quand il y a un peu de mer ; ensuite, ils exposent les navires qui les portent à de grands dangers, car le choc d'un projectile peut faire éclater leur torpille avant ou pendant le débarquement.

L'expérience ayant condamné les torpilleurs embarcables, on construisit, en vue des escadres, des bâtiments de 400 tonneaux environ, auxquels on donna le nom d'*avisos torpilleurs* (*Dragonne*, *Flèche*, *Lance*, *etc*.), mais que l'on dût abandonner parce qu'ils étaient trop visibles, à cause de leurs dimensions, même la nuit. On leur substitua des torpilleurs de 150 tonnes environ, qui peuvent atteindre de 26 à 28 nœuds et qui sont assez robustes pour tenir la mer à côté des cuirassés, quand elle n'est pas trop mauvaise.

Faisant ensuite un pas de plus dans la même voie, on pensa que le rôle des torpilleurs d'escadre pourrait être avantageusement rempli par les contre-torpilleurs, dont le déplacement peut atteindre de 300 à 400 tonnes et qui, en conséquence, tiennent mieux la mer et sont plus rapides que des torpilleurs de 150 tonnes.

C'est à l'Angleterre que revient l'honneur de la construction des premiers contre-torpilleurs. Elle les nomma « destroyers » pour indiquer le rôle de destructeurs des torpilleurs qu'elle leur assignait. La France ayant construit un grand nombre de torpilleurs, l'Angleterre construisit, pour les combattre et les détruire, des destroyers. Elle n'a qu'un très petit nombre de torpilleurs, tandis qu'elle possède plus de 200 contre-torpilleurs.

Les plus récents destroyers anglais sont des navires de 550 tonneaux au minimum. Ils filent nominalement 25 ou 26 nœuds, ce qui correspond à une vitesse réelle aux essais de 24 nœuds environ. Ils sont armés de canons de 75 millimètres et au-dessous, à tir rapide.

Imitant l'exemple de l'amirauté anglaise, nous construisons, depuis quelques années, des contre-torpilleurs à peu près semblables aux siens pour la vitesse réelle et l'armement, mais d'un tonnage moindre (nous ne dépassons pas 335 tonnes), d'une robustesse plus grande et d'un maniement plus facile. Comme elle, nous avons doté ces navires d'une artillerie à tir rapide suffisante pour percer la coque des torpilleurs et même celle des destroyers, mais nous comptons, en outre, faire jouer à nos contre-torpilleurs, dans des circonstances déterminées, le rôle de torpilleurs d'escadres. Ils s'y prêtent assez bien par la facilité avec laquelle ils évoluent et par leur faible élévation au-dessus de l'eau, qui les rend peu visibles la nuit.

Les commandants de nos escadres sont unanimes à vanter leur bonne tenue à la mer et la facilité avec laquelle ils manœuvrent.

En résumé, contrairement à la théorie qui inspira la construction des premiers torpilleurs, et d'après laquelle on leur avait donné la plus petite taille possible, on a augmenté peu à peu leurs dimensions, sous les enseignements de l'expérience, afin de les rendre plus résistants à la mer, plus rapides et plus fortement armés.

Cependant, les plus grands torpilleurs et même les contre-torpilleurs ne peuvent avoir, en raison de leur rôle, que des dimensions très inférieures à celles des grands navires à artillerie. D'abord, les torpilles autonomes étant réglées pour naviguer à trois mètres environ au-dessous de l'eau, les torpilleurs ne peuvent échapper à leurs coups qu'à la condition de caler moins de trois mètres. En second lieu, les torpilleurs étant destinés à agir par surprise doivent pouvoir se dissimuler dans les moindres criques des côtes, dans les embouchures des fleuves, etc., et, par conséquent, n'avoir qu'un faible tirant d'eau.

Enfin, les torpilles autonomes ne pouvant agir efficacement qu'à faible distance (500 à 600 mètres au maximum), il faut que les bateaux qui les portent s'approchent beaucoup des grands navires qu'ils veulent attaquer. Or, ils ne peuvent le tenter que s'ils sont aussi peu visibles que possible. Cette dernière condition exige de faibles dimensions et condamne le torpilleur à être exclusivement un navire de nuit. Encore faut-il qu'il prenne, même pendant la nuit, de grandes précautions, pour n'être point aperçu par les grands navires. Il ne doit, par exemple, brûler que des charbons donnant peu de fumée et pas de flammes, car celles-ci surtout révéleraient leur présence à de très grandes distances.

Ne pouvoir agir normalement que pendant la nuit entraîne, pour les torpilleurs, plus d'un défaut grave. Si l'obscurité leur permet d'échapper, dans une certaine mesure, à la vue de l'ennemi qu'ils cherchent, elle augmente, par contre, la difficulté qu'ils ont à voir les navires situés à quelque distance, à distinguer leur nationalité et même à se rendre compte de la direction qu'ils suivent. Ce défaut est si grave, que l'on a dû prendre des mesures pour le corriger. C'est dans ce but que l'on réunit les torpilleurs par divisions de quatre ou cinq, placées sous la direction d'un navire plus élevé au-dessus de l'eau, ayant, par suite, une vue plus étendue et pouvant jouer le rôle d'un véritable guide.

Ce chef de groupe scrute l'horizon pour les torpilleurs qu'il conduit; il les amène auprès de l'ennemi et leur indique le moment où ils doivent lancer leurs torpilles, car il est mieux à même qu'eux d'apprécier les distances. Le rôle de chef de groupe de torpilleurs convient surtout aux contre-torpilleurs qui ont une vitesse au moins égale à celle des torpilleurs les plus rapides et qui peuvent eux-mêmes, à l'occasion, jouer le rôle de torpilleurs.

Il y a avantage encore à faire opérer les torpilleurs en groupes, parce que, dans ces conditions, la défense des grands navires est plus difficile. Lorsque cinq ou six torpilleurs attaquent à la fois et par divers côtés, un cuirassé, il y a des chances pour que l'un d'entre eux au moins échappe à sa surveillance ou à sa défense et puisse s'en approcher assez pour lancer sa torpille dans de bonnes conditions.

Cependant, les avantages qui résultent de la manœuvre

par groupes, ne sont pas sans être contrebalancés par certains inconvénients : un ou deux torpilleurs isolés peuvent surprendre un cuirassé plus facilement que ne le peut faire une flottile de torpilleurs.

Tandis que les torpilleurs se faisaient petits et sournois afin de surprendre le cuirassé, celui-ci cherchait à se protéger contre la torpille. On employa d'abord à cet effet les moyens extérieurs, si je puis dire. On songea notamment à retenir la torpille à l'écart de la coque des grands bâtiments. A cet effet, on imagina des filets à mailles d'acier (filets Bullivant, du nom de leur inventeur) que l'on tend dans l'eau, à quelques mètres autour du cuirassé et qui ont pour rôle d'arrêter les torpilles. La marine française paraît y avoir renoncé ; il n'en est pas de même de la marine anglaise. Celle-ci en a, au contraire, provoqué le perfectionnement et paraît en posséder un modèle que les torpilles sont impuissantes à briser. On peut aussi protéger les navires au mouillage par des estacades qui les enveloppent en tenant à l'écart torpilleurs et torpilles. La lumière électrique fournit encore aux grands navires un moyen de défense. Puisque les torpilleurs ne peuvent agir, que la nuit et grâce à son obscurité, on fait le jour pendant la nuit : les grands navires sont munis de projecteurs électriques très puissants avec lesquels ils fouillent l'horizon, éclairent la mer autour d'eux à grande distance et cherchent le torpilleur assez hardi pour tenter leur approche.

Il est vrai que la lumière révèle la présence des navires qui l'emploient et peut servir de guide aux torpilleurs ; mais, par contre, quand elle tombe sur ces derniers, elle les aveugle et les met dans l'impossibilité de se conduire.

Les navires naviguant sans aucun feu, ne sont que très difficilement visibles pour les torpilleurs, surtout si la nuit est obscure; au contraire en raison de leur élévation sur l'eau ils peuvent apercevoir ces petits navires à des distances très grandes. On peut aussi faire éclairer l'horizon par un ou plusieurs bâtiments, tandis que les autres tirent sur les torpilleurs découverts.

Quand la mer est mauvaise, les torpilleurs souffrent énormément du roulis, voient leur vitesse tomber dans de très fortes proportions et peuvent même devenir incapables de se servir de leurs torpilles. Ils risquent alors d'être pris et détruits par les cuirassés et les croiseurs sans que ceux-ci en aient rien à redouter. Le fait se produisit, en janvier 1898, dans des manœuvres de l'escadre de la Méditerranée. Le thème consistait en une attaque de Bonifacio par les cuirassés et une compagnie de débarquement, la défense étant représentée par le fort et les torpilleurs. La mer étant devenue mauvaise pendant la nuit qui précéda l'attaque, une partie des torpilleurs furent contraints de rester dans le port où ils tombèrent entre les mains de la compagnie de débarquement. Les autres sortirent avant le mauvais temps, mais durent se mettre à l'abri des îles qui entourent Bonifacio et ne purent diriger aucune attaque contre l'escadre cuirassée lorsque celle-ci vint bombarder le fort. Après avoir fait cesser le feu de ce dernier, les cuirassés se mirent à la chasse des torpilleurs et les détruisirent les uns après les autres, car à cause de la houle, ces petits navires allaient moins vite que les cuirassés et ne pouvaient pas faire usage de leurs torpilles.

En même temps que l'on cherchait des moyens de mettre les grands navires à l'abri de l'approche des torpilleurs ou des atteintes de la torpille, on se préoccupait de les doter d'un armement approprié à la destruction des torpilleurs. La marche de ceux-ci étant très rapide, on plaça sur les grands navires des pièces de petit calibre et à tir aussi rapide que possible, de manière à pouvoir couler le torpilleur avant qu'il ait pénétré dans la zone où son action peut être efficace.

Enfin, comme la torpille éclate au contact du bâtiment qu'elle atteint, et sans pénétrer dans l'intérieur de la coque, on s'ingénia à protéger cette dernière contre les effets destructeurs de l'explosif contenu dans la torpille. On divisa d'abord toute la partie immergée du navire en compartiments étanches que l'on ferme au moment du combat. Grâce à cette disposition, le navire peut continuer de flotter même après qu'un ou plusieurs de ses compartiments sont emplis d'eau. Poussant plus loin encore la même idée, on établit, en dedans de la coque, un grand nombre de petits caissons, séparés les uns des autres par des cloisons métalliques robustes et que l'on peut remplir de matières légères, telles que liège, cellulose, etc. Enfin, on a établi, sur quelques vaisseaux de ligne, en dedans de la coque et à une certains distance d'elle, une véritable cuirasse qui complète la ceinture extérieure et peut annihiler l'effet de la torpille.

Ces dernières dispositions ont paru nécessaires surtout depuis que les sous-marins ont été adoptés par toutes les marines. La difficulté de les découvrir avant qu'ils n'atteignent le grand navire oblige ce dernier à se protéger directement contre leurs torpilles.

§ 2. — Les navires a artillerie

Tandis que la torpille autonome ne peut agir efficacement que si elle est lancée à 500 mètres du but à atteindre et si les lames ne sont pas assez fortes pour modifier ou enrayer sa marche, le canon peut exercer une puissante action destructive jusqu'à 7.000 mètres. C'était donc un rêve peu scientifique, celui de la torpille se substituant au canon. Mais le canon ne peut produire tout son effet que s'il est porté par un navire remplissant certaines conditions.

En premier lieu, il faut que le navire à artillerie jouisse d'une certaine stabilité de plate-forme, c'est-à-dire qu'il ne subisse pas trop les effets de l'agitation de la mer. Si le bâtiment roule et tangue au delà d'une certaine mesure, le pointage devient impossible, le tir manque de rectitude et le projectile a mille chances de ne point atteindre l'ennemi. On estime généralement qu'avec un roulis de 5 degrés le combat n'est pas possible, parce que les canonniers ne peuvent plus viser.

Pour qu'un navire conserve, quand il y a de la mer, la stabilité de plate-forme qu'exige le tir du canon, il faut qu'il atteigne une certaine taille, qu'il soit doté de formes déterminées et que les poids de ses divers organes soient répartis dans des conditions particulières. C'est la nécessité de remplir ces diverses conditions qui rend impossible, *a priori*, l'emploi du bateau-canon, c'est-à-dire d'un navire dont la petite taille constituerait la seule protection.

Depuis que l'artillerie existe, on s'est efforcé de réunir, sur certains bâtiments, ces diverses qualités. On n'a pu y parvenir qu'en construisant des navires grands et massifs, parce que ce sont les seuls qui ont une stabilité suffisante.

De ce que l'on était conduit à les faire grands et massifs pour les rendre stables, il en devait résulter naturellement la tendance à y réunir le plus grand nombre possible de pièces de canon, et de pièces aussi puissantes qu'on les pouvait imaginer.

Aussi voit-on, dès les débuts de la création de l'artillerie navale, des navires porter jusqu'à 150 et 200 pièces. De nos jours, la critique s'exerce impitoyablement contre tous les navires qui, ayant été dotés de grandes dimensions, ne portent qu'un petit nombre de pièces, ou des pièces d'une faible puissance. Le bon sens, en effet, répugne à admettre que l'on puisse faire la dépense énorme exigée par un grand navire moderne, sans le munir d'une puissance offensive équivalente à ses dimensions et à son prix de revient.

Toutefois, il serait impossible de réunir, aujourd'hui, sur un même navire, autant de canons qu'on en voyait sur les vaisseaux de ligne des derniers siècles. L'artillerie navale a subi de telles transformations que la puissance d'un navire de guerre ne peut plus être estimée seulement d'après le nombre des pièces qu'il porte, mais aussi d'après la puissance de chacune de ces pièces.

Pour accroître, à la fois, la portée de la pièce, la force de pénétration des projectiles, la puissance explosive de ces derniers, il a fallu augmenter considérablement la longueur de l'arme, améliorer la qualité du métal, accroître le calibre et l'épaisseur des parois, le poids du projectile, etc., si bien que l'on en est arrivé à construire des canons qui ont de 15 à 18 mètres de long, avec un calibre de 15 à 30 centimètres et un poids de 6 à 45 tonnes, sans parler des affûts, dont le poids pour les pièces moyennes et grosses varie entre 15 et 25 tonnes.

L'augmentation de la taille et du poids des pièces, ainsi que celle des dimensions et du poids des affûts et des projectiles ne vont pas sans un accroissement considérable du prix de revient de tout ce matériel.

D'un autre côté, la nécessité de l'installer sur de grands navires, dont la marche ne peut être obtenue qu'à l'aide d'appareils évaporatoires et moteurs d'une très grande puissance et de dimensions énormes a déterminé une augmentation proportionnelle du prix de construction et des dépenses d'entretien des bâtiments. C'est par dizaines de millions que l'on évalue le prix de tout navire muni d'une artillerie quelque peu puissante.

Il était impossible que l'on ne songeât pas à protéger contre les coups de l'ennemi des bâtiments sur lesquels on accumulait tant d'artillerie et de machines et pour lesquels on dépensait tant de millions. Plus ils portent de canons, plus leurs machines sont puissantes et plus la raison commande de les mettre à l'abri des projectiles de l'ennemi.

La guerre ne protège pas ou ne protège que faiblement ses batteries de campagne, tandis qu'elle blinde d'acier les forts où elle concentre sa plus puissante artillerie de siège. Il ne saurait en être autrement pour les navires de guerre où la marine réunit ses canons les plus formidables et où elle les accumule en aussi grand nombre que possible. La protection du navire est plus nécessaire encore que celle de la forteresse car, en raison du milieu dans lequel le premier opère, une seule blessure grave peut entraîner, en quelques minutes, la perte de tout le machinisme, de toute l'artillerie, de tout le personnel réunis dans ses flancs et de tous les millions qu'il représente.

Aussi le plus simple bon sens a-t-il conduit toutes les marines du monde à protéger leurs navires de guerre d'autant plus fortement que leur artillerie est plus formidable et leur prix de revient plus élevé.

Il en a été ainsi dès l'époque des navires en bois et des boulets ronds. Sur les vaisseaux de ligne de la marine à voiles, l'épaisseur des murailles atteignait souvent cinq et six pieds, par la superposition de plusieurs plans de madriers réunis par de fortes chevilles de cuivre.

Aujourd'hui, la protection ayant été demandée au cuirassement métallique, il est naturel que l'étendue, l'épaisseur et la résistance de la cuirasse soient proportionnées au nombre et à la force des canons, aux dimensions et à la puissance des appareils moteurs et évaporatoires, à la taille et à la valeur vénale du navire, au nombre des hommes et des officiers de l'équipage. Aussi a-t-on vu le cuirassement des navires suivre, dans son évolution, une marche parallèle aux progrès réalisés par l'artillerie.

L'emploi de la torpille automobile et celui des torpilles dormantes que l'on place au voisinage des ports afin de les protéger contre l'ennemi flottant ont encore contribué, comme je l'ai rappelé plus haut, à rendre la protection directe des navires indispensable.

La puissance offensive et la protection apparaissent ainsi comme deux qualités inséparables, indissolublement associées l'une à l'autre, et dont le développement sur un même navire doit être corrélatif. Plus la force offensive du navire est grande, plus sa protection doit être solide et étendue.

De tous ces faits, il résulte, en somme, que ni la découverte de la torpille et des torpilleurs, ni celle des sous-marins n'ont déterminé l'abandon des grands bâtiments; on s'est borné à les armer aussi fortement que possible contre les torpilleurs et à les protéger contre les torpilles en même temps que contre les projectiles de l'artillerie.

Pour que le grand navire disparût devant le pygmée, il aurait fallu, d'abord, que la torpille dont ce dernier est armé put agir à une très grande distance et, ensuite, qu'elle fût assez puissante pour couler le navire frappé par elle. Or, ni l'une ni l'autre de ces conditions n'a pu être réalisée. La torpille automobile ne peut pas être lancée efficacement à plus de 500 à 600 mètres au maximum; elle ne peut pas contenir une quantité d'explosif suffisante pour couler un grand navire protégé comme il a été dit plus haut. D'un autre côté, le navire peut être armé de façon à détruire le torpilleur avant qu'il puisse faire usage de sa torpille.

Il est donc fort rationnel que, contrairement aux prophéties émises il y a vingt ans par les publicistes de la «jeune marine », toutes les grandes puissances maritimes continuent de construire des navires de grandes dimensions. Il y a même lieu de noter que le déplacement des navires à artillerie est allé sans cesse en s'accroissant depuis le jour où l'on annonça qu'ils allaient disparaître devant les petits bateaux.

Actuellement, c'est à la construction des vaisseaux de ligne que toutes les grandes puissances maritimes consacrent la plus grande partie de leurs budgets.

Depuis 1892 seulement, date de la grande floraison des torpilleurs dans notre pays, l'Angleterre a construit 52 cuirassés de premier rang, en élevant leur déplacement, par des accroissements successifs, de 10.500 tonnes (1892) à 16.500 tonnes (1905). Elle prépare, en ce moment la mise en chantier d'un cuirassé de 18.000 tonnes.

L'Allemagne, de son côté, a construit depuis 1891,

22 vaisseaux de lignes cuirassés, les plus anciens ayant 10.600 tonnes de déplacement et les plus récents atteignant 13.200 tonnes, et elle discute la question de savoir si elle ne construira pas pour la mer du Nord des cuirassés de 17 à 18.000 tonnes.

Les États-Unis ont construit, depuis 1891, 26 vaisseaux de ligne cuirassés, dont les plus récents ont un déplacement de 16.300 tonnes.

La Russie a construit depuis 1891, 16 cuirassés de ligne dont le tonnage s'est élevé graduellement de 10.370 tonnes (1891) à 16.900 tonnes (1905).

Le Japon n'a commencé à adopter les cuirassés qu'en 1896, mais il les a dotés tout de suite d'un déplacement de 12.600, puis 15.100 tonnes, 15.440 tonnes et 16.600 tonnes en 1905. Il en construit en ce moment un de 19.000 tonnes.

La France seule, parmi les grandes puissances maritimes, a montré des hésitations incessantes dans la construction des grands bâtiments cuirassés. Sous l'effet de publications auxquelles les représentants du pays et quelques officiers, voire plusieurs ministres eurent le tort d'attacher plus d'importance qu'aux avis les plus formels des conseils supérieurs de notre marine, nous sommes, depuis quinze ans, restés beaucoup en arrière des autres puissances pour la construction des vaisseaux de ligne cuirassés.

En 1889, alors que déjà l'on avait pu apprécier scientifiquement, sinon par les expériences de la guerre, la valeur comparative des théories nouvelles et des pratiques traditionnelles de toutes les marines, notre Conseil supérieur prenait une décision qui, si elle eût été fidèlement exécutée, aurait doté la France d'une flotte très supérieure à celle qu'avait alors l'Angleterre. Il réclamait, en effet, la construction immédiate de vaisseaux de ligne cuirassés d'un déplacement de 14.000 tonnes, avec cuirassement de la coque de bout en bout, et logement de l'artillerie grosse ou moyenne dans des tourelles blindées. C'était, à peu de chose près, la conception qui a été réalisée dans les cuirassés du programme de 1900. Des ordres furent donnés par le ministre d'alors, en vue de la préparation des plans de ce navire ; mais aussitôt, un publiciste cria « sus au mastodonte », et le ministre en fut ému au point que, modifiant ses instructions, il diminua de deux mille tonnes le déplacement du navire à étudier. A partir de ce jour jusqu'en 1900, aucun ministre n'osa proposer aux Chambres la construction de cuirassés d'un déplacement supérieur à 12.000 tonnes. Tous reculaient devant cette épithète de « mastodonte » qui avait empêché l'exécution des délibérations de 1889. Il en résulte, pour tous nos cuirassés, des vices graves, en particulier une insuffisance manifeste du cuirassement de la coque et de la puissance de l'artillerie. Le blindage est, en général, trop peu étendu au-dessus et au-dessous de la ligne de flottaison, ou trop mince, tandis que l'artillerie moyenne est d'un calibre insuffisant. Ce double vice est facile à constater même sur les trois navires du type *Charlemagne* mis en chantier en 1893 et sur les deux du type *Suffren* mis en chantier de 1896 à 1898. Un de nos officiers généraux écrivait, il y a quelques années, à propos du *Gaulois* et du *Charlemagne*, dont le déplacement est de 11.287 tonnes : « J'ai le regret d'être obligé de déclarer que ces deux cuirassés ne sont pas un progrès par rapport à leurs prédécesseurs immédiats. Ici, comme trop souvent en France, la nécessité imposée à l'auteur des plans de réduire le tonnage à un minimum déterminé, a conduit à une solution étriquée et à des compromis fâcheux. »

La théorie dont j'ai parlé plus haut et d'après laquelle les grands navires seraient appelés à disparaître, trouvait un aide précieux dans le désir qu'avaient les ministres de complaire aux Chambres en dépensant le moins possible pour les constructions : ceux-là étaient les mieux vus qui mettaient en chantier les navires les moins grands, parce qu'ils étaient aussi les moins coûteux. La raison, la science, l'expérience des manœuvres navales, protestaient contre la théorie de la petite marine, mais il suffisait qu'elle fut brillamment soutenue dans la presse ou dans les livres par quelques publicistes imaginatifs ou par quelques officiers désireux de se poser en réformateurs, pour que les ministres fissent mine de l'adopter. Ils n'osaient pas aller absolument à l'encontre du bon sens et des opinions émises par les conseils de la marine, mais ils diminuaient les tonnages afin de complaire aux adversaires de ces conseils.

Il y eut même un temps où, pour satisfaire les théoriciens, on supprima tout à fait la construction des vaisseaux de ligne cuirassés. Du mois d'avril 1898 au mois de juin 1901, il ne fut signé aucun ordre de mise en chantier de cuirassés. Par une singulière évolution des esprits, on était arrivé, dans certains milieux, à considérer tout partisan des vaisseaux de ligne cuirassés comme un réactionnaire ou un suppôt des fabricants de blindage. Lorsque je proposai à la Chambre, en janvier 1900[1], de

1. Le projet de loi relatif au programme de 1900 fut déposé sur le bureau de la Chambre des députés le 30 janvier 1900. Pour marquer l'importance qu'il y attachait, le président du Conseil, Waldeck-Rousseau, tint à le déposer lui-même, au nom du gouvernement tout entier.

revenir à la construction des cuirassés de ligne, je soulevai une opposition tellement vive et tenace qu'il me fallut plus de deux ans pour en triompher complètement.

§ 3. — Les navires de vitesse

Cependant, les plus zélés partisans de la petite marine n'osaient pas réclamer ouvertement la suppression de tous les grands navires à artillerie ; ils se bornaient à proclamer l'inutilité des cuirasses épaisses, l'absolue nécessité des très grandes vitesses et affirmaient l'urgence de remplacer les vaisseaux de ligne cuirassés par des croiseurs aussi rapides que possible et qui se seraient livrés exclusivement à la guerre de course. Ils auraient profité de leur vitesse pour fuir devant les navires cuirassés, et ils auraient borné leur rôle à la poursuite et à la destruction des navires de commerce.

Pour obtenir la grande vitesse, on diminua d'abord la protection, au point de la réduire à un simple pont blindé. On les fit, en outre, aussi petits que possible, afin qu'il fût moins facile à l'artillerie de les atteindre, la vitesse et la petite taille étant considérées comme la meilleure des protections.

Les premiers navires de ce type furent mis en chantier par l'amiral Aube[1] ; ils avaient seulement 2.000 tonnes environ de déplacement et ils devaient filer 17 nœuds, ce qui était beaucoup, alors. Dès leur entrée en service, on s'aperçut qu'ils perdaient une bonne partie de leur vitesse aussitôt qu'il y avait de la mer.

1. En 1886 et 1887, c'est-à-dire pendant le ministère de l'amiral Aube ou pendant les quelques mois qui le suivirent, il fut mis en chantier 12 croiseurs protégés, dont 6 de 1.900 à 2.000 tonnes, 2 de 3.000 tonnes, 3 de 4.000 tonnes et 1 de 5.000 tonnes.

On augmenta donc le déplacement de ceux qui vinrent ensuite jusqu'aux 8.200 tonnes du type *Guichen*. On augmentait en même temps la vitesse, qui est de 23 nœuds dans le *Guichen* et ses congénères. On construisit ainsi successivement 33 de ces navires dits « protégés », en accroissant toujours leurs dimensions et leur vitesse, ce qui, du reste, n'augmentait guère leur valeur militaire.

Mis en chantier malgré l'avis du Conseil supérieur, les plus récents et les meilleurs de ces navires sont aujourd'hui condamnés par la marine entière[1].

Ils étaient à peine sur les chantiers que l'on comprenait tout ce qu'il y avait d'antiscientifique à dépenser douze à seize millions pour un bâtiment qui pourrait être coulé par un simple paquebot armé en croiseur auxiliaire. On reconnut que la vitesse ne pouvait pas dispenser du cuirassement et l'on construisit la *Jeanne-d'Arc* où l'on s'efforça de réunir une certaine protection avec une très grande vitesse (23 nœuds). On n'eut encore qu'un navire fort peu militaire.

On ne pouvait pas ne pas reconnaître que l'on s'était lancé dans une voie détestable, mais on n'osait pas aller à l'encontre des théoriciens, et c'est sous leur influence encore que l'on mit en chantiers, après la *Jeanne-d'Arc*, des croiseurs cuirassés qui, pour la plupart, n'ont comme elle, qu'un armement et une protection très inférieurs à ceux de leurs similaires étrangers, parce qu'on n'osait pas leur donner un assez fort tonnage. De 1897 à

1. Par suite de l'habitude qu'ont les différentes marines de se copier réciproquement, sans trop se donner la peine de réfléchir, la marine française n'est pas la seule qui ait commis l'erreur des croiseurs protégés : l'Angleterre en a construit plus de 130, et toutes les autres marines ont suivi l'exemple. Cependant, aujourd'hui, toutes y renoncent.

1899, nous mettions sur les chantiers les trois croiseurs du type *Desaix* qui déplacent seulement 7.710 tonnes, les deux croiseurs du type *Dupetit-Thouars,* dont le déplacement est de 9.500 tonnes, et les cinq du type *Condé* qui ne dépassent pas 10.000 tonnes, tandis que l'Angleterre construisait six croiseurs cuirassés du type *Cressy* qui atteignent 12.200 tonnes, six du type *Achilles* qui atteignent 13.760 tonnes et quatre du type *Drake* qui atteignent 14.320 tonnes.

Pendant cette même période, nous ne mettions sur les chantiers aucun vaisseau de ligne cuirassé, tandis que l'Angleterre entreprenait la construction de douze de ces navires et que l'Allemagne décidait la création d'une flotte qui doit comprendre 32 navires de cette même classe.

§ 4. — L'homogénéité des escadres

La crainte de mécontenter les théoriciens eut encore une autre conséquence désastreuse pour notre flotte. Tandis que les Anglais et les Allemands ont adopté comme règle de construire toujours des escadres entières, formées de cuirassés identiques, nous n'avons mis, au contraire, sur les chantiers, que des unités presque toutes dissemblables, de sorte qu'il nous est impossible, actuellement, de former avec elles des escadres homogènes. Cette violation de l'un des principes les plus essentiels de la marine de guerre nous met en état d'infériorité sensible vis-à-vis, non seulement de l'Angleterre, mais encore de l'Allemagne.

C'est seulement dans le programme de 1900 que nous sommes revenus aux vaisseaux de ligne cuirassés, et que nous avons adopté pour les croiseurs cuirassés, comme pour les cuirassés, les grandes dimensions reconnues depuis longtemps indispensables par nos propres conseils, adoptées par toutes les marines, et qui seules permettent de réunir sur les unités de chacun des types des grands bâtiments de guerre, les qualités qui leur sont nécessaires. Pour la première fois aussi, le programme de 1900 comportait une escadre entièrement homogène.

Ce programme avait été dressé conformément aux vues et aux décisions du Conseil supérieur de notre marine. Dans sa séance du 29 novembre 1899, celui-ci, confirmant des décisions antérieures, émettait l'avis que la flotte française doit posséder 28 vaisseaux de ligne cuirassés réunissant chacun, dans la mesure du possible, toutes les qualités reconnues nécessaires à ce genre de navires au moment de leur mise en chantier et construits six par six, de manière à pouvoir constituer des escadres homogènes.

Les 6 cuirassés du type *Patrie*, qui figurent au programme de 1900, remplissent toutes ces conditions. L'homogénéité de l'escadre qu'ils étaient destinés à former existait d'une manière absolue dans les projets soumis aux Chambres et votés par elles. Elle a malheureusement été détruite par les modifications apportées, en cours de construction, dans l'artillerie moyenne de quatre de ces navires. On a oublié, dans cette circonstance, que tout changement, même utile en soi, risque de devenir nuisible s'il détruit l'homogénéité d'une escadre. Ces modifications ont eu encore pour résultat de retarder beaucoup la construction des bâtiments qui les ont subies. En vertu des décisions du Parlement, les 6 cuirassés du type *Patrie* auraient dû entrer en service avant le 31 décembre 1906 ; il est aujourd'hui certain que l'escadre dont ils constituent les éléments ne sera pas prête à servir avant la fin de 1908, même en activant beaucoup les travaux.

§ 5. — Les croiseurs cuirassés

Le Conseil supérieur de notre marine avait décidé, en outre, dans sa séance du 29 novembre 1899, qu'il était nécessaire de doter notre flotte de 24 croiseurs cuirassés, c'est-à-dire de 24 bâtiments dans lesquels le pas est donné à la vitesse et au rayon d'action sur la protection et sur l'offensive.

Le nombre de 24 était arrêté dans le but de permettre la constitution de 8 divisions, formées chacune de 3 croiseurs cuirassés. Ces divisions, dans la pensée du Conseil, devaient pouvoir être réunies en nombre variable suivant les diverses opérations à exécuter.

Dans les prévisions du Conseil supérieur, les 24 croiseurs cuirassés considérés comme indispensables à notre flotte devaient être au moins aussi forts et aussi rapides que les bâtiments de même ordre les plus forts et les plus rapides des marines étrangères.

Pour les croiseurs cuirassés comme pour les vaisseaux de ligne cuirassés, nous adoptions le principe que si la France doit limiter le nombre des unités, elle doit, par contre, ne mettre aucune limite à la puissance de chaque unité, mais s'efforcer, au contraire, d'être toujours en avance, à cet égard, sur les marines étrangères. C'est dans ces conditions qu'avait été dressé le projet relatif aux 5 croiseurs cuirassés du type *Gambetta* qui figuraient au programme de 1900. Des modifications importantes ont été introduites, en cours de construction, sur deux de ces navires. Il en résultera des retards considérables dans leur entrée en service.

En ce qui concerne le remplacement des croiseurs cuirassés que nous possédons déjà, le Conseil supérieur de la marine était d'avis qu'il y aurait lieu de commander toujours 3 navires semblables à la fois, de façon à avoir autant de divisions homogènes. Dans une foule de circonstances il est, en effet, très utile que 3 croiseurs cuirassés opèrent ensemble.

L'opinion dominante dans les Conseils de la marine était, en 1899, que tout en recherchant pour nos croiseurs cuirassés une vitesse égale à celle des navires similaires étrangers les plus rapides, il était inutile de pousser trop loin dans cette voie, car la raison et l'expérience des manœuvres établissent que de toutes les qualités d'un navire, la vitesse est celle dont il est le moins facile d'affirmer qu'on la trouvera au moment où l'on en aura besoin. On jugeait donc qu'il serait irrationnel de lui sacrifier les autres qualités des croiseurs cuirassés, c'est-à-dire, dans l'ordre d'importance, le rayon d'action, l'offensive et la protection.

Après la mise en chantier des 5 croiseurs cuirassés qui figuraient au programme de 1900, d'autres vues prédominèrent, à un moment donné, sinon dans les Conseils supérieurs de la marine, du moins auprès du ministre, car sur l'un de ces navires, on sacrifia une partie notable de la puissance offensive pour obtenir une augmentation de la vitesse[1].

1. Il s'agit de l'*Ernest-Renan*. Pour lui donner une vitesse de 23 nœuds, c'est-à-dire supérieure d'un nœud seulement à celle du *Gambetta*, il a fallu supprimer 4 canons de 164,7; augmenter le déplacement de 1,094 tonnes, soit 13,644 tonnes au lieu de 12,550 tonnes; accroître la force de l'appareil moteur de 8,500 chevaux,

§ 6. — La spécialisation des navires

Au moment où le Conseil supérieur arrêta le programme de 1900, tous ses membres étaient d'avis qu'il y avait lieu de ne pas tendre à la fusion du vaisseau de ligne cuirassé et du croiseur cuirassé. Dans le premier, la puissance offensive et la protection doivent avoir le pas sur la vitesse et le rayon d'action, car ils sont destinés surtout aux combats d'escadre. Dans le second, la vitesse et le rayon d'action doivent passer avant la protection et l'offensive, parce qu'ils sont destinés aux opérations lointaines ou aux actions rapides, plutôt qu'aux batailles d'escadres.

Des tentatives ont été faites pour créer un type de bâtiment dans lequel se fondraient le vaisseau de ligne cuirassé et le croiseur cuirassé ; elles ont toutes échoué, parce que, en pratique, l'idée est irréalisable. Toujours on a dû sacrifier une ou deux des qualités essentielles de chacun des deux types. C'est ainsi que dans un projet établi par notre section technique en 1898 et relatif à un « cuirassé-croiseur » de 13.700 tonnes, doté d'une vitesse de 21 nœuds, armé de 4 pièces de 240 millimètres et de 16 pièces de 164 millimètres, la protection de la coque n'était représentée que par une cuirasse-ceinture épaisse de 15 à 17 centimètres. N'ayant pas plus de protection que les croiseurs cuirassés, ce navire était condamné à ne jamais accepter le combat avec aucun cuirassé d'escadre digne de ce nom et ne pouvait, par conséquent, jouer aucun autre rôle que celui des croiseurs cuirassés, avec

soit 36,000 chevaux au lieu de 27,500 ; augmenter le prix de construction de 3 millions de francs et accroître la dépense en charbon de 245 francs par heure.

cette infériorité, par rapport à ceux de son tonnage, qu'il aurait eu moins de vitesse qu'eux.

Lorsque ce projet me fut présenté, je l'écartai résolument, malgré l'exemple qui avait été donné déjà par l'Angleterre, ou plutôt parce que cet exemple me paraissait être une leçon que le raisonnement scientifique recommandait de ne pas suivre. L'amirauté anglaise avait, en effet, commis la faute de mettre sur les chantiers un grand nombre de navires sur lesquels elle avait cru possible de remplacer une partie de la protection par un accroissement de la vitesse normale des cuirassés de ligne. C'est de cette erreur que sont nés les 6 cuirassés du type *Canopus* et les 6 du type *Duncan* dont la vitesse a été portée à 19 nœuds, mais dont la cuirasse n'a que 150 millimètres d'épaisseur dans les premiers et 178 millimètres dans les seconds. Aucun de ces cuirassés-croiseurs ne pourrait se risquer contre de véritables cuirassés de ligne, contre ceux du type *Patrie*, par exemple, car leur cuirasse est transperçable même par notre artillerie de 164 ou de 194. L'amirauté ne pouvait manquer de reconnaître son erreur et elle est revenue, dans ses constructions récentes, aux cuirassés véritables.

On constate, par cet exemple, l'obligation dans laquelle se trouve la marine d'obéir à la loi de la spécialisation devant laquelle s'inclinent tous les organismes sortis du génie humain, comme tous ceux que la nature a produits.

Le Conseil supérieur de notre marine avait, enfin, décidé, dans sa séance du 20 novembre 1899, que la flotte française devait posséder un nombre de contre-torpilleurs, de torpilleurs et de sous-marins ou submersibles à déterminer selon les besoins créés par notre politique extérieure et la défense de nos colonies.

En somme, d'après les décisions que je rappelle, la flotte française devait comprendre obligatoirement cinq sortes de bâtiments : des vaisseaux de ligne cuirassés, des croiseurs cuirassés, des contre-torpilleurs, des torpilleurs, des sous-marins ou submersibles. Ce sont les éléments principaux qui entrent dans la composition de toutes les grandes flottes. Des éclaireurs, des transports, des bâtiments de rivières, etc., devaient être ajoutés à ces éléments principaux suivant les besoins de la flotte métropolitaine ou des colonies.

Voilà quel était l'état d'esprit des Conseils supérieurs de notre marine vers le moment où éclata la guerre russo-japonaise.

§ 7. — Les opinions a contrôler par les enseignements de la guerre

Les opinions que je viens d'exposer avaient été inspirées par les manœuvres que les différentes marines font en temps de paix et par les déductions que permettent les travaux publiés dans les divers pays. Elles n'avaient pu être soumises qu'au contrôle d'opérations de guerre relativement peu importantes mais qui, cependant, étaient de nature à les confirmer, celles de la guerre sino-japonaise et celles de la guerre hispano-américaine.

Il importe d'examiner ce qu'elles valent à la lumière projetée par les importantes et multiples opérations maritimes auxquelles la guerre russo-japonaise a donné lieu. Le moment de faire cet examen est venu, puisque la convention de Portsmouth a mis fin à la guerre elle-même.

D'autres questions moins discutées que celles dont je viens de parler, mais dont l'importance n'est guère moindre, doivent aussi être étudiées en tenant compte des enseignements de la guerre russo-japonaise. De ce nombre sont la question de l'armement qu'il convient de donner à chacune des classes de nos bâtiments de guerre, celle du blocus et de l'attaque des ports de guerre, celles de la concentration des forces navales en vue de la guerre, de l'outillage des arsenaux, et des divers actes que comporte la préparation de la guerre, celle du recrutement et de l'instruction des équipages et des officiers, celle enfin, tant débattue dans notre pays, qui concerne la tactique offensive et la tactique défensive et qu'il importe de résoudre d'une façon définitive, car nous avons presque autant dépensé depuis vingt-cinq ans pour la défensive que pour l'offensive.

Toutes ces questions seront étudiées tour à tour, dans autant de chapitres, à la lumière des enseignements de la guerre russo-japonaise.

CHAPITRE II

LA COMPOSITION DES FLOTTES DE GUERRE ET LES ENSEIGNEMENTS DE LA GUERRE RUSSO-JAPONAISE

La première question qu'il importe d'étudier à la lumière des opérations maritimes de la guerre russo-japonaise est celle-ci : Quels sont les types de bâtiments qui ont le mieux tenu la mer, qui ont le mieux servi leur pays et qui ont fait le plus de mal à l'ennemi ?

Soit que nous consultions les actes accomplis par la flotte japonaise, soit que nous examinions ceux de la flotte russe, la réponse est la même. Ce sont les grands navires à artillerie qui ont le mieux tenu la mer, qui ont le mieux servi leur pays et qui ont fait le plus de mal à l'ennemi ; et parmi les grands navires à artillerie ceux qui ont le mieux rempli ces conditions, ce sont, sans aucun doute, aussi bien du côté des Russes que du côté des Japonais, les vaisseaux de ligne cuirassés.

On pouvait *a priori* le supposer, car ces navires sont plus robustes, plus stables, plus fortement armés et plus solidement protégés que tous les autres. Aussi était-ce sur eux que toutes les marines modernes faisaient porter leurs plus grands efforts de construction. Les opérations de la guerre russo-japonaise fournissent des témoignages irrécusables en faveur de leur supériorité.

§ 1. — Le rôle des torpilleurs dans la guerre russo-japonaise

Cependant, un fait qui se produisit à Port-Arthur au moment même de la déclaration de guerre, et avant peut-être que celle-ci ne fût connue de l'escadre russe, permit d'abord de supposer que les petits navires à torpilles auraient raison des grands bâtiments à artillerie.

Lorsqu'on apprit que, dans la nuit du 8 au 9 février 1904, trois navires russes avaient été torpillés, dans la rade de Port-Arthur par les Japonais, l'imagination et les préjugés aidant, on crut que ces trois navires étaient perdus. C'étaient deux cuirassés, le *Cesarevich* et le *Retvisan*, et un croiseur protégé, le *Pallada*. Aussitôt, on proclama la faillite du cuirassé.

Cependant, on ne tarda pas à savoir que les trois bâtiments en question n'avaient été que blessés d'une façon peu sérieuse. Quatre mois plus tard, en effet, ils prirent part à la sortie que tenta l'escadre russe. Ils avaient pu être réparés avec des moyens très rudimentaires, car il n'y avait pas à Port-Arthur de bassin où il fut possible de les faire passer. On avait simplement appliqué contre leur coque, au niveau des points blessés, un caisson en bois que l'on fit adhérer fortement à la coque et dont on enleva l'eau avec des pompes[1]. C'est de la même façon que l'on répara le *Sevastopol*, blessé le 23 juin 1904 par une torpille dormante.

Les torpilleurs qui avaient attaqué le *Retvisan*, le *Cesarevich* et le *Pallada* avaient cependant pu agir dans les

1. Voyez pour la description de ce caisson (*Moniteur de la flotte*, 13 mai 1905, p. 4).

meilleures conditions possibles, car les navires russes étaient au mouillage, n'exerçaient aucune surveillance sérieuse autour d'eux et avaient leurs feux de position allumés, ce qui permettait d'apprécier exactement les distances et de choisir le point à torpiller. Il y avait une douzaine de grands navires russes dans la rade. Dix contre-torpilleurs japonais y pénétrèrent et firent deux attaques successives, l'une entre 11 h. 30 et minuit, l'autre après 2 heures du matin. Ils lancèrent ensemble 18 torpilles, dont trois seulement produisirent un effet sensible, toutes les 3 pendant la première attaque et avant que l'escadre russe eût été mise en éveil.

En somme, 10 contre-torpilleurs opérant en toute sécurité contre 12 grands navires au mouillage et sans défense n'ont pu toucher, en deux attaques, que 3 de ces navires et ne leur ont fait que des dégâts facilement réparables [1].

Ainsi se trouve formellement contredit le préjugé très répandu dans le public et auquel les torpilleurs ont dû leur popularité, préjugé d'après lequel il suffirait d'une seule torpille automobile pour faire sauter et couler le plus grand cuirassé. Tout cuirassé touché, disait-on couramment, est un cuirassé perdu. On voit combien cette proposition était éloignée de la vérité.

Sur ce premier point, l'expérience de la guerre russo-japonaise confirme pleinement les indications fournies par le raisonnement scientifique et que nous avons exposées plus haut.

Ces indications sont encore confirmées expérimentalement sur un autre point du plus grand intérêt. Toutes les

1. TH. COWES, *The Russo-Japanese War*, p. 38.

fois qu'il a été fait usage des torpilles automobiles par les flottes russe et japonaise, le nombre des torpilles ayant touché le but a été fort peu considérable par rapport à celui des torpilles lancées. Le fait le plus remarquable à cet égard et en même temps le mieux connu est celui du *Sevastopol*[1].

Ayant obtenu l'autorisation de quitter le port intérieur de Port-Arthur, afin de se soustraire au bombardement dont la flotte russe était l'objet de la part des Japonais, le commandant du *Sevastopol* conduisit son cuirassé, pendant la nuit, dans la baie du Loup et le mouilla à l'abri de la presqu'île du Tigre. Le 29 novembre 1902, les torpilleurs japonais commencèrent à l'attaquer. Il était dans de fort mauvaises conditions pour leur résister, car il n'avait que 300 hommes d'équipage au lieu de 750; toute sa petite artillerie lui avait été enlevée et il ne disposait que de canons de 305 millimètres dont le tir est lent et de pièces de 152 millimètres dont un petit nombre pouvait tirer simultanément. Il éclairait l'ennemi avec ses projecteurs électriques auxquels s'ajoutèrent des projecteurs placés à terre. Afin d'arrêter les torpilles, il tendit ses filets et « on installa un filet flottant avec les filets des navires coulés ». Il a fait lui-même le récit des attaques dont il fut l'objet.

D'abord « une fraîche brise du Nord, dit-il, empêcha les attaques des torpilleurs », observation intéressante, car elle confirme les expériences des manœuvres du temps de paix et témoigne de l'impuissance où sont les torpilleurs d'agir quand il y a de la mer.

Il continue : « Le 29 novembre, le calme se fit et la pre-

1. Voir *Moniteur de la flotte*, 13 mai 1905.

« mière attaque des torpilleurs eut lieu : le filet flottant « n'était pas achevé, mais en plus du filet ordinaire qui « protégeait le milieu du navire, on avait installé des « filets supplémentaires qui protégeaient l'avant et l'épe- « ron ; ce sont eux qui sauvèrent le navire, cette nuit et « la suivante. Les Japonais s'approchèrent du navire et « lancèrent leurs torpilles, mais le feu du *Sevastopol* les « empêcha de s'approcher plus près ; le navire n'avait « pas de canons de petit calibre, ils avaient été débarqués « pour servir à terre ; il n'avait pour se défendre que des « canons de 305 millimètres et de 152 millimètres. On « éclairait l'ennemi avec des projecteurs placés à terre « et sur le navire. D'abord aucune torpille n'atteignit le « but. » Il est regrettable que le commandant ne dise pas à quelle distance les torpilles avaient été lancées, mais il importe de noter que leur lancement avait dû être relativement facile, puisque le *Sevastopol* était mouillé, immobile et parfaitement visible en raison des projecteurs dont il se servait. Il se produisit peut-être, dans le début de l'attaque des torpilleurs, l'effet d'aveuglement bien connu que les projecteurs exercent toujours sur le personnel des torpilleurs.

Continuant son récit, le commandant ajoute : « Mais « quelque temps avant le lever du soleil, le commandant, « du haut de la passerelle de commandement, aperçut « deux petits bateaux tout près du *Sevastopol*, si près « qu'il entendait les commandements japonais ; deux tor- « pilles furent lancées à cent mètres environ, puis, comme « on ouvrait le feu sur eux, les bateaux disparurent. Deux « torpilles atteignirent le navire, mais seulement contre « le filet ; la première fit explosion si près de la coque « qu'elle détermina une déchirure tout de suite réparée,

« la seconde resta suspendue dans le filet et tomba. Le « filet fut réinstallé et l'arrière du navire rapproché du « rivage. »

Il importe de noter les services rendus au cuirassé, dans cette attaque rapprochée, par les filets dont il était entouré. Ce seul fait suffirait pour montrer que notre marine a eu tort de renoncer aux filets Bullivant.

Le récit du commandant prouve encore combien il est facile à un navire de tenir les torpilleurs à l'écart. Le *Sevastopol* y parvint, en effet, quoi qu'il n'eut pas de petite artillerie et que son personnel fût insuffisant en nombre et probablement peu instruit. C'est grâce, sans doute, à cette dernière circonstance que deux torpilleurs japonais purent s'approcher jusqu'à cent mètres sans avoir été découverts.

Continuons le récit : « La nuit suivante, les torpilleurs « japonais attaquèrent de nouveau ; l'un d'eux heurta « une mine et sauta en l'air. Plusieurs torpilles furent « tirées dont quelques-unes firent explosion dans le filet. » Il est regrettable qu'on ne dise pas quel nombre de torpilleurs prirent part à cette attaque. Elle dut être fort sérieuse et inspirer des craintes aux Russes, car ils prirent des mesures pour maintenir les torpilleurs au large. Le commandant dit, en effet : « Dans la journée, un déta- « chement de torpilleurs russes vint concourir à la dé- « fense du *Sevastopol*. Le commandant les disposa en « ligne de manière à couvrir toute la baie et il disposa « devant son navire 3 contre-torpilleurs. »

Ces dispositions étaient prises lorsque « la nuit du « 1er décembre eut lieu une attaque furieuse de 20 tor- « pilleurs japonais qui, placés en ligne de file, s'élancè- « rent à toute vapeur contre les vaisseaux russes (c'est-

« à-dire les torpilleurs qui fermaient la baie). Arrivés à « 6 encablures (1.200 mètres), ils se tournaient vers les « navires russes et lançaient leurs torpilles. Cette manœu- « vre permit aux Russes de les couvrir de projectiles; « 2 torpilleurs japonais furent coulés et les autres forte- « ment éprouvés. Un torpilleur russe s'élança sur l'ennemi « sans attendre l'ordre et sous une grêle de projectiles « russes coula avec une torpille un navire ennemi. A la suite « de cette attaque, 10 torpilleurs japonais durent être « conduits à Dalny pour être réparés. Les Japonais lan- « cèrent dans cette nuit environ 60 torpilles et pendant « toutes leurs attaques contre le *Sevastopol* environ 150. »

On ne peut manquer d'être frappé de l'impuissance des torpilleurs japonais dans cette opération. En supposant que les Russes ne leur aient pas fait le mal dont parle le commandant du *Sevastopol,* il n'en reste pas moins certain qu'ils ne purent même pas s'approcher du cuirassé. Ils en furent empêchés par les torpilleurs russes. Il est peu contestable que les résultats eussent été les mêmes si, au lieu d'un seul cuirassé, il s'en était trouvé plusieurs mouillés les uns à côté des autres, derrière le rideau protecteur des torpilleurs russes, car la défense eût été encore plus forte.

La suite du récit est intéressante, parce qu'on y voit dans quelles conditions l'attaque des torpilleurs peut avoir le plus d'efficacité : « La nuit suivante, il s'éleva une tem- « pête de neige qui empêcha l'éclairage par les projec- « teurs. Les Japonais purent s'approcher tout près du « navire russe et l'attaquèrent de trois côtés à la fois. « Deux torpilleurs japonais se glissèrent le long du ri- « vage, parvinrent à pénétrer dans la baie : l'un d'eux « arriva tout près, à tribord, du *Sevastopol* et lança deux

« torpilles qui passèrent à côté du filet flottant. L'une « fit explosion dans le filet du navire et *endommagea le « bordage*; l'autre atteignit l'arrière qui n'était pas « protégé et endommagea gravement l'arrière et le gou- « vernail. Le commandant de la flottille japonaise qui se « trouvait sur le torpilleur eut la tête emportée par un « projectile. Le *Sevastopol* avait beaucoup souffert : il « s'était incliné de 10° sur tribord et l'arrière était sous « l'eau. On parvint à aveugler une voie d'eau qui se trou- « vait au milieu du navire et à *redresser celui-ci*, mais « l'arrière resta enfoncé, et au jusant il était sur un « banc de sable. Les réparations s'effectuèrent sous le « feu des Japonais. »

Pendant cette dernière attaque, il est probable que les torpilleurs russes n'avaient pas pu, à cause de la tempête, conserver la position qu'ils avaient la veille à l'entrée de la baie du Loup. D'un autre côté, les hommes de veille du cuirassé russe n'y voyaient pas à cause de la neige. Enfin, le commandant signale que ses réflecteurs ne lui étaient, pour la même raison, d'aucune utilité. Les circonstances étaient donc aussi défavorables que possible pour le cuirassé : il n'était pas gardé par ses sentinelles de la veille et il ne pouvait que très difficilement se garder lui-même. On peut donc se demander pourquoi les torpilleurs japonais ne se lancèrent pas en grand nombre contre lui, ainsi qu'ils l'avaient fait la nuit précédente. La seule réponse admissible est que le mauvais temps contrariait leur attaque. Deux d'entre eux seulement s'engagèrent ; ils suivirent la côte, probablement, pour se mieux dissimuler en même temps que pour s'abriter contre le vent. Ils purent s'approcher du cuirassé et tirer utilement deux torpilles. Ici apparait de nouveau l'utilité des filets. La torpille qui éclate dans le filet du cuirassé ne fait que des dégâts aisément réparables; celle qui touche le navire lui-même dans la partie dépourvue de filet produit des désordres tels que l'arrière s'enfonce. Mais, en réalité, quoique tirées de très près, ces deux torpilles ne font au cuirassé que des blessures réparables. Ce fait vient s'ajouter à ceux qui ont été rappelés plus haut, pour témoigner de l'erreur que l'on commet quand on considère les blessures faites par les torpilles automobiles comme toujours mortelles.

Le commandant continue son récit de la façon suivante: « Les Japonais croyaient le *Sevastopol* hors de combat et « ils cessèrent leurs attaques de torpilleurs. Le navire russe « put utiliser ses pièces de 305 millimètres pour tirer sur « les troupes japonaises par-dessus la presqu'île du Tigre. « C'est ainsi que pendant l'assaut du 12 décembre, il par- « vint à détruire une batterie de campagne ennemie. » Il est bien évident que si Port-Arthur n'avait pas été sous le feu de l'armée japonaise assiégeante, le *Sevastopol* aurait pu être réparé sans peine, comme l'avaient été les trois navires torpillés dans la nuit du 8 au 9 février.

Sa destinée fut différente. « Dans la nuit du 19 au « 20 décembre, le commandant, à son grand étonnement, « reçut l'ordre de détruire son navire, à cause de la capi- « tulation prochaine. » Il raconte lui-même comment il s'y prit pour le couler, de manière qu'il ne tombât pas aux mains de l'ennemi. « La nuit, il débarqua son équi- « page, à l'exception de 40 hommes, et gagna la haute « mer. Arrivé à un fond de 65 mètres, il fit embarquer « sur une chaloupe ce qui restait d'équipage, et ouvrit les « panneaux et les prises d'eau : le navire coula vite. Comme « il donnait déjà fortement de la bande, le commandant « passa sur le *Silatsch* qui s'était approché. Le *Sevas-*

« *topol* s'inclinait de plus en plus; certains objets placés « sur le pont passèrent par-dessus le bord; le navire avait « atteint 90° d'inclinaison, les cheminées se remplirent « d'eau et le navire chavira complètement. La quille rouge « resta visible un moment, puis le navire s'enfonça rapi- « dement. Tout cela avait duré de dix à quinze minutes. »

En somme, si nous envisageons la proportion des torpilles lancées et des torpilles qui ont atteint le but, nous voyons que dans le cas du *Sevastopol* il a été lancé, d'après son commandant, 150 torpilles sur lesquelles quatre seulement ont touché le navire visé ou son filet protecteur. Et il importe de noter que ces quatre torpilles furent lancées de très près, par des torpilleurs qui avaient eu la bonne fortune d'échapper à la surveillance des Russes. Toutes les fois que cette surveillance s'exerça sérieusement, aucun torpilleur ne put s'approcher assez près du cuirassé pour pouvoir lancer utilement ses engins explosifs.

Ce fait nous porte à rechercher quel fut le nombre des attaques opérées par les torpilleurs japonais ou russes pendant le cours de la guerre et quelle est la proportion des attaques qui furent suivies d'effet utile.

J'ai déjà parlé de celle qui eut lieu dans la nuit du 8 au 9 février 1904 contre les bâtiments russes mouillés dans la rade de Port-Arthur. Il était à peu près impossible qu'elle ne réussît pas, à cause des conditions exceptionnellement favorables dans lesquelles elle se produisit. Cependant 10 contre-torpilleurs japonais ayant pris part à l'attaque, on ne peut expliquer que trois d'entre eux seulement aient pu lancer utilement leurs torpilles, que par les difficultés inhérentes au lancement lui-même.

Une seconde attaque fut dirigée par des flottilles japonaises de torpilleurs, dans la nuit du 23 au 24 juin 1904, contre l'escadre de Port-Arthur qui avait tenté une sortie, mais s'était retirée devant l'escadre japonaise sans avoir livré bataille. Les flottilles des torpilleurs attaquèrent d'abord l'escadre russe au moment où elle rentrait dans la rade ; elles continuèrent l'attaque contre les navires au mouillage, depuis 8 heures et demie du soir jusqu'à minuit, sans qu'aucun bâtiment russe subit d'avarie. Il est probable qu'aucune torpille n'avait atteint le but[1].

Quelques jours plus tard, le 1er juillet 1903, à l'entrée de la nuit, la division des croiseurs de Vladivostock, commandée par l'amiral Bezobrazoff fut attaquée, dans le détroit de Corée, par onze torpilleurs japonais sans subir aucune avarie ; il est probable qu'aucune torpille ne toucha les croiseurs[2].

Le 10 août 1904, après le combat qui mit l'escadre russe de Port-Arthur dans l'impossibilité de faire route vers Vladivostock, et la contraignit de rentrer au port, les torpilleurs japonais tentèrent une attaque contre le *Cesarevich*, le *Diana* et l'*Askold* qui avaient été sérieusement avariés par l'artillerie ennemie et sur le *Pallada*. Les attaques ne furent suivies d'aucun effet utile.

Le cas de l'*Askold* est particulièrement intéressant. Profitant de sa vitesse, ce croiseur protégé prit la fuite pendant le combat du 10 août. Il fut poursuisi par des torpilleurs. D'après le récit fait par la *Marine Rundschau* à l'aide de renseignements pris à bord même de l'*Askold* qui s'était réfugié à Wosung, « quatre torpilleurs s'élan- « cèrent dans le sillage de l'*Askold* : un projectile de

1. *Moniteur de la flotte*, 2 juillet 1904, p. 4, col. 3.
2. *Ibid.*, 9 juillet 1904, p. 6, col. 3.

« 152 millimètres broya l'un d'eux ; les trois autres s'en-« fuirent ; quelques torpilles arrivèrent cependant non loin « de l'arrière du croiseur russe. A 11 heures du soir, « l'*Askold* était hors des atteintes de l'ennemi[1]. »

Enfin, les torpilleurs japonais sont intervenus une dernière fois dans la bataille de Tsou-Shima contre les grands navires russes. Leurs attaques commencèrent seulement dans la nuit du 27 au 28, c'est-à-dire après le combat d'artillerie. Le rapport officiel de l'amiral Togo dit à cet égard : « Au crépuscule, nos flottilles de contre-torpilleurs « et de torpilleurs s'approchèrent graduellement de l'en-« nemi, de l'Est, du Nord et du Sud. Quand il se trouva à « portée, notre escadre principale lâcha ses torpilleurs « contre l'ennemi. » Il résulte bien clairement de cet exposé que ni les contre-torpilleurs, ni les torpilleurs japonais ne jouèrent aucun rôle dans la première partie de la bataille de Tsou-Shima, celle qui se déroula à 1 h. 55 après-midi, à l'entrée de la nuit. Or, pendant cette bataille de jour, on constate les faits suivants : dès le début de l'engagement, d'après un rapport officiel de l'amiral Togo[2] « le *Kniaz-« Souvaroff* et l'*Emp. Alexandre-III* prirent feu et brûlè-« rent vivement. La ligne de l'ennemi devint confuse. La « fumée enveloppait et cachait la flotte ennemie. En con-« séquence, notre principale escadre suspendit le feu. Le « résultat de la bataille était décidé à 2 h. 45... L'*Osliablia* « coula à 3 h. 10...[3]. A 4 heures et demie, notre escadre

1. *Moniteur de la flotte*, 29 octobre 1904.

2. *Ibid.*, 24 juin 1905.

3. Le journal russe *Novoie Vremia* (n° 10,540) a publié un récit de la perte de l'*Osliablia* qui indique très nettement la cause de cette perte. Ce récit est dû à un officier qui parvint à se sauver au moment où l'*Osliablia* sombra. « Le combat commença. Nous étions en tête « de la colonne de gauche et le feu de l'ennemi était concentré sur

« principale marcha de nouveau vers le Nord, à la re-
« cherche du gros de l'ennemi. Notre escadre principale
« découvrit et coula l'*Oural* et plus tard trouva six des
« navires ennemis allant au Nord-Est. Nous les poursui-
« vîmes et ouvrîmes le feu. L'ennemi continua sa course
« vers l'ouest, puis vers le Nord-Est. *Un des cuirassés*
« *ennemis* fut mis hors de combat, et un autre du type du
« *Borodino* coula. Nos croiseurs cuirassés poursuivant

« nous. Un obus, éclatant dans le compartiment d'avant, remplit les
« deux premiers compartiments d'une épaisse fumée. Supposant qu'un
« incendie s'était déclaré, nous commençâmes à arroser avec les pom-
« pes, mais il n'y avait pas d'incendie. L'eau se mit à pénétrer en
« abondance et son effet se fit peu à peu sentir. Cette brèche a été
« certainement la cause première de notre perte ; à partir de ce moment
« ce ne fut plus qu'une lente agonie..... Le navire donnait de plus en
« plus de la bande. A tout moment on venait rendre compte que telle
« ou telle soute à munitions était envahie par l'eau ; on donnait ordre
« de les fermer et on continuait à distribuer les munitions en les pre-
« nant dans les soutes non noyées du côté droit. A la fin l'eau entra
« en masse. J'entrai dans la batterie et je vis que tout était fini. Il
« fallait arrêter les machines électriques destinées au service de
« combat. On continua à faire fonctionner celles des batteries pour
« ne pas être dans l'obscurité, puis j'ordonnai de sortir et j'allai
« moi-même rendre compte au commandant..... A ce moment le
« navire était tellement incliné qu'on ne pouvait plus se tenir debout
« et que je saisis fortement un support de tente. Les objets lourds,
« chaloupes, canons, etc., commençaient à glisser. Je craignais de
« voir tomber sur moi le canon Hotchkiss placé à droite de la passe-
« relle et qui se trouvait au-dessus de ma tête. Puis, le bord gauche
« de la passerelle toucha l'eau, le pont devint vertical, l'eau montait
« de plus en plus..... Je ne pouvais plus me tenir et je lâchai mon
« support. Ce fut la dernière sensation que j'éprouvai sur le cui-
« rassé..... » Il fut recueilli par un torpilleur, le *Bravni* qui s'enfuit après avoir perdu dix hommes, eu son mât coupé et deux chaudières avariées. Il put néanmoins gagner Vladivostock. (Voir : La *France militaire*, 4 août 1905.)

D'après ce récit, on se rend bien compte de la façon dont périt l'*Osliablia*. Un obus perce sa cuirasse au voisinage de la flottaison à l'avant ; l'eau pénètre par l'ouverture dans les deux premiers compartiments étanches, les remplit, puis à travers les panneaux du pont cuirassé se répand au-dessus de ce dernier en faisant incliner le navire sur son flanc gauche. Lorsqu'elle est en quantité suffisante elle fait chavirer l'*Osliablia*.

« l'ennemi au sud, virent l'*Emp. Alexandre-III* s'appro-
« cher de l'*Amiral Nakhimof*, chavirer et couler. »

Une dépêche adressée de Saint-Pétersbourg au *Temps* par son correspondant, le 5 juin 1905, résumait de la manière suivante, les renseignements considérés comme exacts par le monde officiel russe : « la première journée « de la bataille fut presque exclusivement un combat d'ar- « tillerie. Le feu commença à 1 h. 30. Le *Souvaroff* et « l'*Osliablia* coulèrent au bout d'une heure et demie. Le « *Borodino*, devenu vaisseau amiral, coula à 7 heures et « demie. L'*Alexandre-III* disparut bientôt et le *Sissoï* « brûlait lorsque les Russes, refoulés vers la côte, à la « tombée de la nuit, attendaient les torpilleurs[1]. »

D'après les rapports définitifs, six cuirassés ont été coulés dans la bataille de Tsou-Shima : *Kniaz-Souvaroff*, *Emp. Alexandre-III*, *Borodino*, *Osliablia*, *Sissoï-Veliki* et *Navarin*. Or, les rapports de l'amiral Togo, d'accord avec les rapports russes, établissent que le *Kniaz-Souvaroff*, l'*Emp. Alexandre-III* et l'*Osliablia* furent mis hors de combat dès le début de la bataille, que l'*Osliablia* fut coulé à 3 h. 10, que l'*Alexandre-III* et le *Borodino* furent coulés avant la nuit. Les deux autres, c'est-à-dire le *Sissoï-Veliki* et le *Navarin*, sont désignés, dans une correspondance de Tokio au *Times*[2] comme ayant reçu le « coup de grâce » des torpilleurs dans la soirée du 27 mai. L'expression employée par le correspondant de Tokio indique qu'ils étaient en perdition quand ils furent frappés par les torpilleurs.

Le récit du *Times* donne des détails très précis au sujet

1. *Temps*, 6 juin 1905.

2. *Times*, 22 août 1905. Cette correspondance contient le récit de la bataille de Tsou-Shima le plus complet qui ait été donné.

du *Borodino* et de l'*Alexandre-III*. A 7 h. 23 du soir « le « *Borodino*, qui avait abandonné la colonne russe, coula. « Il avait été en feu pendant quarante-trois minutes, et « les flammes paraissent avoir gagné son magasin. La « torpille ne prit aucune part à sa destruction, mais il ne « peut pas strictement être regardé comme une victime « du canon. » S'il est vrai que l'incendie aurait gagné son magasin à munitions, il aurait coulé par suite de l'explosion de ses propres projectiles. Mais cette explosion n'était que la conséquence des incendies allumés par l'artillerie japonaise et c'est bien celle-ci, en réalité, qui détermina la destruction du *Borodino*. Il y a donc erreur à dire qu'il ne fut pas « une victime du canon ». Que le *Kniaz-Souvaroff* ait été coulé par l'artillerie japonaise, aucun récit ne le conteste. Il en est de même pour l'*Emp. Alexandre-III*. A propos de ce dernier, le *Times* dit : « Un autre cuirassé « de 1re classe cependant succomba certainement à l'artil- « lerie. L'*Alexandre-III*, contraint de sortir de la ligne de « bataille et combattant dans le voisinage du *Nakhimoff*, « chavira et alla au fond à 7 h. 7 m. de l'après-midi. »

Il est donc bien certain que tous les *cuirassés* perdus par les Russes dans la bataille de Tsou-Shima, furent coulés par l'artillerie japonaise ou tellement endommagés par elle qu'ils ne purent opposer aucune résistance aux torpilleurs qui les attaquèrent dans la soirée.

Quels sont les autres navires que les torpilleurs achevèrent et coulèrent? Aucun document certain ne permet de le dire.

On lit dans le *Temps* du 6 juin 1905 : « L'*Amiral-Nakhi-* « *moff* est jusqu'aujourd'hui *le seul navire russe dont la* « *perte soit authentiquement due à l'action de la torpille*. « Le commandant de ce croiseur, actuellement prisonnier à

« Sasebo, télégraphie en effet au ministre de la marine « russe : « Après le combat du 27 mai, le croiseur cuirassé « *Amiral-Nakhimoff* marchait avec l'escadre lorsqu'il fut « attaqué dans la soirée par des torpilleurs, et ayant reçu « un énorme trou, il coula près de l'île de Tsou-Shima. « Les officiers et les matelots furent recueillis par un croi- « seur japonais ; je restai avec l'officier pilote, lieutenant « Klotchkovsky, à bord du navire, où des pêcheurs nous « recueillirent peu de temps après dans un état incons- « cient. » Il convient d'ajouter, au sujet de ce témoignage, que l'*Amiral-Nakhimoff* avait dû subir des avaries diminuant sa vitalité. Il est impossible qu'il n'ait pas été très sérieusement atteint par l'artillerie japonaise, non seulement pendant la première période du combat, mais encore plus tard. Il est probable, par exemple, que le croiseur japonais par lequel fut recueilli son équipage n'avait pas manqué de le cribler de son feu, avant qu'il ne coulât. Si, donc, il a été frappé par une torpille ce n'est qu'au moment où il ne pouvait plus se défendre. Dans le récit de la bataille de Tsou-Shima publié par le *Times* du 22 août 1905 et rédigé d'après les rapports des officiers japonais, le *Nakhimoff* est indiqué avec le *Sissoï-Veliki*, le *Navarin* et le *Vladimir-Monomach* comme ayant « reçu le coup de grâce » d'un torpilleur.

D'après les renseignements japonais, il n'y aurait donc que les deux cuirassés *Sissoï-Veliki* et *Navarin* et les deux croiseurs cuirassés *A. Nakhimoff* et *Vladimir-Monomach* qui auraient été touchés par des torpilles dans la soirée du 27 mai. Et tous les quatre n'ont été torpillés qu'au moment où ils étaient sur le point de couler. Toutes les pertes subies par les Russes seraient donc dues réellement aux coups portés par l'artillerie japonaise pendant la première partie de la bataille. Les navires qu'elle avait blessés l'étaient mortellement et ils auraient été perdus alors même que les torpilleurs ne leur auraient pas donné le coup de grâce.

Les renseignements russes sont d'accord sur ce dernier point avec ceux des japonais. Le capitaine de vaisseau russe Clado a publié dans la *Novoïe Vremia* un récit de la bataille de Tsou-Shima, rédigé d'après le rapport du général Linievich et les dires d'officiers russes ayant pris part à la bataille, et qui est fort intéressant parce qu'il conduit sur tous les points aux mêmes conclusions que les rapports japonais. Or, il dit au sujet du rôle des torpilleurs : « Les « torpilleurs japonais ont joué dans ce combat le rôle qui « leur est prédestiné : assaillir les navires avariés par « l'artillerie et les couler. Pour cela tout a été pro- « pice pour eux. Pendant la nuit la mer était devenue « calme, n'ayant que des lames très légères. Les torpilleurs « se sont acquittés de leur mission en coulant quatre à « cinq navires, car on ne peut savoir si l'*Alexandre-III* a « coulé sous leurs attaques ou par les suites du combat « d'artillerie. On remarque que précisément, ce sont les « navires qui ont été les plus éprouvés par l'artillerie qui « ont été coulés. Être éprouvé, être criblé par l'artillerie, « cela signifie ne pas avoir de canons pour repousser l'at- « taque des torpilleurs et principalement de l'artillerie à « tir rapide (laquelle était mal protégée), et ne pas avoir « de projecteurs, lesquels ordinairement sont tous brisés « par le feu de l'artillerie. Telle était la situation de nos « navires ; aucun projecteur ne put être allumé et on ne « put tirer sur les torpilleurs. Leur action fut donc très « facile pour couler des navires à moitié inondés par l'eau « qui s'était introduite par les sabords et les trous pro-

« duits par les projectiles. Enfin, nos cuirassés avariés, « privés de défense contre les attaques des torpilleurs, ne « furent pas protégés par la coopération des croiseurs « sur lesquels ils devaient vraisemblablement compter « pour les chasser, les détruire. »

Le commandant Clado insiste sur ce que les croiseurs russes auraient dû rester auprès des cuirassés pour les protéger contre les torpilleurs, une « obligation étant de « se sacrifier pour essayer de détruire les torpilleurs. » Mais, après la première partie de la bataille, les cuirassés russes cherchèrent en vain leurs croiseurs. « Voyant que « les croiseurs ne s'inquiétaient pas de les suivre, les « cuirassés tournèrent à gauche pour se réunir avec eux, « mais cela n'eut pas lieu. L'amiral Enquist avec trois des « meilleurs croiseurs qui avaient été le moins éprouvés, « s'obstinait à faire route au sud et il sortit du lieu du « combat. »

Parmi les autres navires russes qui prirent part à la bataille où y figurèrent, l'artillerie japonaise coula incontestablement le croiseur cuirassé *Dimitri-Donskoï* et le croiseur protégé *Svietlana*, endommagea le garde-côtes cuirassé *Amiral-Oushakoff* au point de le contraindre à se couler, détruisit 4 contre-torpilleurs, 1 croiseur auxiliaire l'*Oural*, 4 steamers de services spéciaux. Sur 38 navires, 20 furent coulés, dont 4 seulement furent achevés par la torpille. C'est donc l'artillerie qui, après les avoir désemparés, détruisit en réalité tous les navires.

Étant donnée la façon dont la bataille fut conduite il est, en effet, compréhensible que la plupart des navires composant l'escadre russe aient été détruits par l'artillerie. Pendant la première partie du combat, on voit les Japonais concentrer leurs feux sur les cuirassés russes de tête qui, désemparés, sont obligés de sortir des lignes en semant la confusion. « Pendant ce temps, d'après le récit « des officiers réfugiés à Manille, les croiseurs et char- « bonniers russes avaient été poussés à droite et mar- « chaient en désordre. Les navires formaient un cercle, « les croiseurs étant à la circonférence afin de protéger « les charbonniers placés au milieu. Les navires japonais « tournaient autour de ce cercle et enveloppaient les « Russes qui se trouvaient enfermés comme des moutons, « et dont ils détruisaient les bâtiments à une distance de « 3.000 mètres[1]. » C'est de ce cercle que l'amiral Enquist parvint à se dégager avec ses croiseurs protégés, pour s'élancer vers Manille.

Le commandant du torpilleur russe *Grosny* qui réussit aussi à s'évader et qui put gagner Vladivostock dit, de son côté : « Je ne décrirai pas en détail toute la bataille. « Je dirai que c'était quelque chose de terrible, c'était un « enfer. La mer bouillonnait comme une chaudière sous « la chute des projectiles. Nos meilleurs navires furent « détruits... Nous autres, c'est-à-dire les torpilleurs n'a- « vons pas pris directement part au combat. Je m'occu- « pais à recueillir les naufragés de l'*Oural*. Cela était « terriblement difficile parce qu'il y avait beaucoup de « vent et que la mer était grosse. Les Japonais, désirant « achever l'*Oural*, dirigeaient sur lui un feu terrible, si « bien que je me trouvais au milieu d'un cercle de fer et « de feu... Mais ni le torpilleur ni nous ne reçûmes aucune « atteinte, et nous pûmes sauver le lieutenant Tcheglober « et le mécanicien Speranski et huit matelots. Le soir « arrivait et nous commençâmes à nous diriger vers Vla-

1. *Débats*, 6 juin 1905.

« divostock. *A ce moment commencèrent les attaques « de torpilleurs.* De tous les côtés l'on apercevait des tor- « pilleurs japonais. Le tir répété des canons à tir rapide « se faisait entendre. » Pendant que le commandant du torpilleur *Grosny* file vers Vladivostock, l'amiral Enquist file vers Manille avec ses croiseurs protégés, l'amiral Nebogaloff file vers l'Ouest avec ses cuirassés, et chaque navire russe tend à s'échapper de la fournaise.

Les torpilleurs japonais durent donc se disperser pour courir après tous les navires qui fuyaient. Ils agissaient d'ailleurs dans les meilleurs conditions possibles. Abrités par les îles de Tsou-Shima, ils avaient attendu sans fatigue l'ordre d'attaquer. Cette attaque ne leur avait été ordonnée qu'au moment où la bataille était déjà perdue par la flotte russe depuis plusieurs heures, où les navires russes étaient démoralisés par la défaite, désemparés par l'artillerie japonaise, privés de la majeure partie de leur petite artillerie, et même blessés à mort. C'était une proie singulièrement facile pour les torpilleurs. Si ces derniers n'ont pu frapper, dans de pareilles conditions, que des navires en train de couler, s'ils n'ont atteint aucun bâtiment non blessé à mort par l'artillerie, il faut en rechercher les causes.

Le vent avait été fort pendant la journée, mais il tomba dans la soirée, suffisamment pour rendre possibles des attaques efficaces de torpilleurs. La mer était seulement restée agitée. Dans un récit de la bataille publié par le *Times* et reproduit par le *Matin* du 10 juin 1905 il est dit : « Il s'agit de lancer, à la faveur de la nuit, contre les « navires russes désemparés et en désordre, seize esca- « drilles de torpilleurs. Pendant quelque temps on craint « que cette attaque ne puisse être tentée, étant donné

« l'état de la mer. Cependant, vers le soir, le vent et la « mer se calment[1]; la nuit est tranquille, les étoiles « brillent; ces conditions conviennent admirablement « aux torpilleurs, qui s'élancent de trois directions à la « fois, en réservant leurs projectiles jusqu'à ce qu'ils se « trouvent à une distance de 300 mètres au plus : le tir « est admirablement bien dirigé. Les Japonais déclarent « ne pas avoir employé de sous-marins ; les conditions de « la bataille ne convenaient d'ailleurs manifestement pas « à ce genre de bâtiments[2]. Pendant ce temps, les navires « éclaireurs japonais se sont retirés vers le Nord, laissant « le champ libre aux torpilleurs. A minuit, seuls neuf « navires russes conservent encore leur formation de « combat sous les ordres de Nebogatoff. Ces navires se « dirigent péniblement vers le nord, tandis que les tor- « pilleurs évoluant sur les flancs ne cessent de leur porter « des coups. » Ces coups ne furent pas suivis d'effet, puis-

1. Dans le récit publié par le *Times* le 22 août 1905, il est dit : « Vers « le soir, le vent s'abattit, et quoique les vagues restassent agitées, il « ne fut pas question d'abandonner le programme arrêté. »

2. Il est bien certain aujourd'hui que ni les Japonais ni les Russes n'avaient de sous-marins. Dans les premiers récits qui furent donnés de la bataille de Tsou-Shima par la presse européenne, on parlait de mines flottantes qui auraient été semées par les navires japonais dans les lieux où se produisit le combat. Ces renseignements ont été complètement démentis, même par les Russes. Le commandant Clado dit à ce sujet dans l'article publié par la *Novoie Vremia* : « Il paraîtrait qu'il circule le bruit que des mines flottantes ont été « lancées pendant le combat de Tsou-Schima, mais plus j'étudie les « comptes rendus de ce combat et plus je suis persuadé qu'il n'y en « a pas eu de placées. J'admets volontiers que de semblables mines « peuvent, en effet, être placées dans des cas et dans des endroits « spéciaux où, notamment, elles ont pu avoir du succès; mais dans « le cas donné et en observant la manœuvre de l'escadre japonaise, « on voit qu'elle aurait présenté les mêmes dangers, si non plus « grands, pour les navires japonais que pour les nôtres; en sus, il « n'existe aucune indication pouvant faire croire qu'un des navires « ait sombré sur elles. »

que les navires de Nebogatoff étaient encore à flot le lendemain matin et purent se rendre à l'escadre de Togo ; ils étaient, dit le récit que je viens de citer, « encombrés de « blessés, la moitié de leurs canons hors de service et « leurs munitions épuisées » ; mais ces dégâts étaient l'œuvre exclusive de l'artillerie, ainsi que l'indique leur nature même.

Il faut rapprocher de ce récit, le témoignage de l'amiral Enquist et des officiers qui, avec lui, parvinrent à se sauver du désastre et à gagner Manille : « Les officiers russes, « dit une dépêche de cette ville, parlent des détonations « terribles et des violentes secousses que causèrent les « obus japonais. L'amiral Enquist dit que d'innombrables « torpilles furent lancées contre ses navires, mais qu'on « put constater, à leur arrivée à Manille, qu'ils n'avaient « pas été atteints[1]. »

Ce n'est donc pas le mauvais état de la mer qui, dans la nuit du 27 au 28 mai, contraria les torpilleurs. Leur attaque put être ordonnée, elle se produisit, elle s'adressait à des navires qui, pour la plupart, étaient blessés grièvement, quelques-uns même atteints à mort. Les torpilleurs et contre-torpilleurs étaient très nombreux, car le dernier récit du *Times* (22 août 1905) parle de 6 escadrilles de contre-torpilleurs et d'autant d'escadrilles de torpilleurs. Dans un autre récit, le *Times*[2] parlait de 70 torpilleurs et contre-torpilleurs japonais ayant pris part à la bataille de Tsou Shima. Le commandant Clado dit, de son côté : « J'ai estimé que le nombre des torpilleurs « japonais ayant attaqué notre escadre était de 100. »

1. *Débats*, 6 juin 1905.
2. Reproduit par le *Temps*, 31 mai 1905.

Quant aux équipages des torpilleurs japonais, ils étaient depuis longtemps exercés puisqu'ils avaient eu déjà, au cours de la guerre, plusieurs occasions importantes d'agir contre l'ennemi. Et pourtant, l'action des torpilleurs fut à peu près nulle! Pourquoi?

La seule réponse qui paraisse pouvoir être faite à cette question, c'est que la majeure partie, sinon la totalité des torpilleurs japonais ont été tenus à distance par l'artillerie des Russes. N'ayant plus, pendant la nuit, à se défendre contre leurs similaires japonais, les navires russes qui avaient encore leur petite artillerie purent concentrer toute leur attention et tous leurs feux contre les torpilleurs. Or, il n'est point douteux que si ces derniers sont susceptibles de provoquer une certaine émotion parmi les équipages des grands navires, ils doivent être eux-mêmes fortement impressionnés par l'artillerie de ces derniers. D'après un rapport de l'amiral Togo, il n'y eut que trois torpilleurs japonais coulés au cours de ces attaques[1], avec seulement 22 tués et 65 blessés. On doit conclure que la majeure partie d'entre eux a été empêchée de s'approcher des navires qu'ils voulaient torpiller, par le grand nombre de projectiles que lançaient les Russes; ils étaient condamnés à l'impuissance par la certitude de n'y pas échapper s'ils s'approchaient. D'après le dernier récit du *Times* (22 août 1905) les torpilleurs japonais auraient agi surtout en déterminant la dislocation des lignes russes et l'éparpillement des navires. Or, il résulte de tous les rapports cités plus haut que la dislocation des files russes commença dès le début de la bataille, et se trouvait à peu près achevée à l'entrée de la nuit, chaque groupe cherchant à

1. *Moniteur de la flotte*, 10 juin 1905, p. 5, col. 1.

s'enfuir vers un point déterminé de l'horizon. Le *Times* lui-même raconte que vers cinq heures une partie de la flotte russe tourna le dos au champ de bataille pour se diriger vers le Sud-Est, comme si elle voulait regagner la mer de Chine, tandis que la partie principale se portait vers le Nort-Est. Au moment où l'attaque des torpilleurs commença, la flotte russe était donc disloquée et chaque navire ou groupe de navires s'efforçait de se soustraire aux coups de la principale escadre japonaise.

Après avoir dit que les torpilleurs japonais étaient au nombre de 70 à 100, le commandant Clado ajoute : « Ils « auraient pu, par suite, anéantir beaucoup plus de « navires, car ils avaient toutes les circonstances favo- « rables pour agir. Cependant cela n'a pas eu lieu et la « difficulté d'attaquer des navires ayant conservé de leur « puissance est un fait démontré, car, à première vue, on « voit que les navires qui ont résisté à cette attaque « étaient précisément ceux qui avaient le moins souffert « pendant le combat d'artillerie de la journée : le cuirassé « *Orel*, tous les navires du détachement Nebogatoff et « presque tous les croiseurs. »

Dans cette même bataille de Tsou-Shima, les contre-torpilleurs et les torpilleurs russes n'ont rendu d'autre service à l'escadre de l'amiral Rodjestvensky que celui de recueillir des blessés. Ils ne prirent aucune part à l'action. Cependant, ils trouvèrent en cette bataille une occasion exceptionnelle de montrer ce que le pygmée à torpille, audacieux et prêt à tout sacrifier, vaut contre le géant à artillerie. La bataille ne pouvait qu'être une lutte à mort. Du moment où l'escadre russe se voyait empêchée de gagner Vladivostock, chacune de ses unités devait se battre jusqu'à destruction complète. Rodjestvensky avait avec lui 12 contre-torpilleurs ou torpilleurs d'escadres. Comment se fait-il que pas un seul n'ait tenté de se précipiter sur un navire japonais, au risque d'être coulé avant de l'atteindre, mais avec l'espoir de le détruire s'il avait la bonne fortune de s'en approcher ? Pendant la nuit du 27 au 28 mai, des aventures de cette sorte ne pouvaient-elles pas être tentées avec quelques chances de succès ? Si aucun torpilleur russe ne s'y est risqué, faut-il l'attribuer au manque de courage des officiers et des équipages ? Le récit du commandant du *Grosny* cité plus haut ne permet pas de le supposer. Un torpilleur capable de subir, en plein jour, sans effroi, le feu des navires japonais tandis qu'il procède au sauvetage des marins de l'*Oural*, aurait, semble-t-il, pu tout aussi bien s'exposer au danger d'être coulé en allant torpiller un cuirassé ennemi. S'il ne l'a point fait, s'il a préféré filer vers Vladivostok, c'est qu'il a obéi au sentiment de son impuissance, c'est qu'il a eu conscience de la différence qui existe entre les attaques de torpilleurs faites au cours de manœuvres où ils n'ont rien à craindre et celles qui sont repoussées, dans un combat véritable, par les projectiles de l'artillerie. Les torpilleurs russes, en somme, n'ont pas agi dans la bataille de Tsou-Shima pour la même raison qui empêcha les torpilleurs japonais de produire des effets utiles proportionnés à leur nombre et à leur effort. Les torpilleurs japonais purent attaquer avec hardiesse parce qu'ils se lançaient contre des navires désemparés ; ils ne détruisirent que peu ou point du tout de navires russes parce qu'ils furent arrêtés par l'artillerie de ces derniers. Les torpilleurs russes ne purent même pas avoir l'idée de se lancer contre une escadre qui était victorieuse et dont les navires n'avaient presque pas souffert. On voit ainsi s'écrouler devant l'expérience les rêves de ceux qui représentaient, il y a vingt ans, les mastodontes cuirassés tremblant d'effroi devant les pygmées et s'effondrant au fond des mers sous les coups de la minuscule torpille automobile.

En somme, pendant toute la durée de la guerre russo-japonaise, les torpilleurs japonais et russes n'ont fait à l'ennemi que fort peu de mal, et l'on est obligé de renoncer à l'idée que le petit navire à torpille puisse faire disparaître le grand bâtiment à artillerie des opérations offensives de la guerre maritime, encore moins le remplacer dans ces opérations.

L'observation des faits qui se sont produits à Port-Arthur, pendant le cours du siège, conduit au même résultat en ce qui concerne le rôle défensif des torpilleurs. Les Russes avaient à Port-Arthur un certain nombre de torpilleurs et une trentaine de contre-torpilleurs de 300 à 350 tonnes très aptes à jouer le rôle de torpilleurs. Avec tous ces petits navires, ils ont cherché à inquiéter l'escadre japonaise de blocus. Il ne paraît pas, cependant, que celle-ci ait eu à en souffrir. On ne cite pas un seul navire japonais qui ait été torpillé par les Russes. Il y a eu, à diverses reprises, pendant le cours du siège, des sorties de torpilleurs ou contre-torpilleurs russes, il y a eu même des combats d'artillerie entre les petites unités des deux belligérants, mais jamais les navires de blocus n'ont été atteints.

Afin de se préserver des attaques des torpilleurs, les Japonais entretenaient à l'entrée de la rade des cordons de surveillance formés par leurs contre-torpilleurs. Ceux-ci ont montré pendant toute la durée du siège une résistance remarquable et ont rendu de très grands services. Grâce à eux, l'escadre japonaise pouvait se dispenser d'exercer un blocus permanent rapproché, qui eût été extrêmement pénible, car le siège a duré pendant onze mois. Elle se réservait pour le jour où l'escadre de Port-Arthur, cherchant à éviter de tomber entre les mains des assiégeants, essayerait de se rendre à Vladivostock.

En fait, pendant toute la durée de la guerre russo-japonaise, les torpilleurs se sont montrés aussi peu utiles dans la défensive que dans l'offensive.

Dans une interview publiée par le *Matin* du 8 janvier 1905, le commandant Clado disait : « On ne s'assure « pas la maîtrise de la mer rien qu'avec des torpilleurs et « des sous-marins, avec la « poussière navale », suivant « l'expression pittoresque de l'amiral Jurien de La Gra- « vière. Vous avez eu chez vous un éminent marin, l'ami- « ral Aube, et nous avons eu chez nous l'amiral Makharoff, « qui préconisaient l'emploi des bâtiments légers à grande « vitesse. Leurs théories n'ont pas été vérifiées par les « faits. Il faut être fou pour croire que les torpilleurs et « les sous-marins sont suffisants, non point pour s'assurer « la maîtrise de la mer — c'est impossible — mais pour « assurer la défense des côtes. En une nuit, au moment « de la déclaration de guerre, ou la veille — on commen- « cera la veille de plus en plus — un navire poseur de « torpilles peut bloquer toute une rade, miner toute une « côte, saturer la mer de torpilles de blocus. Voulez-vous « me dire ce qui arriverait quand tous les petits bateaux « tomberaient dans ce guêpier? Voulez-vous me dire ce « que feraient leurs commandants, aussi braves qu'ils fus- « sent, sachant que l'ennemi a semé des mines dans leur « champ d'action?

« La spécialisation de l'outil est la vérité en marine « comme en tout autre chose. La puissance navale est

« faite d'un ensemble de forces et non de l'emploi exclusif « d'unités qui naissent plus souvent d'une mode que d'un « besoin. »

Après la bataille de Tsou-Shima, c'est-à-dire lorsque toutes les forces navales entretenues ou envoyées dans les mers extrêmes orientales par la Russie eurent été détruites, le même commandant Clado, dans une étude sur les causes déterminantes des défaites de la Russie, publiée par la *Novoïe Vremia* disait : « Dans les premiers jours qui suivirent le combat de Tsou-Shima, alors que l'on ne possédait que peu de détails sur les circonstances dans lesquelles il eut lieu, lorsque les rapports étaient incomplets et embrouillés, combien de voix ne se sont pas « aussitôt élevées, chantant l'ancienne chanson de l'inutilité des gros navires dans les batailles navales et disant « que celles-ci seraient désormais résolues par les flottilles « de torpilleurs. Avec ces messieurs on ne pouvait parler; « ils ne voulaient rien entendre. Chose bizarre ! si sur les « routes desséchées à la suite d'une bataille à terre, la « cavalerie donnant la poursuite aux régiments d'infanterie, s'emparait d'une quantité de trophées et infligeait « de nouvelles pertes pendant la retraite, personne ne « songerait à dire qu'il faut supprimer les régiments « d'infanterie qui sont peu mobiles comparativement, « ainsi que la grosse artillerie, pour les remplacer par la « cavalerie, et voici cependant ce qui s'est produit dans le « dernier combat naval et d'après quoi on a donné libre « cours à ses fantaisies ! Il y a naturellement avantage à « avoir des torpilleurs dans les escadres, mais comme « arme auxiliaire. On a toujours reconnu et estimé que « l'on ne peut avoir moins d'un torpilleur d'escadre pour « chaque cuirassé et chaque croiseur. »

La guerre russo-japonaise établit, en effet, très nettement l'utilité des torpilleurs comme auxiliaires des escadres. Elle permet encore de les considérer comme utiles pour la défense des ports ou la surveillance des blocus, surtout si on étend le titre de torpilleurs à tous les navires à torpilles, y compris les contre-torpilleurs d'une part, les submersibles et sous-marins de l'autre; mais en établissant que la seule véritable défensive consiste dans l'offensive, et que les seuls navires vraiment offensifs sont les cuirassés de ligne et les croiseurs cuirassés, elle détermine d'une manière définitive le rôle véritable des torpilleurs, qui est celui de simples auxiliaires des bâtiments à artillerie. Et cette vérité, s'applique aussi bien à la défense des côtes qu'aux escadres, car on ne peut bien défendre ses propres côtes qu'en attaquant celles de l'ennemi ou en mettant ses escadres dans l'impossibilité de violer les eaux du territoire qu'on se propose de défendre.

Comme la guerre russo-japonaise ne contient aucun enseignement sur les sous-marins, qui faisaient défaut aussi bien aux russes qu'aux japonais, je ne parlerai pas ici de ces navires. Je me borne simplement à noter que si le sous-marin est moins visible que le torpilleur, il est également moins favorisé que ce dernier au point de vue de la vision. Il est vu moins facilement que le torpilleur, mais il y voit beaucoup moins bien que ce dernier. Pas plus que le torpilleur, du reste, il ne doit disparaître devant les grands navires à artillerie. Torpilleurs et sous-marins ou submersibles sont utiles en vue d'un rôle qui apparaît comme limité, mais qui n'est point nul.

Si l'on ne peut guère compter sur les petits navires à torpilles pour combattre et détruire les grands bâtiments à artillerie, comme on le croyait autrefois, on peut escompter leurs services, à la fin d'une bataille, pour achever les bâtiments désemparés ou en train de couler, pour augmenter le désordre parmi les escadres déjà disloquées. Ils sont utiles aussi pour exercer une surveillance active soit autour des flottes à la mer soit à l'entrée des ports. Ils sont, en un mot, incapables de remplacer les grands navires à artillerie, mais ils en peuvent être des auxiliaires fort utiles. On ne doit donc pas condamner leur construction, mais la limiter dans les proportions indiquées par la nature des rôles qu'ils peuvent utilement remplir.

§ 2. — Les enseignements de la guerre russo-japonaise relatifs aux cuirassés de ligne

La guerre russo-japonaise n'a pas seulement établi par l'expérience la prééminence des bâtiments à artillerie sur les navires à torpilles, elle nous fournit encore des renseignements précieux sur les caractères que doivent avoir les grands navires pour rendre un maximum de services et être soustraits, dans la mesure du possible, aux dangers de diverses sortes qui les menacent.

En premier lieu, la guerre russo-japonaise a nettement démontré que le navire le plus utile et le plus résistant dans les combats, c'est le vaisseau de ligne cuirassé, c'est-à-dire le navire dans lequel on recherche comme qualités prédominantes la puissance offensive et la protection qui en est le corollaire indispensable.

La bataille de Tsou-Shima, en particulier, a nettement démontré la nécessité d'une très forte protection pour les navires à artillerie.

« Dans les batailles navales, écrivais-je il y a quelques

« années[1], les cuirassés forment le corps principal, quelque « chose comme l'infanterie et l'artillerie de l'armée de « terre réunies, associées dans une action commune et, en « même temps, protégées contre l'infanterie et l'artillerie « ennemies. Ce sont les cuirassés qui porteront les coups « les plus terribles, et ces coups seront d'autant plus effi- « caces que les navires seront mieux protégés et, par con- « séquent, plus capables de tenir longtemps.

« Si l'on suppose, en effet, deux escadres ayant la même « puissance offensive, c'est-à-dire la même artillerie, des « canonniers également adroits, et des chefs manœuvrant « avec la même habileté, mais dont les navires seront mieux « protégés dans l'une que dans l'autre, il est de toute évi- « dence que la victoire restera aux cuirassés les mieux pro- « tégés parce qu'ils pourront tirer plus longtemps que les « autres.

« On a prétendu, il est vrai, que dans un combat entre « deux escadres dont l'une serait moins protégée mais plus « rapide que l'autre, la victoire pourrait rester à la première « si elle manœuvrait d'une certaine façon ; mais toutes les « expériences qui ont été faites dans le but de contrôler « cette opinion en ont démontré la fausseté. Toutes ont « établi que l'escadre dont les cuirassés sont le mieux pro- « tégés viendra sûrement à bout de l'autre, si ses canon- « niers sont de même valeur. N'ayant pas à chercher dans « des manœuvres plus ou moins compliquées, ni dans des « attitudes plus ou moins difficiles à prendre, une pro- « tection qu'elle trouve dans son cuirassement, elle peut « disposer tous ses navires de façon qu'ils fassent con- « verger le maximum possible de leurs feux contre

1. De Lanessan, *Le Programme maritime de 1900-1906*, p. 64.

« les navires ennemis, sans se préoccuper du feu de ces « derniers.

« Les théoriciens qui condamnent les cuirassés formu- « lent comme principe que notre marine ne devrait avoir « que des navires beaucoup plus rapides que ceux de nos « rivaux, dussent-ils, pour atteindre cette vitesse, renoncer « à la majeure partie de la protection. Ils proposent, « notamment, de ne construire que des navires filant « 24 à 25 nœuds, très fortement armés, mais n'ayant « qu'une protection réduite autant qu'il le faudrait pour « réaliser les deux autres qualités. Leur thèse est que de « tels navires pouvant toujours refuser le combat à des « ennemis moins rapides, ils n'auraient rien à en craindre, « ceux-ci fussent-ils plus forts et très protégés.

« On oublie, quand on tient ces raisonnements, que si, « en effet, des navires beaucoup plus rapides que leurs « adversaires pourraient, en principe, éviter de se battre « avec eux, il n'en résulterait pas la victoire pour le pays « possesseur de la suprématie de la vitesse. Tandis qu'une « escadre française très rapide, par exemple, se dérobe- « rait devant une escadre allemande ou anglaise moins « rapide, celle-ci aurait toute liberté de se livrer à une « foule d'actes éminemment nocifs pour la France, tels « que le blocus de ses ports de guerre pour empêcher les « croiseurs de sortir, la destruction des ports de com- « merce, les débarquements de troupes, etc. L'escadre « française très rapide pourrait, il est vrai, n'être pas « battue, mais la France elle-même le serait. »

A propos des croiseurs cuirassés et de la prétendue supériorité que, d'après les théoriciens, ils devraient à leur vitesse, j'ajoutais : « On a quelquefois prétendu qu'un croi- « seur cuirassé armé d'une puissante artillerie moyenne à

« tir rapide pourrait venir à bout d'un cuirassé, même
« très fortement protégé, à la condition qu'il profitât de
« la supériorité de sa vitesse pour se maintenir, pendant
« tout le combat, à une grande distance et dans une cer-
« taine position. Cette opinion était peut-être soutenable
« à l'époque, déjà un peu lointaine, où les cuirassés de
« ligne ne portaient guère que de la très grosse artillerie,
« à tir lent; elle ne peut plus l'être depuis que le tir des
« plus grosses pièces est devenu presque rapide et, sur-
« tout, depuis qu'on a l'habitude de leur adjoindre, sur
« les cuirassés, un nombre considérable de pièces de
« moyen calibre à tir rapide.

« Dans ces conditions, le plus simple bon sens indique
« qu'à toutes les distances le cuirassé devra nécessaire-
« ment venir à bout du croiseur cuirassé. Doté, en effet,
« de la même artillerie moyenne que ce dernier, le cui-
« rassé possède en plus une grosse artillerie très puissante,
« relativement rapide et *une protection très supérieure.*
« Il n'est donc pas permis de douter que dans un duel
« entre ces deux sortes de navires, le cuirassé ne fasse au
« croiseur cuirassé plus de mal qu'il n'en recevra; à la
« condition, bien entendu, que le commandement et les
« équipages des deux navires aient la même valeur. En
« admettant que les deux artilleries moyennes soient
« équivalentes, le cuirassé trouvera dans sa grosse artil-
« lerie un auxiliaire de premier ordre. Le tir de celle-ci est
« plus lent, il est vrai, que celui de l'artillerie moyenne
« des croiseurs, mais il est plus sûr en raison de la stabi
« lité de plate-forme du cuirassé. Or, même à grande
« distance, les projectiles des gros canons du cuirassé sont
« susceptibles de perforer tous les blindages du croiseur
« cuirassé, tandis que les projectiles de la moyenne artil

« lerie de ce dernier ne peuvent presque rien contre les « blindages plus épais du cuirassé.

« Ce n'est pas tout ; en raison même de ses formes plus « allongées et plus fines, le croiseur cuirassé roulera tou- « jours beaucoup plus, dans une mer quelconque, que le « cuirassé ; le tir de sa moyenne artillerie sera, par con- « séquent, moins sûr que celui de la moyenne artillerie du « cuirassé. Par une mer un peu forte, il arrivera même « souvent que le croiseur cuirassé ne pourra, en raison du « roulis, se servir utilement de ses pièces, tandis que le « tir du cuirassé sera encore bon.

« En résumé, quel que soit l'état de la mer, plus le « combat se prolongera entre les deux navires et plus le « cuirassé aura de chances de rester maître du champ de « bataille, même en supposant que le croiseur conserve « jusqu'à la fin la supériorité de sa vitesse et reste maître « de régler la distance du combat. »

Il me paraît utile de rappeler ces considérations, car l'expérience de la guerre n'avait pas encore pu les confirmer. La bataille de Tsou-Shima est la première où l'on ait vu des croiseurs aux prises avec des cuirassés, et où, par conséquent, on ait pu apprécier ce que vaut la vitesse par rapport à la protection. Or, les résultats de la bataille sont loin d'être favorables aux navires sur lesquels la protection est sacrifiée à la vitesse. Les Russes avaient à Tsou-Shima trois croiseurs cuirassés : l'*Amiral-Nakhimoff*, le *Dmitri-Donskoï* et le *Vladimir-Monomach*. Ils ont tous les trois été coulés par l'artillerie des cuirassés japonais, ou tellement endommagés par elle, qu'ils n'ont plus eu à recevoir que le « coup de grâce » des torpilleurs. On dira peut-être que c'étaient des navires déjà anciens et peu rapides (17 à 18 nœuds). Sans le contester, on doit noter que même modernes et très rapides, ils n'auraient pas eu un autre sort, à moins d'imiter les croiseurs protégés de l'amiral Enquist, qui eurent soin de fuir le champ de bataille aussitôt que possible. Condamnés par les conditions de la bataille à rester sous le feu de l'ennemi, ils ne pouvaient résister aux cuirassés japonais. S'ils avaient eu de bons canonniers, ils auraient pu faire beaucoup de mal avec leur artillerie de 20 et 15 centimètres, mais sans parler des pièces de 305, les projectiles de 152 millimètres des cuirassés suffisaient pour percer leurs blindages et, dans une lutte prolongée, ils étaient condamnés à être coulés.

La bataille de Tsou-Shima est précisément intéressante au point de vue des discussions qui ont eu lieu, pendant si longtemps, dans notre pays, au sujet de l'utilité de la vitesse envisagée comme moyen de protection pour les navires. Les croiseurs de l'amiral Enquist profitèrent de la leur pour se sauver. Les Japonais ne prirent pas même la peine de leur donner la chasse. Ils les laissèrent s'enfuir, sachant fort bien qu'ils contribuaient ainsi à la défaite de la Russie et ne voulant pas exposer un de leurs navires à recevoir, dans une chasse inutile, quelques coups dangereux.

Dès le début de la bataille, on voit l'amiral Togo dédaigner les unités russes sans valeur militaire et ne s'attacher qu'à la destruction des cuirassés, car de la disparition de ceux-ci résultait pour lui la victoire. Conformément à ce que je disais à propos du programme de 1900, il est bien établi par la guerre russo-japonaise que tout navire qui use de sa vitesse pour se sauver, contribue à la victoire de l'ennemi sans lui faire aucun mal.

Un autre fait intéressant est celui qui regarde le *Boro-*

dino et les navires de même type (*Orel, Kniaz-Souvaroff* et *Emp. Alexandre-III*). Ces quatre navires étaient protégés par une cuirasse épaisse seulement de 195 millimètres au niveau de la flottaison et de 10 centimètres dans sa partie supérieure. Trois (*Borodino, Kniaz-Souvaroff* et *Alexandre-III*) sur quatre ont été coulés par l'artillerie des cuirassés japonais ou tellement avariés qu'ils étaient condamnés après la première partie de la bataille.

Il y a dans ces faits une réponse à l'une des principales questions posées par les adversaires des vaisseaux de ligne cuirassés. Il est fort inutile, disent-ils, de donner à la cuirasse une grande épaisseur au niveau de la flottaison, car jamais les projectiles ne frapperont le navire en ce point. Il vaut mieux, ajoutent-ils, diminuer l'épaisseur du blindage au niveau de la flottaison, afin de pouvoir le disposer sur une étendue aussi considérable que possible de la coque.

Les bâtiments russes du type *Borodino* avaient précisément été construits d'après cette conception. Ils étaient très modernes, car leur lancement avait eu lieu de 1901 à 1903. Afin de pouvoir blinder la plus grande partie de la coque avec des plaques de 10 centimètres d'épaisseur, on avait réduit à 195 millimètres celles qui formaient la ceinture au niveau de la flottaison.

A priori, cette constitution de cuirasse aurait dû être condamnée par la marine russe, car il n'est pas possible de contester qu'un blindage de 195 millimètres d'épaisseur soit incapable de résister aux projectiles de 305 millimètres, de 240 millimètres et même de 194 millimètres. Il risquerait même beaucoup d'être détruit, sinon traversé par nos projectiles de 164 millimètres.

L'expérience fournie par la bataille de Tsou-Shima confirme de la manière la plus absolue les indications du raisonnement scientifique. Les trois navires du type *Borodino* qui faisaient partie de l'escadre Rodjestvensky furent coulés tous, par l'artillerie japonaise. L'*Orel* ne se mit à l'abri du même sort qu'en se rendant avec les autres navires de l'escadre Nebogatoff. Il présentait un grand nombre de trous, dans la partie supérieure de sa coque, mais il flottait encore parce qu'il avait eu la bonne fortune de ne pas être frappé au voisinage de la flottaison. Les trois autres auraient eu la même « bonne fortune » si leur cuirasse de ceinture avait été suffisamment épaisse pour résister à l'artillerie japonaise.

Par voie de conséquence, les enseignements fournis par le triste sort des cuirassés du type *Borodino* conduisent à la condamnation du « cuirassé-croiseur » dont j'ai parlé plus haut. Diminuer, sur un cuirassé, la protection pour lui donner une grande vitesse, c'est le mettre dans l'impossibilité de combattre contre un cuirassé ayant le même armement et mieux protégé. Si le cuirassé-croiseur ne fuit pas devant un tel adversaire, il ne peut échapper à la destruction ; s'il fuit, il laisse la victoire à l'ennemi.

Une autre question relative au cuirassement a trouvé sa réponse expérimentale dans la bataille de Tsou-Shima. Il y avait, le 27 mai, au moment où elle commença, beaucoup de vent et une forte houle. Tous les navires roulaient, même les cuirassés. Ceux de la flotte russe étaient, dit-on, très surchargés et s'enfonçaient beaucoup dans l'eau à chaque coup de roulis. Toute perforation de la ceinture en un point que la vague atteignait au roulis, permettait à l'eau de pénétrer dans le navire, de s'y accumuler et, en se portant d'un côté, au roulis, en grande quantité, de le faire chavirer, c'est ce qui est arrivé à l'*Osliablia*, d'après le récit d'un de ses officiers et à l'*Alexandre-III*, d'après le dernier récit de la bataille donnée par le *Times*[1].

La déduction à tirer de ces faits, déduction déjà fournie par le raisonnement scientifique, est que la ceinture doit être suffisamment élevée au-dessus de la ligne de flottaison et suffisamment épaisse pour que son can supérieur ou sa partie supérieure toujours plus mince que la partie moyenne, ne puisse pas, au roulis, plonger dans la mer.

On sait, en effet, que pour diminuer le poids des ceintures-cuirasses on ne leur donne pas la même épaisseur dans tous les points de leur surface. C'est au niveau de la ligne de flottaison que se trouve le maximum de leur épaisseur, parce que c'est au niveau de cette ligne que leur perforation offrirait le plus de danger. Au-dessus et au-dessous de cette ligne la cuirasse s'amincit graduellement jusqu'à son can supérieur et son can inférieur, c'est-à-dire qu'on lui donne d'autant moins d'épaisseur qu'elle

1. *Times*, 22 août 1905.

Toutefois, il ne faudrait pas, comme quelques publicistes, attacher une importance exagérée au fait que ces cuirassés auraient chaviré avant de couler. En effet, avec des navires compartimentés, comme le sont tous les cuirassés actuels, le chavirement doit être un fait à peu près constant. Pour qu'un cuirassé compartimenté coulât sur sa quille, il faudrait que tous ses compartiments fussent perforés en même temps, remplis d'eau simultanément, et qu'il n'y eut pas du tout de roulis. C'est un cas qui ne se produira probablement jamais. Ce qui, au contraire, doit arriver constamment, c'est que, un ou deux compartiments étant perforés, se remplissent d'eau, que cette eau s'élève à travers les panneaux du pont cuirassé, qu'elle se répande au-dessus de ce dernier et qu'en se portant d'un côté, au roulis, elle fasse chavirer le navire, le chavirement étant, d'ailleurs, facilité par le fait que toute l'artillerie est placée dans les hauts du bâtiment. On a vu plus haut que le *Sevastopol*, coulé par son propre commandant au moyen de l'ouverture des prises d'eau, s'inclina d'abord sur un flanc puis « chavira complètement ». Un officier du cuirassé *Osliablia* qui fut coulé à Tsou-Shima a fait un récit analogue.

a moins de chances de plonger dans l'eau. Sur nos cuirassés du type *Patrie*, par exemple, qui sont les mieux protégés de notre flotte, la cuirasse-ceinture est épaisse de 280 millimètres au niveau de la ligne de flottaison; elle s'amincit graduellement jusqu'à son can supérieur qui est situé à 2^m,30 au-dessus de la ligne de flottaison. Au can supérieur, elle est encore épaisse de 240 millimètres. Vers le milieu de sa hauteur, c'est-à-dire à 1^m,50 au-dessus de la ligne de flottaison, son épaisseur est encore d'environ 26 centimètres ; or, il arrivera très rarement que le roulis amène cette partie de la cuirasse à plonger dans l'eau. Il est évident que même au cas où la mer monterait jusqu'à cette hauteur, le navire n'aurait pas beaucoup à craindre, car des plaques de 260 millimètres ne peuvent être traversés que par des projectiles de 305 millimètres. A 2 mètres au-dessus de la ligne de flottaison, la ceinture des cuirassés du type *Patrie* est encore épaisse de 248 millimètres, c'est-à-dire que les projectiles de 240 ne pourraient que difficilement la perforer. Du reste, à cette hauteur, une perforation ne pourrait pas faire couler le navire, car avec un roulis de 5° qui est le plus fort avec lequel le combat soit possible l'eau ne monterait qu'à 1^m,02 au-dessus de la ligne de flottaison au milieu du navire[1].

1. Épaisseur de la ceinture-cuirasse des vaisseaux de ligne cuirassés du type *Patrie*, en face du maître couple (milieu de la longueur du navire) :

Au niveau de la ligne de flottaison	280	millimètres
A 50 cent. au-dessus de la ligne de flottaison.	280	»
A 1 mètre » »	273	»
A 1^m,50 » »	260	»
A 2 mètres » »	248	»
A 2^m,40 (can supérieur).	240	»
A 50 cent. au-dessous de la ligne de flottaison.	280	»
A 1 mètre » »	100	»
A 1^m,50 au-dessous de la ligne de flottaison (can inférieur)	100	»

En parlant de cet exemple, on voit que la valeur protectrice des ceintures-cuirasses dépend de leur épaisseur dans toute la partie de la coque qui, avec un roulis permettant le combat, est susceptible d'être couverte par les vagues. Dans toutes ces parties, la ceinture-cuirasse doit être assez épaisse pour avoir des chances d'échapper à la perforation. Il ne saurait en être ainsi avec des plaques d'une épaisseur inférieure à 20 centimètres, car celles-ci sont perforables par l'artillerie moyenne.

On voit par là quelle erreur on commettrait si, pour étendre la cuirasse sur les hauts du navire, où la mer ne risque pas d'atteindre, on diminuait son épaisseur dans les parties que la mer baigne normalement ou qu'elle est susceptible de baigner quand il y a du roulis [1].

L'extension de la cuirasse sur les hauts du navire se comprend lorsque l'artillerie moyenne est logée dans des casemates, comme sur le *King-Edouard-VII*, parce que, dans ce cas, le cuirassement des hauts a pour objet de protéger l'artillerie. Elle est, au contraire, inutile lorsque l'artillerie, le commandement et tous les autres organes essentiels sont logés dans des tourelles ou des blockauss blindés, suivant les dispositions adoptées sur les cuirassés français du programme de 1900. Il est inutile, en effet, d'étendre la cuirasse sur des parties qui n'ont pas besoin de protection ; il y aurait même inconvénient à le faire, parce que les poids consacrés à cette cuirasse inutile seraient perdus pour la protection d'autres objets tels que l'artillerie et les passages des projectiles, le cuirassement des fonds du navire, de la base des cheminées, etc.

Les faits rappelés plus haut montrent asusi qu'il y a

1. Avec un roulis qui ferait enfoncer le bateau de deux mètres, il n'y aurait pas de combat possible.

danger à surcharger les navires cuirassés au point d'exposer des parties de la coque insuffisamment blindées à plonger dans l'eau.

Par voie de conséquence, on voit quelle faute notre marine a commise en réduisant le tonnage de tous nos cuirassés antérieurs à 1900, au point de ne pouvoir leur donner que des cuirasses très peu élevées au-dessus de la ligne de flottaison.

La bataille de Tsou-Shima fournit encore une réponse à ceux qui préconisent la diminution de l'épaisseur des cuirasses sous le prétexte que jamais les navires ne seraient frappés au niveau de la flottaison. Or, nous avons vu tous les cuirassés russes être coulés par l'artillerie japonaise, ce qui suppose qu'ils furent frappés non loin de la ligne de flottaison, soit en dessus, soit en dessous de cette ligne. Au sujet du *Césarevich*, il est dit formellement qu'il fut atteint par un projectile qui pénétra dans l'eau et éclata contre la coque au-dessous de la ceinture cuirassée. Nous verrons plus tard que dans un combat près de Port-Arthur, l'*Askold* fut frappé au niveau même de la ligne de flottaison ; les récits disent « à la flottaison babord » et ils sont probants, car ils ajoutent que le navire put se réparer par ses propres moyens et qu'un « placard rivé sur la « coque recouvrait le trou du projectile » quand on releva le fait. L'officier russe qui a rendu compte de la perte du cuirassé *Osliablia* à Tsou-Shima dit que deux compartiments étanches de l'avant furent perforés par l'éclatement d'un obus. Celui-ci n'avait pu y pénétrer évidemment qu'en perforant la cuirasse au voisinage de la ligne de flottaison, puisque l'eau s'engouffra tout de suite dans les compartiments.

Les théoriciens qui nient les blessures au voisinage de

la ligne de flottaison ne réfléchissent pas que cette ligne est une véritable cible sur laquelle les canonniers sont tout naturellement portés à diriger leurs coups, puisqu'elle est la seule qu'ils voient nettement. Que tous les coups dirigés vers cette ligne de mire ne l'atteignent pas, que les uns portent plus haut, les autres plus bas, on ne saurait s'en étonner, mais on ne voit pas comment il pourrait se faire que tous les projectiles destinés à la flottaison par les canonniers fussent écartés de leur but. Si une pareille supposition est contraire à la logique, elle est aussi démentie par les faits.

On comprend très bien que le navire, en se soulevant au roulis, présente à découvert une partie plus ou moins grande de sa coque au-dessous de la ligne normale de flottaison, et que cette partie doive être atteinte plus ou moins souvent par le canonnier qui vise la ligne formée par le contact de l'eau avec le flanc du navire. C'est ce qui a dû avoir lieu plus d'une fois dans le combat de Tsou-Shima, où la mer était assez grosse pour imprimer un fort roulis aux cuirassés. Il y a dans ce fait un enseignement à prolonger la cuirasse assez loin au-dessous de la flottaison pour qu'elle ne puisse jamais sortir entièrement de l'eau quand il y a du roulis, et à lui donner une épaisseur suffisante pour qu'elle ait des chances d'échapper à la perforation.

La nécessité de donner à la ceinture-cuirasse, au niveau de la ligne de flottaison une épaisseur proportionnée au calibre des plus gros projectiles, ressort d'une considération que les écrivains maritimes paraissent ignorer. Pour satisfaire aux nécessités de la stabilité, il est impossible de donner à la ceinture une même épaisseur sur toute sa longueur; il faut qu'elle soit plus épaisse et par conséquent plus lourde dans la partie moyenne du bâtiment qu'à l'avant et à l'arrière et qu'elle aille aussi en s'amincissant d'un bout à l'autre dans sa partie supérieure. Sur les cuirassés du type *Patrie* la ceinture-cuirasse est épaisse de 280 millimètres au niveau de la ligne de flottaison et dans la partie moyenne du navire, mais on n'a pas pu lui donner plus de 120 millimètres à l'avant, même au niveau de la ligne de flottaison. Sur un navire où elle n'a que 200 millimètres au milieu, elle ne peut pas avoir plus de 5 à 7 centimètres à l'avant. En résumé, réduire l'épaisseur de la ceinture au milieu, c'est se condamner forcément à la réduire beaucoup plus encore à l'avant. Or, les blessures de l'avant pour être moins dangereuses que celles de la partie moyenne n'en sont pas moins susceptibles d'entraîner la perte du navire, ainsi qu'il est advenu à l'*Osliablia* dans la bataille de Tsou-Shima, si l'on n'a pas soin de fermer très hermétiquement les panneaux du pont cuirassé, au niveau des compartiments de l'avant.

Au sujet du cuirassement des fonds des vaisseaux de ligne, la guerre russo-japonaise fournit un document plein d'intérêt. Peu de navires jusqu'à ce jour en ont été pourvus. Je ne connais que le *Henri-IV* en France et le *Cesarevich* en Russie. Sur ces deux navires, indépendamment de la cuirasse extérieure, on a installé, plus bas que cette dernière et à une certaine distance en dedans de la coque, une muraille blindée qui constitue comme une seconde coque intérieure, dans le fond du navire.

Le *Cesarevich* doit probablement à cette sorte particulière de protection de n'avoir pas été coulé dans la bataille du 10 août 1904. On sait qu'il portait le pavillon de l'amiral Witheft, commandant de l'escadre de Port-Arthur. Ne pouvant plus tenir dans le port qui était menacé de tomber bientôt entre les mains des Japonais, le commandant de l'escadre russe tenta, le 10 août, une sortie dont le but était de gagner Vladivostock. L'escadre japonaise lui barra la route; un engagement très vif se produisit, surtout entre le *Cesarevich* qui marchait assez loin en avant de l'escadre russe et les cuirassés japonais. L'amiral Witheft fut tué, le désordre se mit dans l'escadre russe qui regagna le port. Le *Cesarevich*, au lieu de suivre le gros de l'escadre, continua sa route vers le large et put gagner Kiao-Tchéou, où il fut désarmé en vertu des règles de la neutralité.

D'après des observations directes très précises, qui m'ont été communiquées, « les cuirasses du flanc et les tourelles « reçurent quantité de projectiles de toutes dimensions « qui les frappèrent normalement et dans aucun endroit « les plaques ne furent endommagées. On observe facile- « ment dans les divers endroits touchés, une empreinte « centrale et la peinture est brûlée autour; mais il n'y a « eu ni ruptures ni fêlures; toutes les plaques ont parfai- « tement résisté. » La tourelle avant des canons de 305 millimètres reçut un projectile de 305 sur sa toiture. « Sous le choc, cette toiture s'est affaissée à l'endroit « touché, formant poche et tuant le canonnier qui se « trouvait immédiatement au-dessous. Mais nulle rupture « ne fut constatée et le matelot désigné fut la seule victime « dans la tourelle avant qui, d'ailleurs, continua à fonc- « tionner. »

Un accident beaucoup plus grave fut produit par un projectile de 152 millimètres. Celui-ci « passa juste entre « la cuirassse verticale du réduit du commandant et la « toiture de cet abri. Il vint éclater au milieu du com- « partiment, tuant l'amiral, les officiers et les matelots

« qui s'y trouvaient, brisant les manœuvres du gouver-« nail, les commandes aux machines et dans les diverses « parties du navire, coupant les porte-voix ou téléphones, « ce fut ce qui paralysa la commande du gouvernail ». C'est à la suite de ce coup que le *Cesarevich* se mit à tourner sur lui-même en mettant le désordre dans l'escadre qui, en plus, se trouva privée de son chef.

Tandis que les parties solidement cuirassées résistaient même aux projectiles de la grosse artillerie japonaise, toutes les parties non protégées étaient détruites ou ravagées. Le pont fut dévasté.

Dès le début du combat, « deux ou trois projectiles « (probablement de 152 millimètres) vinrent exploser « dans les cheminées et leurs éclats avarièrent trois chau-« dières et blessèrent onze chauffeurs. Ces chauffeurs « ne furent pas brûlés mais bien blessés par des éclats de « projectiles mêmes ou par des morceaux de fer que les « projectiles arrachèrent et projetèrent en tous sens ». On conclut assez naturellement de ce fait que l'on devrait placer à l'intérieur des cheminées des grillages transversaux, assez puissants pour arrêter les éclats de projectiles qui tendraient à tomber dans les chaufferies.

« Le mât militaire d'avant fut tellement troué et avarié « qu'on dut l'abattre pendant la nuit. Le mât de charge « fut démoli. Toutes les embarcations furent mises hors « d'état de servir, d'où l'on conclut à l'opportunité de « les construire en fer. Les passerelles de commandement « et d'observation furent très gravement endommagées « et la majeure partie du personnel qui s'y trouvait fut « tuée. Dès le début du combat on dut faire rentrer dans « l'entrepont cellulaire tout le personnel de la petite « artillerie, non protégée. L'avarie la plus grave fut pro-

« duite par un projectile de gros calibre qui, pénétrant « dans l'eau, est venu faire explosion auprès de la coque, « *au-dessous de la cuirasse* et aurait agi comme une « torpille, produisant un assez fort renfoncement de la « coque, la fêlant en certains endroits et arrachant quel- « ques rivets. »

Ces observations sont intéressantes à un double point de vue : d'abord parce que le *Cesarevich* était le mieux protégé des cuirassés russes qui ont pris part à la guerre, et ensuite parce que le dispositif de sa protection est à peu près le même que celui de nos cuirassés du type *Patrie*. L'épaisseur de tous les blindages du *Cesarevich* est seulement inférieure à celle des mêmes parties de nos cuirassés du type *Patrie*. Sur le *Cesarevich*, la ceinture est épaisse de 250 millimètres au niveau de la flottaison et au milieu ; elle s'élève à 2m,17 au-dessus de la ligne d'eau en diminuant graduellement d'épaisseur jusqu'à 200 millimètres au can supérieur. La grosse artillerie est logée dans des tourelles blindées à 254 millimètres. La moyenne artillerie, formée de pièces de 152 millimètres, est également logée dans des tourelles blindées à 152 millimètres. Enfin la muraille cuirassée des fonds est épaisse de 56 millimètres. Il est intéressant de constater que grâce à cette protection le *Cesarevich* a pu, d'une part, n'être blessé que peu sérieusement par la torpille qui le frappa dans la nuit du 8 au 9 mai ; d'autre part, n'être blessé dans aucune de ses parties vitales, pendant le combat du 10 août, malgré la grande quantité de projectiles qui le frappèrent et quoiqu'il eût été pendant quelques instants la cible de toute l'escadre japonaise. Il n'y a pas d'exemple meilleur de l'utilité d'une très forte protection sur les navires à artillerie. On voit aussi qu'au lieu d'étendre le cuirassement sur les parties de la coque derrière lesquelles ne se trouve aucun organe important, il vaut mieux en augmenter l'épaiseur dans les parties où elle protège des organes essentiels. Le cuirassé étant un fort maritime et flottant, ce qu'il faut avant tout lui demander c'est de ne pas couler et de ne pas perdre l'usage de son artillerie. Alors même qu'il n'aurait plus aucun de ses organes secondaires, il serait encore capable de faire beaucoup de mal à l'ennemi s'il se maintenait à flot et continuait à pouvoir se servir de ses canons. C'est la conception qu'avait du cuirassé notre Conseil supérieur de la marine lorsque, dès 1889, il traçait un programme dont le *Cesarevich* peut être considéré comme une des principales expressions.

En résumé, toutes les observations que la guerre russo-japonaise permet de faire concourent à confirmer les raisonnements scientifiques déjà présentés plus haut, au sujet de la protection. Elles montrent que plus un navire est puissant au point de vue de l'offensive et plus il est indispensable que tous ses organes essentiels soient très fortement protégés.

Ils établissent, en particulier, la nécessité absolue de ne pas sacrifier, sur les vaisseaux de ligne cuirassés, la protection à la vitesse. Toutefois, il résulte des mêmes enseignements que la vitesse de nos cuirassés de ligne ne doit pas être inférieure à celle des cuirassés étrangers ayant une protection analogue à celle des nôtres.

La flotte de l'amiral Rodjestvensky comprenant des navires de vitesses très inégales, il dut régler sa marche, pendant le combat, sur les moins rapides. En conséquence, toutes ses manœuvres se firent à la vitesse de 12 nœuds tandis que celles de la flotte japonaise avaient lieu à la vitesse de 15 nœuds. L'amiral Togo put en profiter pour faire des mouvements qui lui permettaient de tenir toujours sous le feu de ses cuirassés les navires russes qu'il jugeait nécessaire de détruire les premiers. Cependant, si l'amiral russe avait disposé de canonniers ayant la même valeur que ceux des navires japonais et s'il s'était présenté au combat avec une formation autre que celle qu'il adopta, son infériorité en vitesse eût été beaucoup moins sensible.

Il ressort également de la bataille de Tsou-Shima que plus une flotte est homogène et plus elle a de valeur militaire. Ce fut une grande faiblesse pour l'amiral Rodjestvensky de traîner à la suite de ses 4 cuirassés modernes (*Borodino, Orel, Souvaroff, Alexandre-III*) des cuirassés comme l'*Osliablia* et le *Navarin* dont les ceintures-cuirasses étaient si peu élevées au-dessus de la ligne de flottaison qu'elles plongeaient dans l'eau à chaque coup de roulis, et des gardes-côtes cuirassés comme l'*Oushakoff*, l'*Apraxine* et le *Seniavine* qui, à la lenteur de leur marche joignaient un cuirassement très insuffisant, une artillerie moyenne presque nulle et des équipages aussi peu instruits qu'ils se montrèrent indisciplinés. Je ne parle pas de la faute qu'il avait commise en conservant des croiseurs protégés ou auxiliaires et même des transports au milieu de ses lignes. Avec une flotte composée d'éléments aussi disparates, dont beaucoup n'avaient guère de valeur et dont d'autres n'étaient que des embarras, il était condamné à être battu par les forces de l'amiral Togo, car celui-ci avait eu soin de ne composer ses deux escadres principales que de cuirassés (4) et de croiseurs cuirassés (8) pouvant marcher tous à la même vitesse et ayant à peu près la même artillerie moyenne, à pièces nombreuses et de tir rapide.

Il y a là une leçon que la marine française en particulier doit sérieusement méditer, car il n'y en pas qui ait construit plus de bâtiments disparates. L'Angleterre et l'Allemagne en particulier s'attachent toujours à construire leurs cuirassés par séries, de façon à pouvoir former des escadres homogènes. La première, depuis 1898, a construit deux séries composées de 8 cuirassés entièrement semblables; antérieurement, tous ses cuirassés formaient des séries de 6, 7 ou 9 navires identiques. Avec ces éléments rien ne lui est plus facile que de former des escadres absolument homogènes. L'Allemagne, de son côté, construit toujours ses cuirassés par séries de 5 navires semblables. Tout au contraire, nous n'avons presque jamais mis sur les chantiers plus de deux ou trois bateaux semblables, et encore est-il rare que tous ceux d'une de ces petites séries soient tout à fait identiques. La seule escadre entière, homogène qui ait été mise en chantier depuis trente-cinq ans par notre marine, est celle du programme de 1900 (type *Patrie*) et encore a-t-on modifié l'artillerie d'une partie des navires après le commencement de l'exécution des travaux. Il est indispensable, d'une part, que nous nous résignions à mettre moins de fantaisie dans nos constructions et, d'autre part, qu'une loi interdise toute modification aux plans des navires après l'approbation des annexes du budget par le Parlement.

La nécessité de donner aux vaisseaux de ligne une puissance offensive aussi considérable que possible et une protection proportionnée à cette puissance, sans trop diminuer leur vitesse et leur rayon d'action, conduit nécessairement à l'adoption des très fort tonnages. Aussi voit-on toutes les puissances maritimes augmenter beaucoup, depuis quelques années, les dimensions de leurs vaisseaux de ligne. La France n'est entrée dans cet ordre d'idées qu'avec le programme de 1900, qui comportait six vaisseaux de ligne cuirassés de 14.875 tonnes. Elle y persiste et y progresse, car d'après les décisions récentes du Conseil supérieur de notre marine, les vaisseaux de ligne cuirassés dont la construction va être demandée aux Chambres atteindront de 17 à 18.000 tonnes de déplacement.

§ 3. — Les enseignements de la guerre russo-japonaise relatifs aux croiseurs

Une autre question fort importante et qui se lie à la précédente est celle de savoir quelle place les croiseurs doivent occuper dans une flotte moderne.

S'il s'agit de croiseurs simplement protégés, c'est-à-dire n'ayant pas d'autre protection qu'un pont cuirassé au-dessus des organes moteurs, l'expérience de la guerre russo-japonaise répond qu'ils doivent disparaître d'une manière absolue en tant que navires de combat.

La guerre russo-japonaise a montré, en effet, que la vitesse ne suffit pas pour donner à cette sorte de navires la valeur qu'on leur avait jadis attribuée. A Tsou-Shima, ils n'en firent usage que pour s'enfuir. Six croiseurs protégés figurèrent dans cette bataille : l'*Aurora* de 6.800 tonnes et 20 nœuds de vitesse; l'*Oleg*, de 6.780 tonnes et 24 nœuds; l'*Izumrud* et le *Schemtschug*, de 3.050 tonnes et 24 nœuds; le *Swietlana*, de 3.800 tonnes et 20 n. 2; l'*Almas*, de 3.220 tonnes et 19 nœuds. Tous tentèrent de s'enfuir aussitôt qu'ils le purent : l'*Almas* parvint à gagner Vladivostock; l'*Aurora*, l'*Oleg* et le *Schemtschug* purent atteindre Manille. L'*Izumrud* se réfugia dans la baie Vladimir ; le sixième fut coulé par les croiseurs japonais.

Fort sagement, l'amiral Togo ne fit usage, dans cette bataille, de ses croiseurs protégés que pour combattre les similaires russes et les transports. Sa première escadre, celle qui attaqua d'abord les cuirassés russes n'était formée que de vaisseaux de ligne, au nombre de 4 et de croiseurs cuirassés, au nombre de 8, soit au total, 12 bâtiments à artillerie, cuirassés. Les vaisseaux de ligne cuirassés marchaient en tête de sa ligne, suivis immédiatement par 2 croiseurs cuirassés qui, avec les 4 cuirassés, formaient une première escadre. La seconde escadre était formée de 6 croiseurs cuirassés. Dans son rapport officiel, après avoir indiqué les premiers mouvements de son escadre principale, il ajoute : « Notre escadre de croiseurs « cuirassés nous suivait de très près, tandis que les divi- « sions Derwa et Uriu, l'escadre de croiseurs (protégés) « et la division Togo jeune, suivaient une direction déter- « minée d'avance et marchaient vers le Sud pour attaquer « les derrières de l'ennemi. » Or, c'est dans ce derrière que se trouvaient les croiseurs protégés, les avisos et les transports russes.

Le plan de Togo est bien nettement exposé dans ces lignes : avec ses deux escadres principales, formées de cuirassés et de croiseurs cuirassés, il attaquera les cuirassés russes qui forment les têtes des deux lignes de Rodjestvensky. Quant à ses croiseurs protégés, il les destine à l'attaque des derrières de Rodjestvensky où sont les unités russes les moins fortes. Celles-ci, du reste, n'auront pas d'autre souci que de s'enfuir dès qu'elles en trouveront le moyen.

Il est de toute évidence que ni les croiseurs protégés de

la flotte japonaise ni ceux de la flotte russe n'ont joué dans cette bataille un rôle assez important pour qu'il soit possible de dire qu'ils aient contribué d'une façon quelconque soit à la victoire, soit à la défaite. Pour la victoire, il n'y a pas de doutes : elle était assurée à 2 h. 45, alors que, seules, les escadres cuirassées des deux belligérants avaient été aux prises. L'escadre russe étant alors désemparée, Togo écrit non sans raison : « Le résultat de la bataille « était décidé. »

Pourquoi donc Russes et Japonais ont-ils entretenu, à grands frais, pendant de nombreuses années, tous ces croiseurs protégés dont le rôle est si nul, et qui ne peuvent échapper au désastre général qu'en prenant la fuite pour aller se faire désarmer dans un port neutre? Posée très nettement par la bataille de Tsou-Shima, cette question ne comporte qu'une seule réponse : les croiseurs protégés n'ont rien à faire dans les combats d'escadres.

La conduite de l'*Askold* dans la bataille du 10 août 1904, devant Port-Arthur, fournit la même réponse à la même question. L'*Askold* est un croiseur protégé de 6.100 tonnes et 24 nœuds de vitesse. Avant la bataille du 10 août, il avait figuré très bravement dans plusieurs combats, en y subissant de fortes avaries. D'après une note de la *Marine Runschaud*[1] il avait eu, au cours de ces opérations, son mât militaire coupé aux trois quarts de sa hauteur et sa cheminée arrière fracassée. « A la flottaison, à « babord, un gros obus avait éclaté et brisé trois mem- « brures. La réparation fut exécutée par les moyens du « bord, un placard rivé sur la coque, recouvre mainte- « nant le trou du projectile. »

1. *Moniteur de la flotte*, 29 octobre 1904.

Un fait qu'il importe de noter, parce qu'il indique combien les croiseurs protégés sont impropres à la guerre, c'est que « ce sont surtout les obus de petit calibre et les « éclats qui ont mis le bâtiment hors de service. » Ainsi, voilà un navire dont la construction a coûté au moins 15 millions et dont l'entretien occasionne une dépense annuelle de plusieurs centaines de milliers de francs, mis hors de service, comme un simple contre-torpilleur, par les projectiles de petit calibre. Cependant, lui-même est un témoin de l'utilité de la protection, car on signale que « les canons et leurs masques sont demeurés en état, bien « que ces derniers portent des traces d'impacts nombreux».

Dans la bataille du 10 août 1904, l'*Askold* dont le commandant devait être un très vaillant marin, se trouva dans une situation fort critique. Pendant la première partie de ce combat, l'escadre russe fut soumise à des contre-marches qui « changèrent quatre fois la direction du combat « sous vapeur » et, à certain moment, amenèrent les croiseurs en tête de ligne, ce qui, évidemment, était une faute grave, à moins que l'intention de l'amiral russe ait été de livrer ces bâtiments sans valeur à l'ennemi tandis que ses cuirassés fileraient vers Vladivostock. Quoi qu'il en soit, l'*Askold* fut alors gravement endommagé. « 1er coup. Un obus de 305 du *Shikishima* tue l'officier « télémétreur sur la passerelle tribord, traverse sans éclater le spardeck, et détonne sur la cheminée avant. Le « poste de télégraphie optique lumineuse, l'échelle de tribord de la passerelle sont fortement endommagés. La « culotte de la cheminée largement déchirée et bossuée, « le conduit de fumée de la chaudière avant crevé sur une « grande étendue. — 2e coup. Un projectile de gros « calibre traverse les œuvres mortes à 1 m. 50 au-dessus

« de la flottaison et met le feu à un parc de munitions de « 75 millimètres qui se trouve sous la passerelle babord. » L'*Askold* ne se tira de ce mauvais pas qu'en s'éloignant de l'ennemi, comme du reste le fit toute l'escadre russe.

Un deuxième combat eut lieu de trois ou quatre heures à l'entrée de la nuit, entre l'escadre russe rentrant à Port-Arthur et l'escadre japonaise qui ne crut pas devoir lui barrer la route. C'est dans ce combat que le *Cesarevich* eut les organes moteurs de son gouvernail avariés, se mit à tourner sur lui-même et provoqua le désordre de l'escadre russe. L'*Askold* profita du flottement qui se produisit alors dans l'escadre japonaise elle-même pour s'enfuir du champ de bataille. Des croiseurs japonais tentent de l'arrêter, et lui font de nombreuses avaries, mais il a la bonne fortune de n'être blessé dans aucun de ses organes essentiels : « Grâce à ses 23 nœuds qu'il pût effectivement « retrouver, l'*Askold*, passant à 2.800 mètres de ses ad- « versaires les plus rapprochés les distança. Le croiseur « russe fut touché treize fois. » L'un de ces coups faillit lui être funeste : « Sa cheminée arrière fut si abîmée que « sa vitesse tomba à 20 nœuds. Les croiseurs japonais ne « purent cependant continuer la chasse. L'*Asama* brû- « lait. » Le même récit ajoute que « après le 10e coup « l'*Askold* fit de l'eau en assez grande quantité pour que « son commandant dût réduire sa vitesse de 20 à 12 « nœuds. » Il ajoute : « A Wosung, le 13 août, cette quan- « tité d'eau fut estimée à 100 tonnes. Cette surcharge ne « paraissait pas extérieurement, et l'*Askold* demeurait au « tirant d'eau correspondant au plein de ses soutes. »

Ces faits prêtent à diverses considérations intéressantes. D'abord, on voit que parmi les blessures faites à l'*Askold*, il s'en trouve une située « à la flottaison babord ». Elle doit être signalée, comme je l'ai rappelé plus haut, à ceux qui nient les blessures à la flottaison. Un second fait mérite l'attention : on voit l'*Askold* perdre la moitié de sa vitesse à la suite de la perforation de l'une de ses cheminées. Il en fut ainsi sans doute, parce que ces blessures rendirent impossible le tirage forcé. Il en faut conclure la nécessité de disposer les appareils de ce tirage à l'abri des blindages et de protéger la base au moins des cheminées. C'est à la même conclusion que conduisent les avaries faites aux cheminées sur le *Cesarevich*.

Autre fait intéressant au point de vue de la question traitée en ce moment : l'*Askold* peut se sauver parce que l'*Asama* a été mis, par lui-même, sans doute, dans l'impossibilité de le poursuivre. On nous dit que « l'*Asama* brûlait ». Or, l'*Asama* est un croiseur *cuirassé* lancé seulement en 1898, tout moderne par conséquent, de 9.900 tonnes, filant 21 nœuds, et très fortement armé. Il a dû coûter plus de 20 millions de francs et il est réduit à l'impuissance par un simple croiseur protégé de 6.100 tonnes, n'ayant que des canons de 152 millimètres. Ne faut-il pas en conclure que l'artillerie moyenne est suffisante pour désemparer un navire cuirassé au point de le réduire à l'impuissance.

Enfin, il n'est pas sans intérêt de noter que sur l'*Askold* toutes les parties protégées restèrent indemnes. Cela s'explique par le fait que la plupart des projectiles par lesquels il fut atteint étaient de petit calibre. Il est évident que les masques de ses canons, par exemple, n'auraient pas résisté au choc d'un projectile de 150 millimètres et encore moins à celui d'un obus de 305 millimètres[1].

1. Voir encore au sujet de l'*Askold*, *Monit. de la flotte*, 20 août 1904, p. 6, col. 2, et *ibid.*, 27 août 1904, p. 5, col. 2.

En dehors des déductions particulières qu'on peut tirer de chacun de ces faits, l'histoire de l'*Askold* confirme les conclusions auxquelles nous avons été conduits par celle des croiseurs protégés qui figuraient à la bataille de Tsou-Shima : la place de cette sorte de bâtiments n'est pas dans les combats d'escadre ; ils ne peuvent que contribuer à y mettre le désordre.

C'est encore à la même conclusion que conduit le combat livré par l'amiral Kamimoura contre les croiseurs de Vladivostock le 14 août 1904. Trois croiseurs cuirassés russes furent engagés : le *Gromoboï*, de 13.900 tonnes, lancé seulement en 1899, pourvu d'une très forte artillerie et filant 20 nœuds ; le *Rossija*, de 13.900 tonnes (1896) avec également une artillerie très forte et filant 19 n. 7 ; le *Rurik* plus ancien et moins protégé. Après avoir détruit quelques navires de commerce et un transport de troupes, les croiseurs furent poursuivis par l'amiral japonais Kamimoura, rencontrés par lui dans le détroit de Corée et immédiatement attaqués. L'amiral Kamimoura ne disposait que de croiseurs cuirassés, mais ils étaient quatre et leur artillerie était fortement protégée, tandis que celle des Russes ne l'était pas du tout. Le combat fut acharné, mais l'absence de protection des canons fut néfaste aux navires russes. Le *Rurik* fut coulé. Les deux autres, gravement endommagés, ne durent leur salut qu'à la fuite ; ils parvinrent à gagner Vladivostock, mais ils furent condamnés à y rester pour se réparer et n'ont plus figuré dans la guerre. D'après les renseignements venus de Vladivostock même, la plupart de leurs canons avaient été démontés, à cause, disait-on, de l'insuffisance de leur protection. Toutes les parties assez bien protégées étaient restées indemnes. C'est une démonstration absolue des principes auxquels conduit le raisonnement scientifique. Les croiseurs cuirassés russes ont succombé parce que leur protection était moindre que celle des croiseurs cuirassés japonais et c'est le moins protégé d'entre eux qui a été coulé. Leur sort n'aurait-il pas été plus mauvais encore s'ils avaient eu affaire à des cuirassés de ligne? Ils n'ont pas pu éviter le combat et, une fois celui-ci engagé, ils étaient fatalement condamnés à être battus; s'ils étaient restés un peu plus longtemps sur le champ de bataille, ils auraient tous succombé comme le *Rurik* qui, étant le moins protégé, fut tout de suite coulé.

Il ressort clairement de ces faits qu'on commet une grave erreur toutes les fois que pour augmenter la vitesse d'un croiseur cuirassé on diminue soit la protection de sa coque, soit celle de son artillerie au delà de la mesure indiquée par sa force offensive. S'il lui arrive de ne pouvoir pas user de sa vitesse pour fuir devant un cuirassé ou devant un croiseur cuirassé mieux protégé que lui, sa perte est certaine.

Dans la bataille de Tsou-Shima, si les cuirassés russes avaient eu de bons canonniers, les croiseurs cuirassés japonais auraient dû subir de graves avaries. L'un d'entre eux, l'*Adzuma*, eut ses appareils de gouvernail endommagés, et fit eau au point d'être obligé de sortir pendant un certain temps des lignes. Sur un autre croiseur cuirassé, le *Kasuga*, qui faisait partie de la première escadre de Togo, trois canons furent mis hors de service. Il est évident que les avaries de ces diverses sortes eussent été beaucoup plus nombreuses et plus graves, si les canonniers russes avaient été à la hauteur de leur tâche et si la flotte de Rodjestvenski s'était présentée au combat avec une formation moins défectueuse.

Quoi qu'il en soit, ces seuls faits témoignent de l'imprudence que l'on commettrait en faisant figurer les croiseurs cuirassés dans les combats d'escadre contre un ennemi habile et contre des cuirassés de ligne ayant toutes les qualités propres à leur classe.

En somme, si les guerres navales ne comportaient que des combats d'escadre, on devrait renoncer entièrement aux croiseurs protégés et peut-être même aux croiseurs cuirassés. Mais elles peuvent donner lieu à diverses opérations d'une autre nature.

En premier lieu, les combats d'escadre exigent de la part de chaque belligérant l'éclairage des forces ennemies. Pour ce rôle spécial, des navires simplement protégés ou même dépourvus de toute protection sont suffisants. On a vu les Japonais, pendant toute la durée du siège de Port-Arthur, faire éclairer leurs escadres par de simples contre-torpilleurs. Ceux-ci circulaient pendant la nuit autour de la rade bloquée, surveillant tout ce qui s'y passait et prêts à porter très vite les informations recueillies aux escadres bloquantes.

La vitesse, pour les bâtiments qui font ce service, est la qualité que l'on doit rechercher par-dessus toutes les autres. Il faut que l'éclaireur soit en état de ne pas se laisser surprendre par l'ennemi et puisse très rapidement courir s'abriter auprès des groupes de grands navires qu'il est chargé d'éclairer.

En France, des officiers généraux d'une haute valeur, — je citerai en particulier l'amiral Gervais, — ont toujours préconisé pour l'éclairage des escadres, des « croiseurs légers » ou « estafettes », auxquels on donnerait une vitesse de 24 à 25 nœuds et un déplacement assez fort pour que leur marche ne fût pas sensiblement ralentie par les grosses mers. L'expérience a établi que pour réaliser cette condition, un navire doit avoir un déplacement d'au moins 4.000 tonnes. Leur protection serait limitée à un pont blindé au-dessus des appareils moteurs. Leur artillerie ne serait formée que de pièces très rapides, de 75 et 100 millimètres au plus, car ils ne s'en serviraient guère que pour détruire les torpilleurs ou contre-torpilleurs qui tenteraient de les attaquer. Les faits de la guerre russo-japonaise, rappelés plus haut, prouvent qu'avec cette artillerie les estafettes n'auraient rien à redouter des bâtiments à torpilles.

En 1899, après des discussions prolongées, le Conseil supérieur de notre marine émit un avis favorable à la construction d'un petit nombre de bâtiments de cette sorte, pour l'éclairage de nos escadres d'Europe; mais il recula devant leur mise en chantier immédiate, jugeant qu'il était préférable de faire porter d'abord tous nos efforts sur la construction des grandes unités cuirassées.

La guerre russo-japonaise est venue confirmer la sagesse de cette manière de voir, en mettant en relief la nécessité absolue des cuirassés de ligne, c'est-à-dire des bâtiments dont la construction a été si négligée en France. Mais, d'autre part, elle témoigne de la nécessité absolue de l'éclairage des escadres.

L'une des raisons pour lesquelles l'amiral Rodjestvensky a perdu la bataille de Tsou-Shima est l'ignorance dans laquelle il se trouvait de la position de l'escadre japonaise, tandis que l'amiral Togo était exactement renseigné sur les mouvements de l'escadre russe. Le commandant Clado, dans le récit de la bataille de Tsou-Shima publié par le *Novoie Vremia*, écrit formellement: « Inutile de dire que « l'apparition des forces principales japonaises fut sou-

« daine pour notre escadre; elle en aurait été informée si « ses croiseurs s'étaient trouvés en avant et elle aurait eu « suffisamment de temps pour se disposer d'une façon « convenable en ordre de combat. »

Tandis que l'escadre russe négligeait de se faire éclairer, soit afin de ne pas faire signaler sa présence par ses éclaireurs et dans l'espoir de passer tout entière inaperçue, soit afin de faire protéger ses transports par ses croiseurs, l'amiral Togo avait envoyé un de ses croiseurs surveiller la marche des Russes.

Le commandant Clado dit à ce sujet : « Depuis sept « heures du matin, sur le flanc droit de nos colonnes, se « montrait le croiseur japonais *Idzumi* suivant une « route parallèle à la notre, et c'est seulement à onze « heures du matin que le croiseur *Vladimir-Monomach*, « par signal, sortit de la formation pour poursuivre ce « croiseur. De cette façon, pendant quatre heures de temps, « ce croiseur a pu impunément demeurer en vue de notre « escadre, compter nos navires, relever notre disposition « et certainement communiquer ses observations à d'au- « tres croiseurs ou à des stations de la côte situées en « dehors de la vue de notre escadre. De cette façon, Togo « put suivre tous les mouvements de l'escadre russe par « communication télégraphique, connaître notre vitesse « et tranquillement préparer son plan. » Lorsque l'*Idzumi* vit qu'on voulait lui donner la chasse, il s'éloigna. A onze heures tout un détachement de croiseurs japonais s'approcha de l'escadre russe « eux aussi, à nouveau, pen- « dant une heure complète, purent impunément observer « la disposition de notre escadre. » Ils devaient être fort rapprochés, car la deuxième escadre de cuirassés ouvrit le feu sur eux. Alors ils s'éloignèrent. L'amiral Togo, informé de l'arrivée de l'escadre russe, et de sa formation put prendre toutes ses dispositions à son aise, tandis l'amiral Rodjestvensky ignorait même où se trouvait l'escadre japonaise et fut surpris par elle dans une formation très défavorable au combat. Aucun fait ne saurait mieux établir la nécessité de l'éclairage des escadres.

Cependant, la découverte de la télégraphie sans fil et les progrès énormes réalisés par ce système de communication pendant ces dernières années, apportent un élément nouveau dans la question de l'éclairage des escadres. Grâce à la faculté qu'ils ont de communiquer télégraphiquement à des distances qui atteignent déja une cinquantaine de kilomètres et qui s'accroîtront encore sans aucun doute, les navires de combat n'ont plus le même besoin d'être reliés entre eux par des estafettes impropres à la bataille et coûtant extrêmement cher.

Le rôle des estafettes proprement dites peut d'ailleurs être rempli, non seulement par les contre-torpilleurs, ainsi qu'en témoigne le siège de Port-Arthur, mais aussi, dans certaines circonstances, par les croiseurs cuirassés.

Ceux-ci auraient sur les estafettes l'avantage de pouvoir tenir tête, non seulement à tous les croiseurs simplement protégés de l'ennemi, mais encore à une partie de ses croiseurs cuirassés, avantage considérable, surtout dans l'établissement des communications entre les escadres et la terre, car de la rupture de ces communications pourraient résulter, en certains cas, les plus graves conséquences. S'il est nécessaire, pour relier l'escadre à la terre, de traverser les lignes ennemies, un croiseur à la fois très rapide, très fortement armé et convenablement cuirassé sera bien préférable à une simple estafette sans armement ni protection et n'ayant d'autre moyen de salut que la fuite, car il pourrait arriver qu'elle fût contrainte de fuir dans une tout autre direction que celle où l'appellerait sa mission.

L'enseignement qu'il importe surtout de tirer de la guerre russo-japonaise, c'est qu'il y a lieu de renoncer d'une manière absolue à la construction des croiseurs protégés proprement dits, tels que les *Forbin* de l'amiral Aube ou les *Guichen* de Félix Faure. En tant que navires de combat, ils ne peuvent être d'aucune utilité. En tant que « destroyers de commerce », ils ne vaudraient guère mieux, militairement, que de simples paquebots rapides armés en croiseurs auxiliaires. Ils seraient même inférieurs à ces derniers au point de vue de la régularité de la marche rapide. L'amiral Fournier a donné la note juste en cette matière lorsqu'il écrivait en 1896 : « Il serait illu-« soire de vouloir mettre nos navire de combat en état de « lutter de vitesse avec les paquebots les plus rapides, « sortes de réclames des grandes compagnies de naviga-« tion qui soutiennent, pendant plusieurs jours, les plus « grandes vitesses réalisées jusqu'ici. Sur les paquebots, « en effet, consacrés exclusivement au transport de luxe « des voyageurs, tout a été sacrifié à ce résultat excep-« tionnel, impossible à atteindre sur des navires de com-« bat où la part affectée aux différents services de guerre « est irréductible en dessous d'une certaine limite. Nous « estimons donc que les bâtiments de course les mieux « doués pour donner la chasse aux paquebots et aux « navires de commerce de l'ennemi, comme pour échap-« per à la poursuite de ses croiseurs, sont nos propres « paquebots armés en conséquence et gardant, pendant « les hostilités, avec les renforts nécessaires, leurs états-« majors, leurs équipages, leurs mécaniciens et chauffeurs

« du temps de paix, aptes aussi à soutenir les allures les « plus rapides d'une façon permanente, résultat irréali- « sable sur les navires de guerre où la marche à grande « vitesse est, pour le personnel et le matériel, un effort « exceptionnel, en général de courte durée. L'action pré- « voyante de l'État, de ce côté, devra donc s'appliquer à « amener par tous les moyens à sa disposition, nos gran- « des compagnies de navigation à donner à leurs paquebots « les plus grandes vitesses réalisables à notreépoque. »

Je crois utile d'ajouter que j'ai fait moi-même, étant ministre de le marine, des tentatives très sérieuses, dans le but de déterminer nos compagnies de navigation à construire des paquebots de très grande vitesse qui deviendraient, en temps de guerre, des « destroyers de com- « merce ». La marine aurait pu allouer aux compagnies soit une subvention annuelle, soit une prime de construction pour les navires réalisant les conditions qu'elle aurait indiquées. Mes tentatives ne purent pas aboutir à cause du prix excessif qu'atteignent les navire dès qu'on veut leur faire dépasser une certaine vitesse et de la dépense énorme de charbon qu'exigent les très grandes vitesses.

En somme, soit que l'on se décide en faveur des « estafettes » dont j'ai indiqué plus haut la caractéristique spéciale, soit que l'on y renonce, il n'y a plus lieu de mettre sur les chantiers un seul de ces croiseurs protégés que la « jeune marine » considéra, pendant longtemps, comme appelés à déterminer, par leur naissance, la disposition des vaisseaux de ligne cuirassés.

Je pense même qu'il y a lieu de n'armer qu'un très petit nombre de croiseurs protégés, car ils coûtent fort cher et ne peuvent rendre que des services sans portée militaire[1].

1. Le tableau ci-dessous donne une idée précise de ce que coûtent nos croiseurs protégés et cuirassés, comme entretien annuel et comme prix de construction :

NOM DU NAVIRE ET TONNAGE	NATURE DU NAVIRE	DÉPLACEMENT en tonneaux.	VITESSE aux essais.	NAVIRE ARMÉ		DÉPENSE ANNUELLE D'ENTRETIEN		PRIX de construction.
				Officiers.	Hommes.	armement complet.	réserve 2e catégorie.	
Taye (7.589 *t.*).	Croiseur protégé de 1re classe.	7.589	19	22	435	938.634	259.998	10.926 401
Jean-Bart (4.109 *t.*).	— — de 2e classe.	4.109	18	20	356	683.383	177.061	7.022.020
Suchet (3.416 *t.*).	— — de 3e classe.	3.416	20	20	328	650.943	152.525	6.557.207
Lavoisier (2.322 *t.*).	— — de 3e classe.	2.322	21,5	11	264	438.070	129.006	5 052.318
Forbin (1.906 *t.*).	— — de 3e classe.	1.966	20,6	11	190	353.958	95.902	3.526.778
Guichen (8.282 *t.*)	Croiseur corsaire protégé. . .	8.282	23,6	25	580	1.033.860	266.380	15.506.301
Jurien-de-la-Gravière (5.692 t.).	— — —	5.686	23	23	442	869.857	198.988	11.337.439
D'Entrecasteaux (6.783 *t.*) . .	Croiseur cuirassé.	8.123	19	22	538	964.942	266.300	16.950.703
Dupuy-de-Lôme (6.783 *t.*). . .	— —	6.783	19,7	20	470	834.435	225.692	13.843.716
Chanzy (4.812 *t.*)	— —	4.812	17,8	19	378	659.644	181.848	10.420.249
Jeanne-d'Arc (11.329 *t.*). . .	— —	11.329	23	34	580	1.152.772	245.108	21.415.928
Condé (10.014 *t.*).	— —	10.000	21	25	590	1.089.342	242.404	21.594.981
Montcalm (9.517 *tt.*).	— —	9.517	21	25	540	1.009.136	228.624	22.370.230
Dupleix (7.710 *t.*)	— —	7.710	21	25	540	957.763	215.540	16.308.847
Léon-Gambetta (12.550 *t.*) . .	— —	12.550	22	33	650	1.238.341	270.748	29.248.500

Ils ne sont même pas propres au service local des colonies, parce que leurs dispositions intérieures soumettent les hommes à des températures très élevées. Mieux vaudrait renoncer tout à fait à la plupart d'entre eux, les condamner, et reporter leurs dépenses sur des navires de combat proprement dits, que de les maintenir dans les cadres de notre flotte. Nous le pouvons aujourd'hui d'autant plus facilement, que nous commençons à disposer d'un assez grand nombre de croiseurs cuirassés.

Il importe de noter que, sur ce point encore, les Conseils supérieurs de notre marine avaient eu des vues très justes. En 1894, notamment, lorsque Félix Faure, étant ministre de la marine, préconisa la construction des « destructeurs de commerce » le Conseil supérieu objecta qu'il lui était impossible de comprendre à quel rôle militaire pourraient servir ces navires de très grand tonnage, d'un prix de construction très élevé, d'un entretien extrêmement coûteux, qui seraient peut-être incapables de retrouver leur vitesse d'essais au moment où ils en auraient besoin pour attaquer un paquebot ou pour fuir un bâtiment cuirassé. Il ajoutait que si pour un motif quelconque, parce que notamment ils ne pourraient pas fuir en temps voulu, ces navires étaient contraints d'accepter le combat avec un adversaire plus petit mais mieux armé, ou mieux protégé, leur défaite, non douteuse, aurait, dans le pays, un retentissement d'autant plus douloureux qu'on aurait davantage vanté leurs mérites.

Avant même que la guerre russo-japonaise eût donné aux vues très justes de notre Conseil supérieur la consécration d'une expérience militaire, toute notre marine avait condamné les « destructeurs de commerce ». Il lui avait suffi pour cela de comparer la faiblesse de ces navires avec les dépenses énormes qu'ils occasionnent. Le *Guichen* a coûté 15 millions et demi de francs de construction; son entretien annuel, en temps de paix, coûte plus d'un million de francs. L'expérience de ce qu'il coûterait en temps de guerre a été faite pendant l'expédition de Chine. Avec des vitesses qui, jamais ne dépassèrent 16 nœuds, dont la moyenne fut de 13 nœuds, et en 1.400 heures de mer seulement, le *Guichen* dépensa en charbon plus de 600.000 francs. Si l'on tient compte de ce fait que pour filer 23 nœuds il dépenserait 21 tonnes et demie de charbon par heure, on voit quelle serait la dépense énorme de combustible à laquelle il faudrait s'attendre dès qu'il voudrait remplir le rôle pour lequel il a été construit [1].

1. La dépense énorme de charbon exigée pour atteindre les grandes vitesses mérite d'attirer l'attention à un triple point de vue.

D'abord, à cause de la difficulté de réaliser cette vitesse sur un navire de guerre. A cet égard il existe une différence profonde entre un croiseur et un paquebot. Sur ce dernier les chaufferies et les machines sont à l'aise dans de vastes espaces, tandis que sur les croiseurs elles sont fort à l'étroit au-dessous du pont cuirassé. De cette différence en résulte une très grande dans le service des machines. Celui-ci est beaucoup plus difficile sur les croiseurs que sur les paquebots et il l'est encore davantage lorsqu'on veut obtenir de très grandes vitesses.

En second lieu, le paquebot est destiné à conserver sa même allure pendant toute la durée de sa marche. Au moment du départ tout est disposé dans la machine en vue de cette vitesse : le serrage des écrous, le graissage, etc. Sur un navire de guerre, il n'en est pas ainsi. Afin d'éviter les consommations inutiles de combustible, on ne marche normalement qu'à 13 ou 15 nœuds. C'est seulement à l'heure d'une poursuite ou d'une fuite que l'on recherche les vitesses maxima. Or, ce passage d'une vitesse moyenne à une très grande vitesse est très difficile à réaliser.

En troisième lieu, sur les paquebots, le service du charbon est très facile à faire parce que le combustible est en vrac dans de grandes cales. Sur les croiseurs il est réparti dans un très grand nombre de petites soutes dont beaucoup sont d'un abord difficile. Or, les grandes vitesses usent une énorme quantité de charbon. Alimenter les chaufferies est donc, sur les croiseurs, une opération fort difficile et qui exige un personnel très nombreux. Celui-ci sera-

BIBLIOTHÈQUE NAT

Les enseignements de la guerre russo-japonaise ne font, en somme, que confirmer le raisonnement scientifique et les prévisions formulées dès 1894 par le Conseil supérieur de notre marine. C'est une leçon qui devra nous profiter dans l'avenir et nous mettre en défiance à l'égard des écrivains et des officiers qui ont trop d'imagination.

La guerre russo-japonaise a mis en relief l'infériorité des croiseurs cuirassés par rapport aux cuirassés d'escadre. Ses enseignements vont-ils jusqu'à condamner le

t-il disponible chaque fois qu'on en aura besoin ? Certaines expériences faites en France ou à l'étranger permettent d'en douter.

Enfin, la dépense occasionnée par les grandes vitesses est véritablement excessive. La quantité de charbon nécessaire n'augmente pas seulement du simple au double quand la vitesse devient deux fois plus grande, mais dans des proportions beaucoup plus fortes. Les quelques chiffres suivants peuvent en donner l'idée :

Consommations de charbon par heure aux essais des bâtiments suivants :

NOMS des bâtiments.	A LA VITESSE DE : 10 n.	15 n.	18 n.	21 n.	22 n.	23 n.
			Cuirassés.			
Bouvet	1.300 k.	3.625 k.	12.250 k.	»	»	»
Gaulois	1.637	3.925	12.225	»	»	»
Suffren	1 715	7 700	17.080	»	»	»
Patrie	2.145	8.700	10.200	»	»	»
			Croiseurs cuirassés.			
Dupuy-de-Lôme	1 212k,5	2.975 k	6.800 k.	»	»	»
Jeanne-d'Arc .	1.400	4.600	8.700	10.400 k.	»	»
Dupleix	1.512	4.075	7.475	»	»	»
Montcalm . . .	1 500	4.230	7.075	15.230	»	»
Marseillaise . .	1.720	4.675	6.520	14.840	»	»
Léon-Gambetta	1.700	4.700	8.250	15.450	19.000 k.	»
			Croiseurs protégés.			
Forbin	855 k.	1.875 k.	3.765 k.	»	»	»
Davout	850	2.200	4.150	»	»	»
Protet	580	1.825	3 875	»	»	»
Guichen	1.100	3.800	6.700	13.800 k.	16.400 k.	18.950 k.

croiseur cuirassé ? On pourrait répondre par l'affirmative si les croiseurs cuirassés n'étaient appelés à figurer que dans les batailles d'escadres ; mais leur rôle n'est pas aussi limité.

Je ne puis que répéter ici ce que je disais à ce sujet dans l'exposé des motifs du projet de loi relatif au programme de 1900 : « Les croiseurs cuirassés représentent « le second type de grands navires de combat dont la « spécialisation est imposée par l'expérience. Ils ont, « dans les guerres navales, un rôle différent de celui qu'y « joue le cuirassé de ligne. Grâce à leur grande vitesse et « à la puissance de leur artillerie à tir rapide, de moyen « ou de petit calibre, ils se livrent isolément ou par petits « groupes à toutes les actions qui demandent une grande « mobilité et une grande rapidité d'exécution. Ils éclai- « rent à grande distance les escadres de ligne, forcent les « blocus, donnent la chasse aux croiseurs plus faibles « qu'eux et les détruisent ; ils arrêtent au passage les « éclaireurs et poussent des raids imprévus contre les « côtes et les villes du territoire ennemi ; ils pourchassent « les navires de commerce et les capturent ; ils mitraillent « les torpilleurs et contre-torpilleurs qui se trouvent sur « leur route et que, grâce à leur élévation au-dessus de « l'eau, ils ont pu apercevoir avant d'avoir été eux-mêmes « mis en danger par ces petits navires. Ayant un grand « rayon d'action et une très grande vitesse, ils peuvent « pousser très loin, dans les grands océans, leur chasse « aux bâtiments de guerre plus faibles et aux navires de « commerce, et c'est en partie pour eux, en vue de les « approvisionner ou de leur offrir un refuge, que les points « d'appui coloniaux sont institués.

« Les croiseurs cuirassés peuvent encore rendre de très

« grands services aux escadres cuirassées en les assistant « dans les batailles, soit pour ouvrir le combat, soit pour « donner la chasse aux navires endommagés et les achever; mais il n'entre pas dans leur rôle de se battre, dans « les conditions ordinaires, avec les cuirassés. Étant inférieurs à ces derniers par la protection et l'armement, « ils doivent éviter une lutte où ils seraient condamnés « d'avance à succomber. »

Faisant allusion à ce qu'on appelle souvent « la politique des mers lointaines » en l'opposant à « la politique des mers européennes » je disais encore, dans une autre circonstance : « ces deux formes de la politique maritime « de la France ne sont ni distinctes ni, encore moins, contradictoires. On ne pourrait sacrifier l'une ou l'autre « sans péril.

« Par la première, nous défendons les intérêts coloniaux « et commerciaux que nous avons dans les diverses parties du monde; par la seconde, nous devons nous « efforcer d'empêcher qu'aucune nation acquière, à notre « détriment, la maîtrise des mers qui baignent nos côtes.

« Pour la première, nous construirons des croiseurs « cuirassés aussi rapides que possible, à rayon d'action « suffisant pour qu'ils puissent circuler aussi longtemps « que possible à travers les océans sans avoir à se ravitailler, à puissance offensive et à protection assez grandes « pour qu'ils n'aient à reculer devant aucun navire « étranger de la même classe et pour qu'ils puissent « détruire tous ceux, en grand nombre, plus faibles qu'eux, « dont disposent nos rivaux.

« Pour ces navires à grandes marches, nous aurons soin « de créer, dans nos colonies les plus importantes, à « Saïgon, à Diégo-Suarez, à Dakar, des points d'appui

« aussi solidement organisés que possible, outillés en vue « de la réparation des navires, approvisionnés en vivres, « munitions, combustibles, en un mot organisés de telle « sorte que les navires à grand rayon d'action y puissent « trouver un refuge ou un centre d'action, suivant les cir- « constances.

« Pour la seconde forme de notre politique maritime, « celle des mers européennes, nous construirons surtout « des cuirassés de ligne, auxquels nous nous efforcerons « de donner le maximum de puissance offensive et de « protection réalisables au moment de leur mise en chan- « tier, et nous constituerons avec ces navires des escadres « aussi puissantes que possible[1]. »

Un grand rayon d'action d'abord, une vitesse aussi grande que possible ensuite, telles sont les qualités principales que doivent avoir les croiseurs cuirassés pour servir notre politique des mers lointaines; mais ils la serviraient mal s'ils n'étaient pas doués d'une puissance offensive égale au moins à celle des bâtiments similaires de l'étranger et s'ils ne jouissaient pas d'une protection proportionnée à leur puissance offensive. C'est cette considération qui nous a conduits, comme toutes les puissances maritimes, à recourir aux grands tonnages pour les croiseurs cuirassés de même que pour les vaisseaux de ligne. Sur ce point encore, il a fallu vaincre les résistances des adeptes de la « petite marine ».

Ainsi que je l'ai déjà dit, on commettrait une faute très grave, si l'on consacrait à la vitesse une trop forte part de l'augmentation de tonnage que nous attribuons à nos croiseurs cuirassés.

1. De Lanessan, *Le Programme maritime de 1900-1906*, p. 186.

Les enseignements de la guerre russo-japonaise sont, sur ce point, tout à fait significatifs. On a vu, dans tous les faits rappelés plus haut, la vitesse ne servir qu'à la fuite, c'est-à-dire à la défaite. Il n'est donc pas utile de chercher à atteindre sur nos croiseurs cuirassés des vitesses supérieures à la vitesse réelle de leurs similaires étrangers. Il faut, surtout, avoir présent à l'esprit ce fait que tous nos essais sont faits de façon à nous donner les vitesses réelles des bâtiments en pleine charge, tandis qu'à l'étranger, notamment en Angleterre, les essais donnent toujours des vitesses supérieures d'au moins un nœud à celle que le navire pourra fournir en service et en pleine charge. Par exemple, un croiseur cuirassé français du type *Gambetta,* dont la vitesse aux essais est de 22 nœuds, sera aussi rapide en service qu'un croiseur cuirassé anglais du type *Drake,* dont la vitesse aux essais est de 23 nœuds.

Sacrifier l'offensive et la protection au rayon d'action et à la vitesse dans nos croiseurs c'est, au point de vue militaire, une nécessité fâcheuse ; au moins faut-il ne pas en augmenter les inconvénients en poussant le sacrifice au delà de ce qui est indispensable. Cette faute, si nous la commettions, serait pour nous d'autant plus grave que notre politique des mers lointaines exige des croiseurs cuirassés très fortement armés et aussi protégés que possible, car ils risqueraient, en cas de guerre, d'entrer en lutte avec des marines puissantes et fort bien outillées, comme l'Angleterre ou le Japon.

C'est avec cette préoccupation qu'avait été dressé, par le Conseil supérieur de notre marine, le plan des croiseurs cuirassés qui figurent au programme de 1900, et ce sont ces croiseurs qui paraissent convenir le mieux en ce moment au service de l'Atlantique et à celui de l'Extrême-Orient.

C'est en vertu de ces mêmes considérations et dans un but militaire également défini par le Conseil supérieur, que fut décidée, par décrets du 1er et du 23 avril 1902, la création de deux forces navales formées par des croiseurs cuirassés et destinées, l'une aux mers extrême-orientales où sont nos intérêts coloniaux les plus considérables, l'autre à l'Océan Atlantique, où nous avons également des intérêts coloniaux et commerciaux de premier ordre à protéger. La première de ces forces devait comprendre 12 croiseurs cuirassés formant deux escadres à deux divisions chacune. Elle avait pour points d'appui Saïgon et Diégo-Suarez. Dans la seconde devaient figurer deux ou trois divisions de croiseurs cuirassés pouvant se transporter rapidement sur les divers points où nous aurions des intérêts à défendre. Le port de Brest était désigné comme point d'attache de cette seconde force navale.

Dans les prévisions du Conseil supérieur, les 24 croiseurs cuirassés considérés comme indispensables à notre flotte devaient être au moins aussi forts et aussi rapides que les bâtiments de même ordre les plus forts et les plus rapides des marines étrangères. Pour les croiseurs cuirassés, comme pour les cuirassés de ligne, nous adoptions le principe que si la France doit limiter le nombre des unités, elle doit, par contre, ne mettre aucune limite à la puissance de chaque unité, mais s'efforcer, au contraire, d'être toujours en avance, à cet égard, sur les marines étrangères.

En résumé, les enseignements de la guerre russo-japonaise nous permettent de considérer les croiseurs cuirassés comme impropres aux combats d'escadres, mais aptes à rendre d'importants services dans un grand nombre d'autres opérations navales.

Comme ce sont les vaisseaux de ligne cuirassés qui ont été les plus négligés par notre marine pendant de nombreuses années, tandis que nous avons construit un grand nombre de croiseurs cuirassés, j'estime que nous commettrions une faute grave si, dans nos constructions nouvelles, nous donnions le pas à ces derniers sur les vaisseaux de ligne cuirassés.

§4. — Valeur militaire relative des divers types de navires, d'après les enseignements de la guerre

Les enseignements généraux de la guerre russo-japonaise sont formels : ils établissent d'une façon irréfutable que la force d'une flotte résulte de ses vaisseaux de ligne cuirassés et que tous les autres éléments, c'est-à-dire les estafettes, les contre-torpilleurs et torpilleurs, les sous-marins et submersibles et même les croiseurs cuirassés sont de simples auxiliaires ou des succédanés des escadres cuirassées.

C'est donc aux vaisseaux de ligne cuirassés que toute puissance maritime soucieuse de son avenir doit consacrer ses principaux efforts et ses plus gros sacrifices pécuniaires.

Il y aurait erreur même à vouloir remplacer les vaisseaux de ligne cuirassés par quelque type de navire hybride auquel on demanderait de jouer tour à tour le rôle de vaisseau de ligne et celui de croiseur. La guerre russo-japonaise démontre, en effet, par l'expérience, et de la manière la plus absolue, cette vérité sur laquelle j'attirais l'attention du Parlement français dans mon exposé des motifs du programme de 1900, que la marine ne peut pas échapper au principe de la « spécialisation des hommes « et des choses à des rôles nettement déterminés, qui « domine la marche du progrès dans toutes les branches « des connaissances humaines et qui, par sa généralisa- « tion, est devenue une véritable loi scientifique ».

En dépit des éloges prodigués par certains publicistes ou écrivains maritimes à certains types de navires hybrides, préconisés comme bons à tout faire, toutes les marines du monde obéissent, en quelque sorte, instinctivement, au principe de la spécialisation, et toutes, après des tâtonnements fort explicables dans une matière aussi délicate, où les progrès sont extrêmement rapides, ont fini par s'arrêter aux mêmes classes principales de bâtiments de guerre.

Il n'y a pas de marine importante qui n'ait des cuirassés et qui ne continue à en construire, en vue des batailles d'escadres et des grandes opérations offensives ou défensives dans les mers peu éloignées. Dans toutes les marines, les qualités que l'on recherche, au plus haut degré, pour cette classe de bâtiments, sont la puissance offensive et la protection ; et il est facile de s'assurer que l'on a manqué le but toutes les fois que, dans un cuirassé de ligne, on s'est laissé entraîner à sacrifier l'une ou l'autre de ces deux qualités au profit de celles qui, dans cette classe de navire, ne doivent venir qu'au second rang.

Dans toutes les marines, on trouve aussi des croiseurs, c'est-à-dire des bâtiments dans lesquels on fait dominer la vitesse et le rayon d'action, parce que, contrairement aux cuirassés, on les destine surtout à des opérations de longue haleine, s'étendant aussi loin que possible dans les grands océans et réclamant plus d'audace que de force, plus de prestesse que de solidité.

Sans doute, les cuirassés et les croiseurs ont une tendance à devenir plus semblables, à divers égards, qu'ils ne l'étaient autrefois. Cela est vrai notamment pour la puissance offensive, depuis l'introduction d'une artillerie moyenne à tir rapide, nombreuse et puissante, sur les cuirassés qui n'avaient guère jadis que des pièces de très gros calibre à tir lent. Toutefois, on commettrait une faute si l'on prétendait mettre sur les croiseurs la même grosse artillerie que sur les cuirassés, car l'insuffisance de la protection les rendant incapables de se battre avec les cuirassés ils n'ont aucun besoin des canons de gros calibre dont le rôle principal est de détruire les blindages très épais.

Un certain rapprochement a été opéré encore entre les cuirassés et les croiseurs par la coutume que l'on a prise d'augmenter la vitesse des premiers et de cuirasser les seconds. On a même pu croire que l'on arriverait ainsi à la fusion des deux classes en une seule; mais tous les efforts faits dans cette voie ont été infructueux. Les quelques marines qui l'ont tenté ont tout lieu de s'en repentir, car les navires auxquels elles ont abouti devront éviter le combat avec les cuirassés véritables, en raison de la faiblesse de leur protection, et ils ne pourront pas donner la chasse aux croiseurs rapides, à cause de l'insuffisance relative de leur vitesse.

Puisque, jusqu'à ce jour, nous avons évité de commettre une pareille faute, l'expérience des autres doit nous encourager à persister dans notre conduite et à ne pas chercher, dans des hybrides impuissants, des outils de combat que nous pouvons pousser au plus haut degré de leur puissance par leur spécialisation en vue de rôles nettement définis.

Nous construirons donc, à la fois, des cuirassés d'escadre et des croiseurs cuirassés; et loin de chercher à leur donner des caractères qui les rapprocheraient les uns des autres, nous doterons, au plus haut degré, chacun d'entre eux, des qualités primordiales de sa classe. Au lieu de chercher à doter notre flotte de guerre d'unités bonnes à tout faire et qui, en réalité, ne seraient propres à rien, nous lui donnerons des unités aussi bien harmonisées que possible avec le rôle militaire spécial que nos marins leur assignent, c'est-à-dire : aux cuirassés les grandes opérations défensives et offensives dans les mers d'Europe ; aux croiseurs cuirassés, les missions hardies dans les grands océans et les mers lointaines, sans parler de l'assistance aux escadres dans les mers européennes.

Croiseurs à grand rayon d'action et cuirassés à grande puissance offensive seront utilement assistés, dans une partie au moins de leurs entreprises, par les petits navires dont l'arme est la torpille, c'est-à-dire par les torpilleurs et les sous-marins, dont le nombre devra être proportionné, non point à celui des grands navires, comme on l'a prétendu pendant longtemps, mais au nombre et à la nature des opérations qui leur sont assignées en temps de guerre, soit pour défendre notre territoire contre les attaques des grands navires ennemis, soit pour menacer les rades adverses et les navires mouillés dans ces rades ou circulant dans leur voisinage.

Ces petits navires ne seront pas moins utiles dans nos points d'appui d'outre-mer que dans les ports métropolitains. Dans les mers lointaines comme dans celles de l'Europe, leur action sera la même, leurs services seront identiques et, dans les unes comme dans les autres, il en faudra entretenir le plus grand nombre possible, sans prétendre leur demander plus qu'ils ne peuvent donner, sans en faire autre chose que des auxiliaires des grands navires à artillerie.

Enfin, dans le but de protéger nos escadres contre les torpilleurs et les sous-marins de l'ennemi, nous aurons des contre-torpilleurs assez robustes pour être en état de suivre partout les cuirassés de ligne, assez rapides pour atteindre à la course tous les torpilleurs et assez solidement armés pour détruire, à la fois, les torpilleurs et les contre-torpilleurs de l'ennemi. Le nombre des contre-torpilleurs sera proportionné à celui des cuirassés de ligne; il devra être assez considérable pour que chaque cuirassé puisse se faire accompagner, en tous temps et en tous lieux, par un contre-torpilleur.

Ces conclusions sont celles que formulait, d'une façon pratique, le Conseil supérieur de notre marine lorsque, dans sa séance du 29 novembre 1899, il émettait unanimement l'avis que la flotte française devait être constituée par les cinq sortes suivantes de bâtiments de guerre dont chaque unité devrait posséder, au plus haut degré possible, les qualités de sa classe : des vaisseaux de ligne cuirassés, des croiseurs cuirassés, des contre-torpilleurs, des torpilleurs, des sous-marins et submersibles et des éclaireurs ou estafettes.

C'est à cette même conclusion que conduisent tous les enseignements maritimes de la guerre russo-japonaise, en ce qui concerne la composition des flottes de guerre. Et c'est, enfin, à cette conclusion que s'est arrêté le Conseil supérieur de notre marine dans la session qu'il a tenue du 10 au 15 mai 1905.

§ 5. — Nouveau programme de la flotte française

Restant fidèle au principe de la spécialisation des types reconnue indispensable en 1899, le Conseil supérieur s'est borné, dans la session de 1905, à modifier, en l'accroissant, le chiffre des unités de chaque type fixé antérieurement. C'est ainsi qu'il élève le nombre des vaisseaux de ligne cuirassés de 28 à 34, et celui des croiseurs cuirassés de 24 à 30. Il fixe à six le nombre des éclaireurs d'escadre à construire; à 109 celui des contre-torpilleurs ; à 49 celui des sous-marins défensifs ; à 99 celui des sous-marins offensifs ou submersibles. Il réduit à 170 celui des torpilleurs dont une partie se trouvera remplacée par des submersibles.

En ce qui concerne tous ces types de navires, le Conseil supérieur accepte les caractéristiques générales adoptées pour chaque type en 1899, en se bornant à des modifications de détail dont l'objet est d'accroître leur puissance conformément à la règle rappelée plus haut, que notre marine doit donner à chacun des navires qu'elle construit le maximum des qualités primordiales du type auquel il appartient.

Pour les vaisseaux de ligne, le Conseil supérieur conserve la vitesse de 18 nœuds commune à tous les navires de ce type dans les différentes marines et qui est celle du type *Patrie*. Il conserve également la protection de ce type ainsi que son artillerie de 305, mais il accroît le calibre de l'artillerie secondaire, et il ajoute à la cuirasse de surface un cuirassement des fonds.

Voici ce que dit au sujet de la composition de la flotte française, l'Exposé des motifs du Budget de la marine pour 1906 :

« Depuis novembre 1899, aucune revision d'ensemble

« du programme naval n'avait été faite, et l'on s'était « borné, à très peu près, à exécuter les unités dont l'uti- « lité immédiate avait été alors reconnue, et dont la cons- « truction avait été autorisée par le Parlement par la loi « spéciale de 1900. Le Conseil supérieur de la marine, « réuni du 10 au 15 mai dernier, s'est prononcé pour la « constitution suivante des forces navales de la France, « constitution qui a été étudiée en tenant compte des « ressources financières et des ressources en personnel, « de façon à maintenir à peu près dans les limites actuelles « les charges demandées au pays :

« 5 escadres de 6 cuirassés chacune, plus 4 unités de « remplacement, soit 34 cuirassés.

« 5 divisions de 3 croiseurs cuirassés de 1re classe cha- « cune, plus 3 unités de remplacement, soit 18 croiseurs « cuirassés de 1re classe.

« 12 croiseurs cuirassés de 2e classe pour divisions « lointaines, plus 6 unités pour remplacement ou mis- « sions imprévues, soit 18 croiseurs cuirassés de 2e classe.

« 1 éclaireur par escadre, plus 1 unité de remplacement, « soit 6 éclaireurs d'escadre.

« 1 contre-torpilleur par cuirassé d'escadre, plus 6 pour « l'escadre d'Extrême-Orient.

« 58 contre-torpilleurs pour divisions de torpilleurs, « de sous-marins ou divisions indépendantes, plus 15 « unités de remplacement, soit au total, 109 contre- « torpilleurs.

« 49 sous-marins défensifs.

« 82 sous-marins offensifs ou submersibles.

« 170 torpilleurs.

« Partant de là, en tenant compte des bâtiments exis- « tant aujourd'hui ou en cours de construction, et en

« déduisant ceux qui seront condamnés par suite d'an-« cienneté, on a constaté que, d'ici 1919, il y aurait à « construire :

« 11 cuirassés, 10 croiseurs cuirassés de 1re classe, « 6 croiseurs cuirassés de 2e classe;

« 6 éclaireurs, 66 contre-torpilleurs, 18 sous-marins « défensifs;

« 72 sous-marins offensifs et 50 torpilleurs. »

Le projet de budget pour 1906, prévoit que le programme devra être réalisé en 1919 seulement. On verra plus bas pourquoi cette date nous paraît trop éloignée, et pour quels motifs il nous semble qu'au lieu de prévoir un programme à aussi longue échéance, il nous paraît indispensable de procéder tout de suite à certaines constructions.

Au sujet des navires qui entrent dans sa composition, le même document présente les observations suivantes :

« Il a été reconnu, en ce qui concerne les gros bâtiments, « que le type dont la marine française se trouve relative-« ment le moins bien pourvue, est celui des cuirassés « d'escadre, une forte proportion de ceux qui sont actuel-« lement en service étant d'un type ancien. Au contraire, « en ce qui concerne les croiseurs cuirassés, une fraction « relativement plus grande de ceux qui existent sont d'un « modèle récent.

« En ce qui concerne les petites unités, il a été reconnu « que le nombre des torpilleurs existants ou commandés « était largement suffisant et que l'on n'aurait plus, dans « l'avenir, qu'à remplacer un certain nombre de ceux qui « disparaîtraient. Au contraire, il y a lieu de pousser hâti-« vement la construction des contre-torpilleurs et surtout « des sous-marins de fort tonnage, dont l'utilisation paraît « devoir être de plus en plus efficace dans l'avenir.

« C'est en partant de ce principe que, dès 1905, on a « demandé au Parlement de remplacer 20 torpilleurs « prévus au budget par 8 contre-torpilleurs, et l'on a pré- « paré la mise en chantier de 16 nouveaux submersibles « de grande dimension, comme le permettait l'état des « constructions neuves. C'est pour la même raison que, « dans le projet de budget actuel, l'état des constructions « neuves comprend la mise en chantier de 10 nouveaux « contre-torpilleurs et de 20 nouveaux submersibles.

« Enfin, le même projet prévoit la mise en chantier de « 3 cuirassés. »

Il résulte de cet exposé que l'on mettrait en chantier seulement trois cuirassés de ligne à la fois. J'estime qu'il y a là une erreur grave.

En premier lieu, si nous voulons avoir, comme toutes les grandes puissances, des escadres homogènes, il est indispensable de mettre sur les chantiers, comme elles le font, une escadre entière à la fois, c'est-à-dire 6 cuirassés tous semblables. En n'adoptant pas cette façon de faire, nous risquerions de n'avoir que des divisions et non des escadres homogènes. Ce serait un progrès sur le passé, mais un recul sur les décisions formulées par les Chambres en 1900. La nécessité de mettre en chantier simultané- ment les 6 cuirassés d'une escadre s'impose d'autant plus en France que les ministres changent souvent, et que rien, jusqu'à ce jour, ne les a empêchés de modifier les plans arrêtés par leurs prédécesseurs, même quand ces plans avaient été sanctionnés par le Parlement et con- sacrés par un commencement d'exécution des travaux. En second lieu, il est établi expérimentalement que plus est grand le nombre des navires identiques mis en chan- tier à la fois et plus l'exécution est économique. Enfin, si l'on tient compte de l'activité avec laquelle les autres grandes puissances maritimes construisent en ce moment, on verra qu'il est indispensable de mettre immédiatement sur les chantiers une escadre entière de vaisseaux de ligne cuirassés. Je crois devoir reproduire ici, en les développant un peu, les observations que j'ai présentées à cet égard dans l'Exposé des motifs d'une proposition de loi que je déposai sur le bureau de la Chambre dans la séance du 21 février 1905.

§ 6. — Comparaison des escadres cuirassées françaises avec les escadres cuirassées anglaises et allemandes

La France possède actuellement 28 cuirassés de ligne en service ou en construction, à savoir :

1° 6 cuirassés, lancés de 1876 à 1885 (*Redoutable, Courbet, Dévastation, Amiral-Duperré, Formidable, Amiral-Baudin*). Ils ne sont pas dépourvus de certaines qualités, mais les plans sur lesquels ils ont été construits remontent à plus de trente ans, et ils sont très inférieurs, à beaucoup d'égards, aux navires de même classe mis en service par les autres marines depuis la date de leur lancement ;

2° 10 cuirassés lancés de 1886 à 1896 (*Hoche, Marceau, Neptune, Magenta, Brennus, Carnot, Jauréguiberry, Charles-Martel, Bouvet, Masséna*). Ils sont supérieurs aux précédents, mais ils sont inférieurs à la plupart des cuirassés récents de l'Angleterre et de l'Allemagne ;

3° 5 cuirassés lancés de 1895 à 1899 (*Charlemagne, Saint-Louis, Gaulois, Iéna, Suffren*). Ce sont des navires d'une valeur à peu près égale à celle des cuirassés que l'Angleterre et l'Allemagne ont mis en service pendant la même période.

4° 1 cuirassé spécial (*Henri-IV*), qui est seul de son espèce et d'un type qui ne paraît pas devoir être reproduit :

5° 6 cuirassés de 14.875 tonnes, tous en construction ou en achèvement (*Patrie, République, Démocratie, Justice, Vérité, Liberté*). Ce sont ceux du programme de 1900. Ils ont été mis en chantier pour porter le nombre de nos cuirassés de ligne au chiffre de 28 fixé par le Conseil supérieur de la marine. Ils peuvent être considérés comme supérieurs à tous les cuirassés qui sont aujourd'hui en service dans les flottes anglaise et allemande et comme n'étant guère dépassés, au point de vue de la valeur militaire, par ceux que les marines étrangères ont mis sur les chantiers dans les deux dernières années.

Avec les cinq cuirassés des types *Charlemagne* et *Suffren*, et un bâtiment comme le *Bouvet*, emprunté à une autre série, on peut constituer, dès à présent, une escadre non homogène, mais ayant une valeur à peu près comparable aux escadres actuellement en service, de l'Angleterre et de l'Allemagne.

Tous nos autres cuirassés ne peuvent être utilisés que dans la constitution d'escadres de second rang, à unités disparates et présentant plus d'un défaut sérieux, surtout en ce qui concerne la protection. Celle-ci, en effet, dépasse à peine la ligne de flottaison et n'est constituée que par des plaques en acier Compound facilement transpersables par les projectiles modernes.

Le plus ancien de ces bâtiments, le *Redoutable*, ne figure même pas dans nos forces européennes ; il est en réserve à Saïgon et ne pourra y être utilisé que comme garde-côtes.

Aux cuirassés dont je viens de parler, il faut ajouter 8 gardes-côtes cuirassés, dont 4 de 7.500 à 7.800 tonnes

(*Caïman*, *Indomptable*, *Requin*, *Terrible*) et 4 de 6.500 à 6.800 tonnes (*Amiral-Tréhouart*, *Bouvines*, *Jemmapes*, *Valmy*) ayant une certaine valeur militaire, mais trop dépourvus de vitesse pour figurer même dans les escadres de second rang.

En regard de ces forces, bien minimes en réalité, il importe de placer celles dont disposent actuellement l'Angleterre et l'Allemagne et celles qui seront au service de ces deux puissances dans quelques années. Par cet examen comparé, il est facile d'apprécier l'importance de l'effort que nous avons à faire tout de suite et non d'ici à 1919, pour n'être pas tout à fait inférieurs à ce que commande notre sécurité.

En ne tenant compte que des unités lancées depuis 1891, c'est-à-dire jouissant encore de tous leurs moyens d'action, l'Angleterre avait en service, le 1er janvier 1905, 42 cuirassés de ligne dont :

8 (type *Formidable*) de.	15.000	tonnes.
9 (type *Victorious*) de	14.900	—
8 (type *Hood*) de	14.150	—
6 (type *Duncan*) de	14.000	—
6 (type *Canopus*) de	12.950	—
1 (*Renown*) de.	12.350	—
2 (*Swiftsure* et *Triumph*) de.	11.800	—
2 (*Barfleur* et *Centurion*) de.	10.500	—
42		

Elle avait en construction, en achèvement ou en essais, à la même date, 8 cuirassés de 16.350 tonnes, du type *King-Edouard-VII*, et elle en a mis depuis sur les chantiers 2 de 16.500 (*Nelson* et *Agamemnon*).

Si l'on considère que les cuirassés anglais sont construits en trois années environ, il ressort des chiffres ci-dessus que la flotte britannique comprendra, à la fin de 1908,

52 cuirassés de premier rang, dont les plus anciens n'ont été lancés qu'en 1891.

Il s'en faut de beaucoup que tous ces navires aient une valeur militaire identique. Parmi ceux qui sont actuellement en service, il y en a beaucoup qui, en raison de la faiblesse de leur protection, méritent à peine le nom de cuirassés de ligne.

Néanmoins, les escadres cuirassées anglaises sont incomparablement plus fortes actuellement que les nôtres. Elles le seront encore bien davantage en 1908.

Il importe de noter ici qu'en vertu d'une décision récente, l'Angleterre entretient constamment en service et sur le pied de guerre trois escadres cuirassées : la première dans la Manche, formée de 12 cuirassés de ligne ; la seconde dans l'Atlantique, avec Gibraltar pour port d'attache, formée de 8 cuirassés de ligne ; la troisième dans la Méditerranée, avec Malte pour port d'attache, formée de 8 cuirassés de ligne. A chacune de ces escadres cuirassées sont attachés des croiseurs cuirassés ou protégés, des éclaireurs, des contre-torpilleurs, etc.

Il y aurait folie, de la part de la France, à vouloir rivaliser avec l'Angleterre pour le nombre des unités cuirassées. D'abord, en raison de notre puissance militaire et à la condition que notre défense côtière soit convenablement organisée, nous n'avons à craindre de la part de la Grande-Bretagne aucune tentative de débarquement sur notre sol métropolitain, ni sur celui de nos possessions du nord de l'Afrique.

La Grande-Bretagne, au contraire, est contrainte, par sa situation géographique et par la faiblesse de son armée de terre, de s'assurer la maîtrise absolue de toutes les mers qui environnent ses îles et ses possessions ou établissements méditerranéens. Il faut qu'elle puisse être maîtresse de ces mers non seulement contre la France, mais encore contre les alliés maritimes que la France pourrait avoir, ou contre toute autre puissance à la fois maritime et militaire.

C'est pour cela que les conseils de défense de l'Angleterre ont adopté depuis fort longtemps, comme règle, de donner à leur armée navale une puissance au moins égale à celle des deux plus fortes marines étrangères. Le développement maritime de l'Allemagne et des États-Unis l'oblige, pour appliquer cette règle, à faire des efforts auxquels elle aurait pu ne pas songer il y a quelques années. Ces efforts eux-mêmes sont rendus d'autant plus nécessaires que son domaine colonial est énorme, dispersé dans toutes les parties du globe, et assez riche pour exciter les convoitises de certaines nations industrielles qui, ayant accru, outre mesure, leur production, sont contraintes de chercher partout des débouchés. Enfin, le commerce maritime de l'Angleterre est tellement développé dans tous les océans et la sécurité de ce commerce intéresse à un si haut point la vie matérielle des îles britanniques, que sa protection doit figurer au premier rang dans les préoccupations de la marine anglaise.

Aucune nation, en un mot, n'a des obligations maritimes comparables à celles de la Grande-Bretagne et n'a, par conséquent, besoin de se constituer des flottes aussi fortes que les siennes. Nous avons moins de raisons encore que certaines autres nations de chercher à rivaliser avec elle, au point de vue du nombre des grands navires de guerre. Cependant, il est impossible que nous nous désintéressions des attaques dont nos côtes métropolitaines ou africaines pourraient être l'objet de la part des escadres de la

Grande-Bretagne, dans le cas peu souhaitable où l'entente cordiale dont les deux peuples se réjouissent viendrait à être rompue.

En conséquence, si nous n'avons aucun motif de lutter avec la marine anglaise pour le nombre des bâtiments cuirassés, nous devons du moins nous préoccuper de doter ceux que nous construisons de la valeur militaire la plus grande qu'il soit possible d'atteindre au moment où l'on en arrête les plans. D'un autre côté, puisque nos escadres cuirassées ne peuvent guère être destinées qu'à la défense des mers qui bordent notre territoire métropolitain et africain, les deux qualités que nous devons développer le plus dans les navires qui les composent sont, évidemment, l'offensive et la protection. Cette dernière, particulièrement, nous est d'autant plus indispensable que le nombre de nos cuirassés est plus limité.

Examinons maintenant quelles sont les forces dont l'Allemagne dispose actuellement en vaisseaux de ligne cuirassés et celles dont elle disposera dans quelques années.

En ne tenant compte, comme pour les cuirassés anglais, que des unités lancées depuis 1891, la marine allemande avait en service ou en essais, le 1er janvier 1905, 16 cuirassés dont :

4 (type *Wissenburg*) de. . .	10.062 tonnes
5 (type *Kaiser*) de	11.152 »
5 (type *Wittelsbach*) de. . .	11.830 »
2 (type *Brunschweig*) de . .	13.200 »
16	

Elle avait, à la même date, sur les chantiers ou en achèvement 6 cuirassés de ligne d'un déplacement supérieur à 13.000 tonnes, 2 du type *Brunschweig* et 3 du type *Deuts-*

chland, et qui, sûrement, seront tous en service en 1908. La loi du 14 juin 1900 prévoyait pour 1916, au total, 34 cuirassés de ligne.

En 1908, l'Allemagne disposera de 22 cuirassés d'une valeur analogue ou supérieure à ceux que nous avons actuellement en service.

Nous ne devons pas oublier que notre situation vis-à-vis de l'Allemagne est très différente de celle que nous occupons par rapport à l'Angleterre. Dans une guerre où la France serait seule en lutte avec l'Angleterre, elle n'aurait pas à craindre de débarquement : il n'y en a pas de possible de la part de l'armée anglaise si la nôtre, est entièrement libre de ses mouvements.

Dans une guerre entre nous et l'Allemagne, et surtout avec la triplice germanique, notre situation ne serait pas du tout la même. L'Allemagne seule, avec ses 60 millions d'individus, pouvant mettre sur pied une armée beaucoup plus nombreuse que la nôtre, nous devons entretenir dans les eaux françaises des escadres de vaisseaux de ligne cuirassés assez fortes pour que la maîtrise de ces eaux nous soit assurée à l'égard de la triplice germanique. Or, l'Allemagne accroît le nombre de ses cuirassés au point que si nous n'y prenions pas garde, elle serait bientôt plus forte que nous sur mer.

Déjà, en raison de ce que la plupart de nos cuirassés sont très anciens et ont des vices graves, notamment des ceintures insuffisantes, tandis que les siens sont de date récente, elle pourrait tenter la fortune contre nous sur mer. En 1908, si nos cuirassés du type *Patrie* n'étaient pas tous en état de combattre, ses escadres seraient plus fortes que les nôtres. Elles leur seraient très supérieures, si elles étaient assistées par les forces navales de l'Italie et de l'Autriche. Nous risquerions fort, alors, d'être battus sur mer et de voir se produire un débarquement de troupes allemandes dans l'ouest de la France, tandis que nos armées seraient retenues dans les Vosges et dans les Alpes.

Un débarquement du côté de la Bretagne serait d'autant plus dangereux que notre grand port de Brest est loin de pouvoir résister à une attaque sérieuse qui serait dirigée par terre contre lui.

Voilà, si je ne me trompe, beaucoup plus de raisons qu'il n'en faut pour condamner le système des constructions par petits paquets et pour nous décider à faire tout de suite un gros effort en vue de l'accroissement aussi rapide que possible des principales forces de notre flotte.

S'il est un enseignement très clair parmi ceux que nous donne la guerre russo-japonaise, c'est, à coup sûr, celui de ne pas imiter les Russes et de fermer l'oreille aussi bien aux rêveries des internationalistes qu'aux illusions des partisans des petits bateaux.

CHAPITRE III

L'ARMEMENT DES NAVIRES DE GUERRE ET LES ENSEIGNEMENTS DE LA GUERRE RUSSO-JAPONAISE

La deuxième question que nous devons étudier d'après les enseignements maritimes de la guerre russo-japonaise est relative à l'armement des différentes sortes de navires de guerre.

§ 1. — Armement des vaisseaux de ligne cuirassés

Conformément aux pratiques adoptées par toutes les marines depuis une vingtaine d'années, l'armement des vaisseaux de ligne russes et japonais comprenait trois sortes de pièces : des canons de très gros calibre (305 millimètres de diamètre), des canons de moyen calibre (152 millimètres à tir rapide), et des pièces de petit calibre à tir très rapide.

Rôle et nécessité de la grosse artillerie sur les cuirassés.

L'efficacité de la grosse artillerie dans les combats ou batailles qui ont eu lieu entre les navires russes et japonais est constatée par tous les documents. C'est, sans doute, par les projectiles de cette artillerie qu'ont été coulés les cuirassés et croiseurs cuirassés russes dans la bataille de Tsou-Shima.

Dans cette bataille, comme dans celle du 10 août devant Port-Arthur, le tir fut ouvert à environ 8 kilomètres par les Russes, mais les Japonais ne commencèrent à tirer qu'à 6.000 mètres et en se rapprochant jusqu'à 3 kilomètres. Tous les rapports signalent que le maximum de l'effet produit par l'artillerie fut atteint à cette dernière distance. A propos de la bataille de Tsou-Shima, l'amiral Togo écrit : « L'ennemi ouvrit le feu à 2 h. 8; nous ne « répondîmes que lorsque nous fûmes à une distance de « 6.000 mètres... A mesure que nous nous rapprochions, « notre feu augmentait d'efficacité. » Des récits russes rapportent que les deux flottes se rapprochèrent jusqu'à 3.000 mètres; ainsi que le note l'amiral Togo, le feu ne devint tout à fait efficace que lorsque les escadres se furent suffisamment rapprochées. Il n'y a là rien que de fort naturel. A 3.000 mètres le tir est nécessairement plus juste qu'à 6, 7, et 8.000 mètres et les projectiles arrivent sur l'ennemi avec toute leur force de pénétration.

Je me rappelle avoir entendu dire à l'amiral Dupetit-Thouars, lorsqu'il commandait l'escadre de la Méditerranée, qu'il ne commencerait à faire usage de ses grosses pièces qu'aux environs de 1.000 mètres, afin d'être certain de toucher l'ennemi. A cette époque, le tir des canons de gros calibre était encore très lent : sur le *Formidable* où il tenait ce propos, il m'avait fait assister à une manœuvre dans laquelle les plus habiles canonniers n'étaient parvenus qu'à tirer un coup en sept minutes et demie. Avec cette lenteur de tir, il est évident qu'il y avait intérêt à ne faire usage des gros projectiles qu'à coup sûr. Mais les progrès réalisés par l'artillerie et par les canonniers depuis une quinzaine d'années sont tels qu'on ne peut guère s'attendre à voir, dans l'avenir, les combats d'escadres avoir lieu à une distance inférieure à 3.000 mètres, à moins que l'un des deux adversaires ait un motif particulier de rechercher un combat plus rapproché.

A 3.000 mètres, le canon de 305 est une arme formidable. Ses projectiles, en éclatant sur le flanc ou sur le pont d'un navire produisent des dégâts énormes, peuvent briser les plaques de blindage les plus épaisses, blessent ou tuent par leurs débris et produisent même un effet asphyxiant très redoutable pour tout le personnel qui se trouve au voisinage du lieu d'éclatement. Si le projectile est perforant, il peut traverser une plaque de blindage ayant l'épaisseur de son diamètre, c'est-à-dire les blindages les plus épais qui existent actuellement.

Il est de toute évidence qu'un vaisseau de ligne armé de pièces de 305 millimètres et protégé dans toutes ses parties par des blindages assez épais pour le mettre à l'abri des projectiles de 305 eux-mêmes, serait un formidable instrument de guerre. Mais il n'est pas réalisable. Rien que pour faire face au poids énorme de son cuirassement, il faudrait lui donner des dimensions extraordinaires, et encore ne pourrait-il porter qu'un nombre peu considérable de pièces.

On peut encore moins songer à n'armer un cuirassé ordinaire qu'avec des pièces de 305, à cause du faible nombre de ces pièces qu'il pourrait porter, étant donné qu'au poids des pièces, de leurs affûts et de leurs projectiles il faut ajouter celui des tourelles protectrices. Sur la *Patrie*, par exemple, un couple de canons de 305 avec sa protection pèse 806.150 kilogs[1]. Sur un cuirassé de ce type, on ne pourrait guère mettre plus de 8 pièces de 305, à moins de diminuer la protection de la coque ou celle des canons eux-mêmes, ce qui serait aller à l'encontre du bon sens.

Du reste, si l'on tient compte de la lenteur du tir des pièces de 305 (2 coups par minute au polygone et un coup au plus par minute dans le combat) et du nombre des coups perdus, nombre que l'on peut évaluer aux deux tiers à 3.000 mètres et aux trois quarts au delà de cette distance, on voit qu'un cuirassé du type *Patrie* armé seulement de pièces de 305 serait exposé à être sérieusement endommagé par des ennemis pourvus d'une nombreuse artillerie secondaire, avant d'avoir eu le temps de les couler[2].

1. Voici le détail de ces poids :

Poids de 2 canons de 305	45.125 × 2 =	90.250 kg.
Poids des 2 affûts en tourelle à 2 canons		50.800 »
Poids de 100 projectiles en acier. . . .	340 × 100 =	34.000 »
Poids de 100 gargousses.	111 × 100 =	11.100 »
Poids de la tourelle à 2 canons, y compris la partie fixe et les tôleries . . .		620.000 »
		806.150 kg.

Le tableau de la page suivante indique le poids des canons, des affûts, des projectiles, des différentes pièces en usage dans notre marine et le nombre de coups que chaque pièce peut tirer à la minute.

2. La question de la rapidité du tir des pièces de marine est plus complexe qu'on ne le suppose dans le public, en même temps qu'elle est fort importante. Une pièce à tir lent peut produire de grands désordres matériels si ses projectiles sont lourds et puissants; mais son action n'est que momentanée, parce qu'il ne peut pas y avoir répétition incessante de l'effet produit. A calibre égal, une pièce à tir rapide est donc toujours, en principe, préférable à une pièce à tir lent. Aussi l'artillerie de toutes les marines s'efforce-t-elle d'accroître sans cesse la rapidité du tir de chacune de ses pièces. On y arrive assez facilement dans les tirs d'expérience du polygone, mais il y a loin entre les conditions de ces tirs spéciaux et celles qu'ont à subir les tirs des navires, surtout dans le combat.

DÉSIGNATION	POIDS des canons.	POIDS des affûts.	POIDS des projectiles. Acier.	Fonte.	POIDS de la charge (douille comprise).	NOMBRE probable de coups à la minute dans le combat.
Canon de 305, modèle 93-96, de 40 cal.	45.125 k.	En tourelle à 1 canon, 26.500 k. En tourelle à 2 canons, 50.800 k.	340 k.	292 k.	111^{k},5 (en 4 gargousses).	1
Canon de 274,4, modèle 93-96, de 40 cal.	35.040 k.	En tourelle à 1 canon, 19.000 k.	255 k.	216 k.	85^{k},5 (en 3 gargousses).	1
Canon de 240, modèle 93-96, de 40 cal.	23.987 k.	En tourelle à 1 canon, 12.500 k.	170 k.	144 k.	66 k. (en 3 gargousses).	1
Canon de 194, modèle 93-96, de 40 cal.	12.700 k.	En tourelle à 1 canon, 12.200 k. En tourelle à 2 canons, 22.600 k.	86 k.	75 k.	33^{k},6 (en 3 gargousses).	2
Canon de 164,7, modèle 93-96, de 45 cal.	8.200 k.	En tourelle à 1 canon, 7.000 k. En tourelle à 2 canons, 13.200 k. Affût à P. C. à circul. AR, 7.500 k.	52 k.	45 k.	35 k. (en une douille et une gargousse).	3
Canon de 138,6 modèle 1893.	4.300 k.	Affût à P. C., modèle 93, 4.730 k. Affût à P. C. à circul. AR, modèle 93-97, 5.175 k.	35 k.	30 k.	18^{k},3 (en une douille).	4
Canon de 100, modèle 1893.	1.700 k.	Affût à P. C., modèle 93, 3.000 k. Affût à P. C. à circul. AR, modèle 93, 2.740 k.	16 k.	14 k.	9^{k},7 (en une douille)	5
Canon de 65, modèle 1893.	548 k	874 k.	4 k.	4 k.	2^{k},8.	10
Canon de 47 T. R., modèle 1885.	250 k.	528 k.	1^{k},5	1^{k},5	1 k.	12
Canon de 37 T. R., modèle 1885.	35 k.	68 k.	0^{k},5	0^{k},5	0^{k},25.	12

Quelques écrivains maritimes voudraient qu'on renonçât, à la fois, aux pièces de 305 et aux pièces de 164,7, qui

D'après les expériences de polygone, on estime que l'intervalle entre deux coups de canon consécutifs est de 30 secondes environ pour toutes les pièces que l'on charge au moyen d'engins mécaniques. Pendant ces 30 secondes ont lieu trois opérations nécessairement successives : recul et retour de la pièce en batterie; ouverture de la culasse et mise du canon à la position de chargement; chargement du canon; fermeture de la culasse et relèvement du canon; armer et mise en feu. Pendant que ces opérations se font, on procède au pointage. Le temps qu'il exige ne s'ajoute donc pas à celui qu'occupent les opérations indiquées ci-dessus.

Actuellement, dans les polygones, le temps exigé par ces opérations peut être réduit à 26 secondes pour les pièces de 305 millimètres, 240 millimètres et 194 millimètres. Les pièces de 274,4 exigent encore, pour les mêmes opérations, 34 secondes : mais, avec un dispositif nouveau, on est assuré de le réduire à 26 secondes. Au polygone, les quatre pièces de 305, 274,4, 240 et 194 auront donc la même rapidité de tir, et l'on compte qu'elles pourront tirer 2 coups par minute. Le 164,7 et le 138,6 peuvent, dans les mêmes conditions, tirer 4 coups à la minute.

Pendant le combat, les conditions du tir sont telles que celui-ci est forcément ralenti. En premier lieu, la division des gargousses en plusieurs parties détermine un ralentissement du tir corrélatif du nombre des parties de la gargousse. Celle des canons de 305, par exemple, qui est en quatre parties distinctes exige plus de temps pour son introduction dans la pièce que celles des pièces de 274, de 240 et de 194 qui sont en trois parties. Il faut, d'autre part, plus de temps pour introduire les trois parties de la gargousse de ces pièces que pour introduire les deux éléments (douille et gargousse) de la charge du 164,7. En second lieu, le poids du projectile et la difficulté plus ou moins grande qui en résulte au point de vue de son maniement jouent un certain rôle dans la rapidité plus ou moins grande du tir. On a constaté pendant la guerre russo-japonaise, que le tir d'une pièce isolée dans une tourelle est sensiblement plus rapide que celui de deux pièces réunies dans une même tourelle, à cause de la gêne imposée aux canonniers, dans le second cas, par la limitation de l'espace. Aussi doit-on faire les tourelles à pièces doubles aussi larges que possible. La guerre russo-japonaise a mis en relief une autre cause de ralentissement du tir qui doit attirer l'attention des ingénieurs. Dans les tourelles de canons à tir rapide surtout, les gaz qui sortent des pièces, en arrière, à la suite de chaque coup, ont vite fait de remplir la tourelle et finissent par produire une action asphyxiante qui ralentit forcément l'action des canonniers. Sur le *Cesarevich*, dans le combat du 10 août 1904, les hommes furent obligés d'ouvrir une tourelle pour avoir de l'air respirable, et l'un d'eux fut arment nos plus récents cuirassés, et qu'on remplaçât les unes et les autres par des pièces de 240 millimètres. A l'appui de cette opinion, il font valoir que toutes les pièces étant du même calibre, on n'aurait à embarquer qu'une seule sorte de projectiles, l'instruction du personnel serait plus rapide et on pourrait le faire passer d'une pièce ou d'un navire à l'autre sans porter le moindre trouble dans son esprit.

Ces raisons, à coup sûr, ne sont pas négligeables, mais avant de s'y rendre, il faut examiner si la puissance offensive d'un bâtiment armé de cette manière ne serait pas inférieure à celle d'un autre bâtiment du même type sur lequel se trouveraient réunies la grosse artillerie de 305 et une nombreuse artillerie moyenne.

Afin de répondre à cette question, il faut considérer le nombre de pièces de 240 que pourrait porter un cuirassé du type *Patrie*, par exemple. Or, en faisant le calcul du

tué par un projectile. On doit donc se préoccuper de l'aération des tourelles plus encore qu'on ne l'a fait jusqu'à ce jour.

Il faut avoir toutes ces considérations présentes à l'esprit quand on envisage les problèmes d'artillerie dans lesquels la rapidité du tir tient une place. En raison des conditions du combat, il est absolument impossible que le tir de chaque pièce ne soit pas ralenti dans une forte proportion; et il est évident que celle-ci sera plus forte pour les pièces les plus volumineuses et les plus lourdes, qui sont aussi celles dont le projectile est le plus difficile à manier en raison de son poids et de son volume, que pour les pièces les plus légères et dont les projectiles sont les moins lourds. Par exemple, la pièce de 305 et celle de 194 donnent l'une et l'autre deux coups par minute au polygone; mais il n'en sera plus de même dans le combat. Si l'on obtient un coup par minute pour la première, on devra s'estimer heureux, tandis qu'on pourra espérer obtenir deux coups pour la seconde qui est plus maniable, dont la gargousse n'est formée que de trois parties au lieu de quatre et dont le projectile ne pèse que 86 kilos au lieu de 340. Pour les mêmes raisons, le tir du 240 sera, sans aucun doute, dans le combat, plus lent que celui du 194. Si l'on peut espérer obtenir deux coups de ce dernier, on ne peut espérer en obtenir plus d'un du 240 dans le combat.

poids des canons, de leurs affûts et de leurs tourelles et en tenant compte de l'emplacement nécessaire, on constate qu'on ne pourrait placer sur la *Patrie* que 12 pièces de 240, au lieu des 4 pièces de 305 et des 18 pièces de 164 qu'elle porte actuellement. Au point de vue du nombre des pièces, il y aurait infériorité manifeste du navire armé seulement avec des pièces de 240. Au point de vue de la puissance offensive, l'infériorité ne serait pas moindre : 12 pièces de 240 n'équivaudraient certainement pas aux 4 pièces de 305 et aux 18 pièces de 164 que porte actuellement la *Patrie*. En premier lieu, le tir de la pièce de 240 n'étant guère plus rapide dans le combat que celui de la pièce de 305 et le nombre des pièces étant moindre que celui des pièces de 164,7 du type *Patrie*, il serait impossible de produire avec 12 pièces de 240 la pluie de fer que peuvent donner 18 pièces de 164,7. En second lieu, le poids du projectile de 240 (170 kg.) étant beaucoup moindre que celui du projectile de 305 (340 kg.), on ne peut pas obtenir, avec le premier, le même effet destructeur et asphyxiant qu'avec le second. Enfin, le projectile de 240 est incapable de perforer à grande distance les cuirasses de 250 millimètres et au-dessus qui forment les blindages de ceinture ou les tourelles de la plupart des cuirassés de ligne récents de toutes les marines. Le 305 seul est capable de perforer ces blindages.

Il est donc impossible d'abandonner la pièce de 305. On le peut d'autant moins que les marines les plus puissantes montrent, depuis quelques années, une tendance très prononcée à augmenter l'épaisseur de leurs blindages de coques et d'artillerie. Sur le *Lord Nelson* et l'*Agamemnon*, mis en chantier cette année, la cuirasse-ceinture est épaisse de 305 millimètres au niveau de la ligne de flottaison, tandis que sur le *King-Edouard-VII* et ses congénères, mis sur les chantiers en 1903, elle n'avait que 229 millimètres dans sa partie la plus épaisse. Sur le *Duncan* et ses congénères, lancés en 1901, elle n'avait que 178 millimètres; sur le *Canopus* et ses congénères, lancés en 1898, elle n'avait que 152 millimètres. La marine anglaise a donc sans cesse augmenté, depuis 1898, l'épaisseur de la ceinture de ses cuirassés, malgré les progrès incessants réalisés au point de vue de la résistance des plaques. En Allemagne une évolution semblable s'est produite : le *Deutschland*, lancé en 1904, a une ceinture épaisse de 240 millimètres, tandis que celle de l'*Elsass*, lancé en 1903, n'avait que 225 millimètres d'épaisseur.

Du reste, alors même que nos rivaux diminueraient l'épaisseur de leurs cuirasses et réduiraient le calibre de leur grosse artillerie, nous devrions éviter de suivre leur exemple. La valeur militaire d'un vaisseau de ligne cuirassé résultant de la puissance de son offensive et de la résistance de sa protection, nous devons avoir la préoccupation constante de ne jamais diminuer ni l'une ni l'autre de ces qualités, de les augmenter au contraire sans cesse; et si les autres marines agissaient en sens contraire, nos cuirassés gagneraient en valeur militaire comparative tout ce que perdraient ceux de nos rivaux.

Ces raisons conduisent toutes les marines à conserver sur les vaisseaux de ligne les plus récents les quatre canons de 305 qu'on a pris l'habitude d'y placer. Notre Conseil supérieur a émis la même opinion, à l'unanimité, dans sa dernière session. On ne peut que l'en féliciter.

L'artillerie moyenne et les enseignements de la guerre.

Une autre idée commence à se faire jour. Sur les derniers cuirassés mis en chantier par l'Angleterre, le *Lord Nelson* et l'*Agamemnon*, toutes les pièces de 152 millimètres de l'artillerie moyenne sont remplacées par des pièces de 234 millimètres. En tenant compte du tonnage du *Nelson* (16.500 t.) et du nombre de pièces de 152 millimètres qu'il aurait été susceptible de porter, on constate que 20 pièces environ de 152 millimètres, pouvant tirer chacune 3 coups à la minute sont remplacées par 10 pièces de 234 millimètres ne tirant guère plus d'un coup par minute dans le combat. Les faits qui se sont produits dans la bataille de Tsou-Shima autorisent à douter que le *Lord Nelson* réalise un progrès notable, au point de vue de la puissance offensive, sur un navire de même tonnage qui porterait, avec ses 4 pièces de 305, une vingtaine de pièces d'artillerie moyenne.

Cependant, l'exemple que donne l'amirauté anglaise avec le *Lord Nelson* agit assez puissamment sur l'esprit d'un certain nombre de nos officiers pour les pousser à l'imitation.

Le projet de budget du ministère de la marine pour 1906 attribue aux cuirassés de 18.000 tonnes du nouveau programme : 4 pièces de 305 millimètres et 12 pièces de 240 millimètres, sans aucune pièce de 164,7 ni de 194 millimètres, c'est-à-dire qu'il supprime entièrement l'artillerie moyenne à tir *rapide*.

La raison qui en est donnée par « l'Exposé des motifs » du budget est que : « il paraît probable qu'à l'avenir le

« combat s'engagera à plus grande distance qu'on ne « l'avait prévu jusqu'ici, c'est-à-dire dans des conditions « où les calibres inférieurs seraient insuffisamment effi- « caces. »

On oublie d'abord que les escadres japonaise et russe ne se sont pas maintenues aux grandes distances dont on parle, mais, au contraire, se sont rapprochées à 3.000 mètres c'est-à-dire à une distance où l'artillerie moyenne jouit de toute sa puissance de pénétration. Ce qui s'est passé à Tsou-Shima se produira dans toutes les batailles navales. On pourra commencer le feu à 7 ou 8.000 mètres, — à Tsou-Shima les Japonais ne l'ont ouvert qu'à 6.000 mètres — on ne se battra réellement qu'à 3.000 mètres ou plus près encore, si l'une des escadres le juge profitable.

Celle-là pourra le trouver profitable dont les navires seront plus fortement protégés que ceux de l'ennemi. Ayant peu à craindre que ses bâtiments soient coulés, tandis qu'il a des chances de couler ceux de son adversaire, le commandant de l'escadre la mieux protégée aura tout avantage à diminuer la distance du combat, afin d'être plus sûr du tir de ses grosses pièces.

En second lieu, on paraît perdre de vue que la pièce de 194 nouveau modèle pourra lancer des projectiles de 120 kilogs au lieu des projectiles actuels de 86 kilogs. Or, les projectiles de 120 kilogs du nouveau 194 pourront traverser, jusqu'à 6.000 mètres et sous l'incidence de 30° avec la normale, des plaques de 200 millimètres d'épaisseur. Comme la plupart des blindages des vaisseaux de ligne actuels les mieux cuirassés n'ont pas plus de 200 millimètres d'épaisseur à une faible distance de la ligne de flottaison, soit au-dessus, soit au-dessous de cette ligne, il résulte des expériences de tir que ces blindages pourraient être traversés, jusqu'à 6.000 mètres, par les projectiles de 194, dans des conditions telles que le navire serait en danger. Quant aux blindages des croiseurs cuirassés, ils peuvent tous être traversés, au niveau même de la ligne de flottaison, par les projectiles de 194, car aucun croiseur cuirassé, dans aucune marine, n'a de plaques de ceinture ayant plus de 15 à 17 centimètres dans sa partie la plus épaisse.

C'est avec ces réalités présentes à l'esprit qu'il faut étudier la question de savoir si nous devons supprimer toute artillerie moyenne à tir rapide sur nos vaisseaux de ligne, et c'est à ces mêmes réalités que nous devons demander les enseignements de la guerre russo-japonaise.

En consultant les faits qui se sont produits au cours de la bataille de Tsou-Shima[1], nous constatons que dès les premiers instants de l'attaque de l'escadre japonaise, les cuirassés qui tenaient la tête des deux lignes de Rodjestvensky furent mis hors de combat. Le rapport de l'amiral

1. Les navires engagés dans la bataille de Tsou-Shima étaient :
Du côté des Russes : 8 cuirassés de ligne : *Kniaz-Souvaroff*, *Emp. Alexandre-III*, *Borodino*, *Osliablia*, *Sissoï-Veliki*, *Navarin*, *Orel* et *Nicolaï-I;* 3 gardes-côtes cuirassés: *Amiral-Oushakoff*, *Amiral-Apraxine* et *Amiral-Seniavine;* 3 croiseurs cuirassés : *Amiral-Nakhimoff*, *Dmitri-Donskoï* et *Vladimir-Monomach;* 6 croiseurs protégés : *Svietlana*, *Aurora*, *Oleg*, *Jemchug*, *Almas* et *Izumrud;* 9 contre-torpilleurs.
Du côté des Japonais : 4 cuirassés de ligne : *Mikasa*, *Asahi*, *Shikishima* et *Fuji;* 8 croiseurs cuirassés : *Asama*, *Tokiwa*, *Idzumo*, *Iwate*, *Yakumo*, *Adzuma*, *Kasuga* et *Nisshin;* 16 croiseurs protégés.
En tenant compte de l'armement des cuirassés et des croiseurs cuirassés, les Russes disposaient de 26 pièces de gros calibre, tandis que les Japonais en avaient seulement 16; par contre, les Japonais disposaient de 160 pièces de 152 millimètres, tandis que les Russes en avaient seulement 121. Avant la bataille, beaucoup d'officiers croyaient au succès des Russes à cause de leur supériorité en pièces de gros calibre.

Togo est formel sur ce point, et confirmé par les rapports des Russes : « L'ennemi, dit-il, ouvrit le feu à 2 h. 8 ; « nous ne répondîmes que lorsque nous fûmes à une « distance de 6.000 mètres. Nous concentrâmes notre feu « sur les deux navires de tête de l'ennemi..., *L'Osliablia*, « placé en tête de l'aile gauche ennemie, prit feu et « quitta la ligne... A mesure que nous nous rapprochions, « notre feu augmentait d'*efficacité*. Le *Kniaz-Souvaroff* « et l'*Emp. Alexandre-III* prirent feu et brûlèrent vive- « ment. La ligne de l'ennemi devint confuse. La fumée « enveloppait et cachait la flotte ennemie. En conséquence, « notre principale escadre suspendit le feu. Le résultat « de la bataille était décidé à 2 h. 45. *L'Osliablia* coula à « 3 h. 10 [1] ».

Ainsi, au moment où l'amiral Togo considère le résultat de la bataille comme décidé, aucun navire russe n'avait encore été coulé. *L'Osliablia* ne sombra que ving-cinq minutes plus tard. Les Russes étaient battus, non parce que leurs cuirassés avaient été coulés, mais parce qu'ils étaient incendiés, ravagés, désemparés, démoralisés, incapables de faire désormais usage de leurs moyens offensifs d'une façon utile.

A quoi était dû ce résultat ? Un rapport du général Linievitch dressé d'après les renseignements donnés par des officiers russes qui avaient assisté à la bataille, nous fournit la réponse à cette question : « Le feu des Japonais, « y est-il dit, était très sûr et *ils couvraient littérale- « ment nos navires de projectiles*. Ils concentraient sur- « tout leur feu sur le vaisseau amiral qui était en tête... « Les projectiles détruisaient tout ce qui se trouvait sur

1. *Moniteur de la flotte*, 24 juin 1905.

« le pont et produisirent des incendies sur plusieurs « points. *C'est à ce moment que commença avec un bruit « de tonnerre, le tir des gros canons. L'Osliablia* et le « *Souvaroff* furent les premiers à en souffrir. Les deux « premiers obus japonais causèrent une voie d'eau à bord « de l'*Osliablia* et l'eau pénétra en telle abondance que « le navire s'inclina, puis sombra vers 3 heures. Bientôt « le *Souvaroff* dut sortir de la ligne de bataille. Il était « évident qu'il ne pouvait plus supporter le feu de l'enne- « mi... A ce moment, l'amiral Rodjestvensky, qui avait « été blessé au commencement du combat, quitta le « *Souvaroff* avec son état-major pour passer à bord du « torpilleur *Buiny*. Le *Borodino* prit alors la tête de « l'escadre et continua énergiquement la lutte. Vers « 4 heures de l'après-midi, le *Sissoï-Veliki* abandonna « aussi la ligne de bataille pour éteindre un violent « incendie qui s'était déclaré à bord [1]... »

Dans un récit de la bataille de Tsou-Shima publié par la *Novoie Vremia*, le capitaine de vaisseau russe Clado attribue aussi à l'artillerie moyenne des Japonais les premiers désordres produits dans l'escadre russe. Après avoir dit que l'escadre japonaise, au moment du combat, se forma en ligne de file, il ajoute : « Elle commença à tour- « ner nos divisions de cuirassés en concentrant toute la « puissance de son feu de babord sur les premiers cuiras- « sés et sur l'*Osliablia*. Alors cette colonne japonaise « défilant à une distance de 20 câbles (4.000 mètres) de « nos navires put développer toute la puissance du feu de « son artillerie moyenne, prenant par ce fait un immense « avantage sur nos navires par suite du nombre de cette

1. *Moniteur de la flotte*, 24 juin 1905.

« artillerie. Le résultat de ces opérations fut de faire sor-
« tir de la ligne le *Souvaroff*, l'*Osliablia*, et momentané-
« ment l'*Alexandre-III* et le *Sissoï*. »

Il résulte de ces récits, dont l'exactitude ne saurait être contestée, que les Japonais tentèrent d'abord de jeter le trouble dans l'escadre russe en la couvrant de fer, ce qu'ils pouvaient faire surtout avec leur artillerie moyenne nombreuse et à tir rapide. Les pièces de 152 millimètres des Japonais pouvant tirer chacune de trois à quatre coups par minute et chaque cuirassé tirant avec toutes les pièces d'un bord, c'est-à-dire avec 6 ou 7 pièces, enfin, toute l'escadre japonaise concentrant ses feux sur les navires de tête des files russes, ceux-ci furent littéralement criblés d'obus qui, en éclatant tous à la fois, durent produire des effets matériels et moraux terrifiants. Ces projectiles étaient incapables de couler, à grande distance surtout, les navires sur lesquels ils faisaient rage, mais ils y détruisaient tout ce qui n'est pas protégé, y allumaient des incendies et démoralisaient les canonniers au point de rendre leur tir à peu près inoffensif.

D'après le rapport officiel du général Linievitch, c'est seulement lorsque les cuirassés russes de tête étaient déjà en partie désemparés que « commença avec un bruit de tonnerre le tir des gros canons ». Il est probable, en effet, que les Japonais, désireux de ménager les projectiles de 305, n'en firent usage que quand ils eurent mis le désarroi sur les cuirassés russes et lorsqu'ils en furent assez rapprochés pour être certains de les toucher au voisinage de la flottaison, de manière à les couler. Ils y réussirent, puisque le récit du général Linievitch montre l'*Osliablia*[1]

1. Ce récit a été confirmé pour l'*Osliablia* par un officier qui se trouvait à bord. Voyez ci-dessus, p. 43.

et le *Souvaroff* touchés par les premiers obus de gros calibre, le premier faisant eau tout de suite, les autres gravement endommagés, tour à tour, au voisinage de la flottaison et prêts à sombrer.

Les Japonais auraient donc suivi, dans l'emploi de leur artillerie, la règle que prescrit le raisonnement scientifique, et qui consiste à démoraliser l'ennemi, afin de le pouvoir ensuite détruire plus facilement. Pour céla, il est incontestable que l'artillerie moyenne à pièces nombreuses et à tir rapide est un excellent moyen d'action. En criblant de fer, d'une manière continue et partout à la fois, un navire, elle en démoralise l'équipage, même à grande distance, c'est-à-dire dans des conditions où l'ennemi ne peut agir de la même façon que s'il possède des canonniers d'égale valeur. On sait qu'à cet égard les Japonais avaient sur les Russes un énorme avantage, dont je parlerai plus tard. L'artillerie moyenne japonaise pouvait, grâce à cette supériorité, faire beaucoup de mal aux navires russes sur lesquels elle tirait, tandis que les canonniers russes, moins habiles, n'en faisaient que fort peu aux navires japonais.

Tandis qu'il met le désordre dans l'escadre russe par son artillerie moyenne, l'amiral Togo s'approche, et fait usage de sa grosse artillerie dans des conditions telles qu'il n'a presque plus rien à redouter de celle des Russes. Déjà, ses équipages sentent qu'ils tiennent la victoire, tandis que les Russes voient venir la défaite. Les premiers n'en tirent que mieux, les seconds n'en tirent que plus mal. Désormais, « le résultat de la bataille est décidé ». Elle n'a duré réellement que de 2 h. 8 à 2 h. 45, c'est-à-dire pendant trente-sept minutes.

Ces faits ont une très grande importance : ils témoignent des services de premier ordre que peut rendre l'artillerie moyenne à tir rapide dans les combats entre vaisseaux de ligne, lorsqu'elle est employée d'une manière rationnelle. Si les deux escadres qui en font usage ont des canonniers d'inégale valeur, c'est, à coup sûr, celle dont les pointeurs sont les plus habiles qui désemparera l'autre et gagnera la victoire, avant même d'avoir coulé aucun navire. Si les canonniers des deux escadres se valent, la victoire sera le partage de celle dont le commandement sera le plus rapide, l'attaque la plus vive, le feu le mieux concentré sur les bâtiments qu'il importe de désemparer les premiers. Sur mer comme sur terre, en effet, l'armée qui montre le plus de décision, de hardiesse et de rapidité dans l'attaque est celle qui doit, à moins de malchances extraordinaires, sortir victorieuse de la bataille. Or, sur mer, l'artillerie moyenne, grâce au grand nombre de ses pièces, est un outil merveilleux d'intimidation du personnel et de destruction de tout le matériel secondaire. Son effet est, d'ailleurs, proportionné au nombre des pièces et à la rapidité de leur tir. A ses projectiles ne sauraient résister ni les cheminées, ni les mâts militaires, ni les passerelles de commandement et de direction, ni la petite artillerie non protégée, dont la destruction rend fort difficile la défense du navire contre les torpilleurs. En éclatant dans les cheminées, ainsi que cela s'est produit sur le *Cesarevich*, les projectiles de l'artillerie moyenne peuvent occasionner des avaries graves dans les appareils évaporatoires. Les canons peuvent aussi être plus ou moins avariés, sinon brisés, par les projectiles.

La description suivante de l'*Orel*, cuirassé du type *Borodino*, faite par un écrivain japonais qui le visita après sa reddition, donne une idée des désordres qui peuvent être produits et de l'impuissance à laquelle peut être réduit un navire, sans que ses parties blindées soit sérieusement atteintes. « *L'Orel*, écrit le témoin oculaire japonais, a « reçu de terribles coups. La coque montre une quaran- « taine de trous causés par de gros obus, tandis que la « superstructure et le pont supérieur ont été criblés de « fragments d'obus, de fragments d'acier et de petits « morceaux de bois. Le canon de 12 pouces de l'avant à « tribord a été mis en pièces à 10 pieds de distance de sa « gueule, soit par un obus, soit par une explosion [1]. Le « fragment du canon a été projeté par-dessus la passerelle « dont il a brisé les balustrades; il a enlevé la culasse « d'un canon de 12 pouces, et est allé ensuite s'encastrer « dans un coin de la cabine des signaux.

« Toute la partie supérieure du navire, à partir du pont « de batterie, est affreusement saccagée. Le passavant est « brisé. Les cloisons d'acier sont brisées; les étançons « sont tordus. Des débris de machines de toute sorte « encombrent les ponts et les passages. Partout se trou- « vent des traces d'incendie; car l'incendie éclata plu- « sieurs fois pendant le combat. *Le blindage extérieur « est intact.*

« La tourelle blindée a résisté assez bien aux obus « japonais; mais deux tourelles de six pouces ont été « mises hors d'usage par des projectiles qui sont venus

1. D'après les photographies qui ont été faites des dégâts produits sur l'*Orel*, le canon dont il s'agit ici a dû être rompu par l'éclatement dans l'âme d'un obus chargé d'explosif. La cassure est nette, comme dans toutes les ruptures de canons produites de cette façon. Du reste, d'après toutes les expériences connues, il n'est pas probable qu'un canon de fort diamètre puisse être cassé par le choc d'un projectile. Celui-ci peut enlever des morceaux de la pièce à longue volée, la courber ou la déformer, mais non la sectionner comme le montre la photographie prise sur l'*Orel*.

« les frapper à la base. Plusieurs petits canons sont brisés « ou démontés. Les traverses sont tapissées de flaques de « sang, de cheveux et de débris de chair. Cependant, la « charpente de l'arrière a résisté ; mais il faudra recons- « truire le navire depuis sa ligne de flottaison.

« L'état dans lequel se trouve l'*Orel*, porte témoignage « des terribles épreuves auxquelles a été soumis son « équipage avant de capituler. »[1].

Parmi les dégâts subis par l'*Orel*, il en est beaucoup qui avaient pu être produits aussi bien par des projectiles de 152 millimètres que par des projectiles de de 305 millimètres. Ceux-ci, dans tous les cas, n'avaient endommagé aucune portion de la cuirasse épaisse, de sorte que le navire continuait à flotter et à se mouvoir, mais c'était une sorte d'épave, désormais impuissante à se défendre. Son commandant ne pouvait plus que l'achever en la faisant sauter lui-même ou se rendre. On sait qu'il préféra cette seconde solution.

L'histoire du *Rurik* est plus intéressante encore que celle de l'*Orel*. Ce navire, en effet, n'eut affaire, dans le combat du 14 août 1904, contre l'amiral Kamimoura, qu'à des croiseurs-cuirassés dont les pièces les plus fortes n'avaient que 202 millimètres de diamètre. Cependant, il eut, d'après le récit de son commandant, « tous ses canons brisés ». Le *Gromoboï*, qui figura dans le même combat, eut aussi ses canons si endommagés qu'on dut les remplacer[2].

Il n'est pas inutile de noter que tous les navires russes coulés au cours de la bataille de Tsou-Shima n'étaient que très insuffisamment cuirassés. Le *Borodino*, le *Kniaz-*

1. *Journal des Débats*, 9 juin 1905.
2. Voyez pour le combat du 14 août 1904, ci-dessous, p. 207.

Souvaroff et l'*Alexandre-III* avaient des ceintures épaisses seulement de 195 millimètres au niveau de la ligne de flottaison ; le *Sissoï-Veliki* et le *Navarin* étaient de vieux cuirassés dont la ceinture ne s'élevait que fort peu au-dessus de la ligne de flottaison et devait, au roulis, plonger entièrement dans la mer, d'autant plus qu'ils étaient, dit-on, surchargés de charbon. Le sixième cuirassé coulé, l'*Osliablia* était protégé par une ceinture n'ayant que 229 millimètres au niveau de la ligne de flottaison, et 150 à 160 millimètres seulement à une faible distance au-dessus ou au-dessous de cette ligne. Voilà pour les cuirassés. Sur les 4 croiseurs qui furent coulés dans la même bataille, l'un, le *Svietlana* était un simple croiseur protégé ; un autre, le *Dmitri-Donskoï* était un vieux croiseur cuirassé à ceinture très peu élevée au-dessus de la flottaison et noyée au roulis ; les deux autres, le *Nachimof* et le *Vladimir-Monomach*, avaient des ceintures épaisses de 152 millimètres au niveau de la ligne de flottaison mais n'ayant pas plus de 100 millimètres à une faible distance au-dessus ou au-dessous de cette ligne.

En raison de la faible épaisseur de leur cuirasse, tous les navires ci-dessus ont pu être coulés aussi bien par l'artillerie moyenne que par la grosse artillerie.

Tandis que tous les navires insuffisamment protégés sont coulés, on voit le *Cesarevich* être touché une quinzaine de fois, dans la bataille du 10 août, par des obus de 305, sans qu'aucun produise d'autre effet qu'une brûlure de la peinture. Un d'entre eux déprima la toiture d'une tourelle sans la briser ni même la fêler. Il résulte de ces faits qu'il y a, sans doute, une très grande différence entre les expériences du polygone et celles de la guerre. Dans les premières, on peut régler le tir de manière que le projectile perfore toujours la plaque ; dans les secondes, il intervient des facteurs dont le canonnier ne dispose pas et qui rendent la perforation aléatoire. Il en sera, sans doute, ainsi de plus en plus, car non seulement on augmente l'épaisseur des blindages, mais encore on améliore sans cesse leurs qualités et on accroît leur résistance aux projectiles.

Plus on ira, sans aucun doute, et plus il sera difficile de couler les navires fortement cuirassés. Mais il restera toujours la possibilité de les désemparer, de démoraliser leurs équipages, objectif pour lequel la moyenne artillerie est plus particulièrement désignée.

Un projectile de 305 qui frappe un cuirassé y produit, sans nul doute, un très grand effet, même s'il ne perfore pas la coque; mais cet effet est local et passager, parce que le tir de la pièce est lent. Tout autre est l'effet produit par la pluie de fer et d'explosifs que la moyenne artillerie fait tomber incessamment sur le même navire et sur toutes ses parties à la fois.

A Tsou-Shima, au moment où l'amiral Togo s'attribue, non sans raison, la victoire, aucun navire russe n'a encore sombré, mais le désordre est dans les lignes de l'amiral Rodjestvensky, ses meilleurs cuirassés sont désemparés, hors d'état de faire un usage efficace de leur artillerie. La bataille du 10 août, devant Port-Arthur, fut gagnée de la même manière, sans qu'aucun navire russe eût été coulé. Le combat du 14 août entre les croiseurs de Vladivostock et ceux de l'amiral Kamimoura se termina de la même façon, par le désemparement des meilleurs croiseurs cuirassés russes [1].

1. Pendant la guerre sino-japonaise, un fait analogue se produisit. A la bataille d'Yalu, les cuirassés chinois ne purent pas être coulés,

Il est donc tout naturel que des officiers japonais éminents se prononcent en faveur du maintien de l'artillerie moyenne sur les cuirassés. L'un de ces officiers, dans un article publié par le *Japanese Mail* [1], émet l'avis que l'artillerie des vaisseaux de ligne doit comprendre des pièces de 12 pouces (305 millimètres), de 10 pouces (254 millimètres), de 8 pouces (203 millimètres), et de 6 pouces (152 millimètres). On peut critiquer la réunion de tant de calibres divers sur un même bâtiment, en raison des difficultés qu'elle entraîne au point de vue de l'approvisionnement et du service des projectiles, mais il est impossible de ne pas en déduire que, de l'avis des officiers japonais, la bataille de Tsou-Shima est tout à fait démonstrative de l'utilité de l'artillerie moyenne dans les combats d'escadres. C'est aussi, à coup sûr, ce que pense l'amirauté allemande, car sur le cuirassé du type *Deutschland* qu'elle vient de mettre sur les chantiers, elle maintient l'artillerie moyenne de 150 millimètres, que portent tous les autres bâtiments de ce type.

Tous ces faits contiennent une leçon de tactique navale précieuse à retenir. Ils montrent que pour gagner les batailles, il n'est pas indispensable de couler les navires ennemis. Certes, il faudra toujours chercher à atteindre ce but suprême, mais il est bien établi qu'on peut obtenir la victoire avant de l'avoir atteint, et il est, en outre, irréfutablement démontré que le plus sûr moyen d'arriver à couler l'ennemi consiste à le désemparer, à démoraliser

ils restèrent sur le champ de bataille, mais ils étaient désemparés, incapables de continuer utilement la lutte contre les Japonais, et ceux-ci furent considérés comme vainqueurs. Ils l'étaient, en réalité, puisque les navires chinois ne pouvaient rien faire pour empêcher leurs opérations ultérieures.

1. Cité par *Army and Navy Gazette*, 2 septembre 1905.

ses équipages, à créer l'impuissance avant de se préoccuper de la destruction.

Dans cette œuvre, les qualités techniques et morales du commandement, des officiers et des équipages, jouent un rôle supérieur à celui du matériel. Or, il y aura toujours entre deux armées navales une différence dans la valeur du personnel, et c'est par celle-ci que sera gagnée la bataille si le commandement songe à désemparer les navires ennemis avant de s'attacher à les couler.

Tous les enseignements de la guerre russo-japonaise confirment, en somme, le raisonnement scientifique d'où est née la coutume d'installer sur les vaisseaux de ligne cuirassés une artillerie moyenne aussi nombreuse et à tir aussi rapide que possible. Ils justifient pleinement l'opinion des officiers de marine ou d'artillerie qui considèrent comme indispensable la conservation de cette artillerie sur nos nouveaux cuirassés et qui ont exprimé cette opinion jusque dans le Conseil supérieur de notre marine.

Toutefois, pour que l'artillerie moyenne produise tous les effets utiles dont la guerre russo-japonaise nous fournit le tableau, il ne suffit pas qu'elle soit nombreuse et à tir rapide, il faut encore qu'elle lance des projectiles d'une puissance proportionnée à la protection des navires sur lesquels ils sont appelés à produire leurs effets.

Aussitôt surgit une question dont la solution définitive ne peut pas être retardée. Il s'agit de savoir si nous devons conserver la pièce de 164,7 millimètres qui forme l'artillerie moyenne de nos cuirassés les plus récents ou si nous devons la remplacer par une pièce d'un autre calibre.

Le Conseil supérieur ayant émis l'avis qu'il y a lieu de donner à nos nouveaux cuirassés un déplacement supérieur à celui des cuirassés du programme de 1900, les limites de notre choix se trouvent étendues. Nous pouvons le porter sur l'une des trois pièces de calibre moyen, en possession desquelles nous sommes déjà : le 138,6, le 164,7 et le 194,4.

L'Artillerie moyenne qui convient le mieux à nos nouveaux cuirassés, d'après les enseignements de la guerre.

Le 138,6 a déjà été formellement écarté par le Conseil supérieur des cuirassés du type *Patrie* qui entrent dans le programme de 1900. On a considéré que sa puissance de pénétration et le poids de son projectile étaient insuffisants. Ils le seraient davantage encore contre les cuirassés très fortement protégés que toutes les marines construisent en ce moment ; ils le seraient surtout dans les combats à grande distance.

La pièce de 138, 6 n'est cependant pas dépourvue de qualités offensives sérieuses. C'est la seule de nos pièces d'artillerie moyenne à laquelle il soit possible de donner une grande rapidité de tir. Pour que celle-ci puisse être obtenue, il ne faut pas que le projectile pèse plus de 45 kilogrammes, car ce poids est le plus élevé qu'on puisse manœuvrer à la main. La pièce de 164,7 ne remplit pas cette condition : son projectile seul pèse 52 kilogrammes. Cette pièce n'est donc pas susceptible d'être transformée en canon à tir très rapide. Elle tire actuellement quatre coups par minute, au polygone, et à peu près trois coups dans le combat ; la rapidité de son tir ne pourra pas être sensiblement augmentée. Au contraire, le tir de la pièce de 138,6 peut être rendu plus rapide. On pourra même, dans le nouveau modèle de 60 calibres, élever le poids du projectile à 45 kilogrammes au lieu de 35 kilogrammes qu'il pèse dans le modèle de 1893. Le nouveau modèle sera extrêmement maniable et très puissant; mais, ses projectiles étant incapables de perforer les plaques ayant plus de 14 centimètres, on ne saurait le recommander pour les cuirassés de ligne. Il sera mieux à sa place sur les croiseurs des escadres lointaines, surtout sur ceux qui seront appelés plus particulièrement à chasser les navires de commerce.

Le 164,7 possède des qualités précieuses : 1° il est capable de perforer tous les blindages d'une épaisseur inférieure ou égale à 16 centimètres, c'est-à-dire la ceinture de tous les croiseurs cuirassés de toutes les marines et la partie supérieure des blindages de tous les vaisseaux de ligne cuirassés ; 2° ses projectiles à éclatement retardé peuvent traverser les mêmes épaisseurs de blindage et n'éclater qu'en dedans d'eux, c'est-à-dire dans les conditions les meilleures pour faire des dégâts considérables dans les entreponts et parmi le personnel ; 3° son tir est assez rapide pour qu'on puisse normalement et dans le combat compter sur trois coups à la minute ; 4° le poids de la pièce, celui de son affût et celui des projectiles sont assez faibles, relativement, pour qu'on puisse mettre un grand nombre de pièces sur chaque vaisseau de ligne et les approvisionner abondamment. Par une seule bordée, le cuirassé *Patrie* pourrait envoyer, avec 9 pièces de 164,7 et à raison de trois coups par minute, jusqu'à 1.404 kilogrammes de fer et d'explosifs par minute sur un navire ennemi (52 kilogrammes $\times 3 \times 9 = 1.404$). Avec de pareilles qualités, notre pièce de 164,7 est très supérieure à celle de 152 millimètres qui forme actuellement l'artillerie moyenne de la plupart des cuirassés étrangers.

Cependant, beaucoup de marins et d'artilleurs préfèrent la pièce de 194 millimètres à celle de 164,7, parce que, à vitesse initiale égale, le 194 nouveau modèle, dont les projectiles pèseront 120 kilogrammes (au lieu de 86 qu'ils pèsent dans le modèle 1893-96), pourra perforer des plaques de 200 millimètres entre 4.000 et 6.000 mètres. En d'autres termes, ils préfèrent la pièce de 194 parce qu'elle est plus puissante que celle de 164.7, tout en étant à peu près aussi maniable. Celle-ci est, cependant, supérieure au 194,4 par la rapidité du tir. Tandis que le 164,7 peut tirer trois coups à la minute dans le combat, le 194 n'en peut tirer actuellement que deux, c'est-à-dire un tiers en moins. En second lieu, comme le 194 pèse beaucoup plus avec son affût que le 164,7, comme ses projectiles sont beaucoup plus lourds et comme le poids de ses tourelles protectrices est considérable [1], on ne peut pas mettre sur un navire déterminé autant de 194 que de 164,7. On a, par exemple, placé le cuirassé *Vérité* dans un état d'infériorité non douteuse par rapport à la *Patrie*, en remplaçant, sur le premier de ces navires, les 18 pièces de 164,7

1. Le poids des tourelles varie d'un bateau à l'autre pour le même calibre de canons, et même sur un bâtiment déterminé. Par exemple, la tourelle avant de 305 de la *Patrie* pèse plus que la tourelle de 305 de l'arrière, à cause de la différence de hauteur de commandement. Les chiffres suivants ne représentent que des moyennes des poids de diverses tourelles, y compris les canons.

Tourelle de	305 double	800 tonneaux
—	240 double	550 —
—	194 double	330 —
—	194 simple	220 —
—	164,7 double	220 —

par 10 pièces seulement de 194. Les 9 pièces de 164,7 que la *Patrie* porte de chaque bord pourront lancer sur l'ennemi jusqu'à 1.404 kilogrammes de fer et d'explosifs par minute, tandis que les 5 pièces de 194 que la *Vérité* porte de chaque bord n'en pourront lancer que 860 kilogrammes.

La substitution du 194 au 164,7 sur nos vaisseaux de ligne cuirassés ne pourrait être effectuée sans inconvénient, que si le tonnage de ces bâtiments était suffisamment augmenté pour qu'on y pût placer à peu près autant de pièces de 194 que la *Patrie* porte de pièces de 164,7.

Je crois savoir que le Conseil supérieur de la marine a partagé ses suffrages, dans la session du mois de mai 1905, entre trois projets de vaisseaux de ligne cuirassés dont chacun avait assez de partisans pour que le Conseil n'ait pas cru pouvoir se prononcer entre eux.

L'un de ces projets proposait un cuirassé de 17.000 tonnes, armé de 4 pièces de 305 et de 10 pièces de 240; un second projet recommandait un cuirassé de 17.000 tonnes également armé de 4 pièces de 305 et de 16 pièces de 194. Le troisième projet visait un cuirassé de 18.000 tonnes, armé de 4 pièces de 305 et de 12 pièces de 240. Tous les projets, on le voit, étaient d'accord pour maintenir les 4 pièces de 305 dont sont armés nos cuirassés du type *Patrie*. Tous aussi admettaient la nécessité de cuirasser les fonds du navire à l'intérieur. Le désaccord ne portait que sur l'artillerie secondaire. C'est le cuirassé de 18.000 tonnes qui est proposé par le projet de budget pour 1906, mais il ne semble pas que ce choix soit définitif.

Ce cuirassé de 18.000 tonnes ne coûterait guère moins

de cinquante-cinq millions de francs, soit dix millions de plus que ceux du type *Patrie,* dont le déplacement est de 14.875 tonnes. Une escadre de 6 cuirassés de 18.000 tonnes coûterait 60 millions de plus que l'escadre du type *Patrie.*

Deux modifications principales sont la cause déterminante de l'augmentation de tonnage proposée : Le remplacement des 18 pièces de 164,7 de la *Patrie* par 12 pièces de 240 millimètres, et l'installation d'un blindage cuirassé à l'intérieur de la coque, dans les fonds du navire.

L'utilité de cette seconde modification est pleinement justifiée par l'histoire du *Cesarevich,* et par le fait qu'au cours de la guerre russo-japonaise plusieurs navires ont été blessés au-dessous de la ligne de flottaison, et même au-dessous du can inférieur de la cuirasse. Elle est exigée par l'obligation de protéger les cuirassés contre les torpilles automobiles des torpilleurs ou des sous-marins, car ces engins frappent à 3 mètres environ au-dessous de la flottaison, c'est-à-dire plus bas que le can inférieur des cuirassés-ceintures.

Il n'y a donc aucune objection à faire au sujet de l'augmentation de tonnage qui peut être exigée par l'installation d'un blindage intérieur dans les fonds de nos bâtiments cuirassés, qu'il s'agisse des vaisseaux de ligne ou des croiseurs. Mais il importe de noter que cette protection nouvelle n'exige pas une augmentation très grande du tonnage. Le *Cesarevich,* qui en est pourvu, déplace seulement 13.380 tonnes, et il porte 4 pièces de 305, et 12 pièces de 152 millimètres. En ajoutant un millier de tonnes au déplacement de la *Patrie,* on pourrait doter nos nouveaux cuirassés d'une protection des fonds analogue à celle très recommandable qui existe sur notre *Henri-IV* et sur le *Cesarevich*.

La seconde cause de l'augmentation de trois mille tonnes qui est proposée, réside dans la substitution, sur les nouveaux cuirassés, de 12 pièces de 240 aux 18 pièces de 164,7 de la *Patrie* ou aux 10 pièces de 194 de la *Vérité*. Les pièces de 240, leurs affûts et leurs tourelles sont, en effet, beaucoup plus lourds que ceux du 164,7 et du 194. Pour placer 12 pièces de 240, avec une quantité suffisante de projectiles, sur les nouveaux cuirassés, il a fallu augmenter beaucoup le déplacement. Or, on n'accroît pas ainsi la puissance offensive réelle du navire.

En raison du poids du canon, de celui du projectile, de la division de la gargousse en trois parties très lourdes, de l'énorme quantité des gaz qui se dégagent après chaque coup, de la gêne occasionnée par la présence de deux pièces dans une même tourelle, etc., il n'est guère permis d'espérer que chaque pièce de 240 tire, dans le combat, plus d'un coup par minute. Le projectile de cette pièce pèse actuellement 170 kilogrammes, mais il sera porté dans le nouveau modèle à 220 kilogrammes. Les 6 pièces de 240 d'une bordée du cuirassé de 18.000 tonnes lanceront par minute : 220 kilogrammes × 6 = 1.320 kilogrammes d'acier et d'explosif. Pendant la même minute, les 9 pièces de 164.7 d'une bordée de la *Patrie* qui déplace seulement 14.875 tonnes, lancent, à raison de trois coups par minute, 52 kilogrammes × 3 × 9 = 1.404 kilogrammes de fer et d'explosif.

On peut dire que les projectiles de 164,7, n'étant pas capables de perforer les plaques épaisses de plus de 17 centimètres, il est impossible de comparer, au point de vue de l'action perforante, les pièces du 164,7 avec celles de 240.

A cette objection, il serait facile de répondre que le rôle du 164,7 n'est pas de couler les bâtiments cuirassés, mais de les désemparer en les couvrant de fer, ainsi que le fit l'artillerie moyenne (152 millimètres) des Japonais dans la bataille de Tsou-Shima.

Néanmoins, il est facile de faire tomber les critiques dirigées contre le 164,7, sans renoncer à l'artillerie moyenne. Parmi les trois projets auxquels s'est arrêté le Conseil supérieur dans sa dernière session, il en est un qui répond à cette préoccupation : c'est celui qui propose la construction d'un cuirassé de 17.000 tonnes, armé de de 4 pièces de 305 et 16 pièces de 194.

Avec 4 pièces de 305, les cuirassés de 17.000 tonnes, armés comme le propose le Conseil supérieur, pourraient perforer tous les blindages les plus épais des cuirassés ennemis, tandis qu'avec leurs seize pièces de 194, ils seraient en mesure de perforer tous les blindages de 200 millimètres et au-dessous, en même temps qu'ils exerceraient l'action de désemparement et de démoralisation qui a donné la victoire aux Japonais dans toutes les batailles de la dernière guerre.

A ce dernier point de vue, 16 pièces de 194 valent incontestablement beaucoup mieux que 12 pièces de 240. A raison de deux coups par minute, une seule bordée de 8 pièces du nouveau 194, avec son projectile de 120 kilogrammes, pourrait lancer en une minute sur l'ennemi : 120 kilogrammes $\times 2 \times 8 = 1.920$ kilogrammes d'acier et d'explosif. A raison d'un coup par minute, une bordée de 6 pièces du nouveau 240 avec son projectile de 220 kilogrammes, ne lancerait, en une minute, sur l'ennemi, que . 220 kilogrammes $\times 6 = 1.320$ kilogrammes de fer et d'explosif.

S'il était possible de placer sur un cuirassé de 18.000 tonnes plus de 16 pièces de 194, on pourrait se rallier à ce navire, mais c'est impossible, à cause de l'emplacement occupé par les pièces. Sur le cuirassé de 18.000 tonnes on ne trouverait pas la place pour plus de 16 pièces de 194, tout comme sur le cuirassé de 17.000 tonnes.

En présence de ces chiffres et de ces considérations, et en tenant compte du rôle essentiel de l'artillerie secondaire des vaisseaux de ligne cuirassés, il y a lieu de se demander s'il est absolument indispensable d'accroître le déplacement de nos navires de 2.000 tonnes et leur prix d'au moins 6 millions, dans le seul but d'y substituer du 240 aux pièces d'artillerie moyenne que portent nos derniers cuirassés.

C'est une question qui devra être étudiée avec beaucoup de soin par les conseils supérieurs de notre marine, à la lumière des enseignements de la guerre russo-japonaise, et en tenant compte, d'une façon toute particulière, de ce fait que dans toutes les batailles navales de cette guerre, la victoire a été due non point à ce que des navires russes ont été coulés en plus ou moins grand nombre, mais à ce que les mieux armés et les mieux protégés d'entre ces navires ont été désemparés dès le début de la bataille, ont eu leur personnel mis hors d'état de combattre d'une façon raisonnée et efficace.

Il serait inutile, en effet, d'accroître les dépenses déjà si lourdes occasionnées par la construction des vaisseaux de ligne cuirassés, en poussant leur tonnage au delà de ce qu'exige la raison et de ce qu'indiquent les enseignements de la guerre navale. Faire grand est absolument indispensable ; faire plus grand qu'il n'est nécessaire serait une erreur qu'on ne justifierait pas suffisamment en disant que d'autres puissances l'ont déjà commise, ou paraissent être disposées à la commettre.

En résumé, tenant compte de toutes les données de la science navale et des enseignements de la guerre russo-japonaise, nous sommes conduits à conclure : 1° qu'il y a lieu de conserver la grosse artillerie de 305 et qu'il est inutile, sinon impossible, d'en mettre plus de 4 pièces sur chaque vaisseau de ligne cuirassé; 2° qu'il y a lieu de conserver une artillerie moyenne à tir rapide, et à pièces aussi nombreuses que possible; 3° que nous pouvons substituer sur nos vaisseaux de ligne cuirassés la pièce de 194 à celle de 164,7, à la condition d'augmenter assez le tonnage des navires pour qu'on y puisse placer à peu près autant de 194 que de 164,7.

La petite artillerie des cuirassés et les enseignements de la guerre.

La petite artillerie des vaisseaux de ligne cuirassés offre un intérêt considérable, puisque c'est à elle que revient le rôle de détruire ou d'arrêter les torpilleurs et contre-torpilleurs qui attaquent ces vaisseaux.

La guerre russo-japonaise a montré combien il était difficile à un torpilleur d'atteindre un grand navire à artillerie qui se tient sur ses gardes.

Or, en examinant la composition de la petite artillerie des cuirassés russes et japonais, il est facile de constater que cette partie de l'armement était beaucoup plus développée sur les cuirassés des deux belligérants qu'elle ne l'est dans notre marine.

Sur les cuirassés japonais, la petite artillerie se compose de pièces de 76 millimètres, de pièces de 47 millimètres semi-automatiques, à vitesse initiale considérable, et de mitrailleuses automatiques. Pour donner une idée du nombre de ces différentes pièces, examinons simplement le cuirassé *Schikishima*. La grosse artillerie de ce navire étant composée de 4 canons de 305 millimètres et sa moyenne artillerie comprenant 14 pièces de 152 millimètres, sa petite artillerie se compose de 20 canons de 76 millimètres, de 8 canons de 47 millimètres et de 4 canons de 42 millimètres, soit, au total, 32 pièces de petit calibre à tir très rapide. Il faut y ajouter un nombre inconnu de mitrailleuses automatiques.

Le *Souvaroff*, sur qui l'amiral Rodjestvensky avait son pavillon, était armé de 4 pièces de 305 millimètres et de 12 pièces de 152 millimètres en tant que grosse et moyenne artillerie. Quant à sa petite artillerie, elle comprenait 20 pièces de 75 millimètres, 20 pièces de 47 millimètres et 10 pièces de 37 millimètres, soit au total 50 pièces de petit calibre à tir très rapide. Il avait, en outre, comme tous les cuirassés russes, des mitrailleuses automatiques.

Les cuirassés anglais, allemands, américains, portent aussi un grand nombre de pièces de petit calibre à tir très rapide : sur le *Lord Nelson*, de la marine britannique, il y a 15 pièces de 76 millimètres et 23 pièces de 47 millimètres. Sur le *Deutschland*, dernier né de la marine allemande, il y a 22 pièces de 88 millimètres et 4 pièces de 37 millimètres. Sur le plus récent des cuirassés des États-Unis, le *New-Hampshire*, de 16.300 tonnes, il y a 20 canons de 76 millimètres, 14 canons de 58 millimètres, 12 canons de 47 millimètres et 4 canons de 37 millimètres, soit au total 50 pièces de petit calibre à tir très rapide.

En France, le calibre des pièces de petite artillerie ne dépasse pas 47 millimètres. La *Patrie* et tous les navires du même type avaient primitivement 26 pièces de 47 millimètres semi-automatiques et 2 pièces de 37 millimètres. Sur quatre de ces navires, elles ont été remplacées par 8 pièces de 100 millimètres, 16 pièces de 47 millimètres et 2 pièces de 37 millimètres.

D'après l'avis général des hommes compétents, il est inutile d'avoir recours au calibre de 100 millimètres contre les torpilleurs, et le même calibre est peu utile contre les navires cuirassés. Sur ces derniers, il est avantageusement remplacé par le 164,7 ou par le 194. Pour la chasse aux torpilleurs et contre-torpilleurs, le 75 lui est très supérieur. D'abord, le 75 avec son affût ne pèse que 1.500 kilogrammes, tandis que la pièce de 100 toute seule pèse 1.700 kilogrammes; son affût pèse près de 3.000 kilogrammes, soit, au total, 4.700 kilogrammes. On peut donc placer, sur un même navire, trois fois autant de pièces de 75 que de pièces de 100. En second lieu, le 75 tire facilement 25 coups à la minute, tandis que le 100 n'en peut pas tirer plus de 10. Le projectile du 75 est, en outre, beaucoup plus maniable que celui du 100, car le premier ne pèse que 6^{kg},400, tandis que le poids du second est de 16 kilogrammes. Enfin, le canon de 75 est le plus fort calibre que l'on puisse manœuvrer avec une crosse sur laquelle s'appuie l'épaule. Or, ce mode de pointage est indispensable en vue des changements rapides d'objectif à prévoir dans le tir contre les torpilleurs et contre-torpilleurs.

Comme la marche des torpilleurs est très rapide [1], il est

1. Le tableau suivant permet de se rendre compte de la nécessité d'employer contre les torpilleurs et contre-torpilleurs une petite artillerie assez puissante et à tir assez rapide pour qu'elle soit capable

indispensable d'employer en vue de leur destruction, des pièces aussi nombreuses que possible et dont le tir soit extrêmement rapide. A ces deux points de vue, le canon semi-automatique de 75 se montre très supérieur à celui de 100 millimètres. Comme, d'autre part, son action, pour couler le torpilleur, est équivalente à celle du 100, parce que sa trajectoire est plus tendue, il y a eu erreur manifeste à lui préférer ce dernier pour nos cuirassés de ligne du type *Vérité*.

Par contre, les pièces de 47 millimètres et de 37 millimètres qui forment la petite artillerie d'une partie des bâtiments de ce même type et de nos croiseurs du type *Gambetta*, ne sont pas assez puissantes pour couler les torpilleurs et les contre-torpilleurs à grande distance.

Cependant, le rôle essentiel de la petite artillerie est d'arrêter les navires à torpilles avant qu'ils aient pu s'approcher assez des grands bâtiments pour que leur torpille soit lancée dans de bonnes conditions. Pour que la petite artillerie soit efficace contre les torpilleurs, il faut que sa puissance lui permette de les couler ou de détruire leurs organismes moteurs à une distance de 3.000 mètres.

de les détruire à une aussi grande distance que possible : un torpilleur ou contre-torpilleur qui file :

30 nœuds fait	. . . . . .	926 mètres par minute.
25 — —	. . . .	771 — —
20 — —	. . . .	617 — —
18 — —	. . . .	556 — —
15 — —	. . . .	463 — —
12 — —	. . . .	370 — —
10 — —	. . . .	309 — —

On peut supposer que dans le combat, par une mer ordinaire, un bon torpilleur ou contre-torpilleur filera environ 20 nœuds en moyenne; c'est donc de 617 mètres qu'il se rapproche, en une minute, du cuirassé contre lequel il se lance.

L'expérience a montré que les canons de 37 millimètres et même de 47 millimètres en sont incapables.

Tout nous convie donc à modifier la petite artillerie de nos cuirassés.

Les enseignements de la guerre russo-japonaise où les canons de 75 millimètres des russes se sont fort bien comportés, s'ajoutent sur ce point à l'exemple qui nous est donné par toutes les grandes marines. C'est donc par une pièce de ce calibre ou à peu près que nous devons remplacer, sur nos nouveaux cuirassés, toutes les pièces de 100 millimètres, de 47 millimètres et de 37 millimètres que portent en ce moment nos vaisseaux de ligne. Il faut que cette pièce soit semi-automatique et puisse tirer environ 25 coups à la minute. Avec une vingtaine de pièces semi-automatique de ce calibre, suffisamment protégées, un vaisseau de ligne empêcherait facilement un torpilleur ou un contre-torpilleur de s'approcher de lui, car à partir de 3.000 mètres le petit bateau à torpille pourrait être coulé ou avoir ses appareils moteurs immobilisés.

La guerre russo-japonaise a montré encore qu'il est impossible de laisser la petite artillerie sans protection. Comme elle est surtout destinée à agir soit pendant un combat, soit après, il faut qu'elle soit conservée intacte pour le moment de son action. Cela ne sera possible que si elle est sérieusement protégée. Le mieux serait probablement de placer les pièces de 75 millimètres dans les entreponts, en face des ouvertures des logements des officiers ou des hommes, c'est-à-dire dans les lieux où elle serait naturellement protégée.

Il faut prévoir le cas où le torpilleur sur lequel tirent des pièces de 75 millimètres leur échappe entre 3.000

et 1.000 mètres et il faut pouvoir disposer d'une arme qui, sans le couler, puisse démoraliser et tuer son personnel. Cette arme, c'est la mitrailleuse automatique à balles. Tirant avec une grande justesse jusqu'à 500 coups à la minute, elle est l'arme défensive par excellence contre le torpilleur qui est entré dans un rayon de 1.000 mètres autour d'un cuirassé. Quelle que soit la vitesse du torpilleur, la mitrailleuse l'arrêtera en le couvrant d'une pluie de balles si serrée qu'il sera impossible à son personnel d'y échapper. La mitrailleuse offre cette qualité précieuse qu'étant portative elle peut être placée, au moment du combat, un peu partout, dans les lieux protégés, tels que les chambres des officiers ou des sous-officiers, les postes des équipages, etc., et dans tout lieu découvert si l'on n'a pas à redouter l'artillerie des grands navires.

Avec un nombre suffisant de canons de 75 millimètres semi-automatiques et de mitrailleuses automatiques, il paraît peu probable qu'un cuirassé bien tenu, armé d'hommes bien instruits, puisse permettre à un torpilleur de s'approcher assez pour que la torpille soit lancée dans de bonnes conditions. On a vu combien peu les attaques de torpilleurs ont réussi dans la guerre russo-japonaise; elles réussiront encore bien moins désormais : d'abord parce que la légende de terreur qui les environnait est dissipée ; ensuite parce qu'il est facile de doter les cuirassés de l'artillerie appropriée à leur destruction ou à la suppression de leur personnel.

J'ai à peine besoin de rappeler ici que la guerre russo-japonaise a détruit aussi cette autre légende, d'après laquelle un cuirassé frappé par une torpille automobile était un cuirassé destiné à sombrer immédiatement. Cette légende pouvait être acceptée à l'époque où les cuirassés n'étaient ni compartimentés ni cloisonnés dans les fonds. Elle ne peut plus, aujourd'hui, être accueillie que par les ignorants ou ceux qui ne veulent pas savoir.

La torpillerie des cuirassés d'après les enseignements de la guerre.

Il est une question d'importance secondaire qui me paraît avoir été résolue par la guerre russo-japonaise : je veux parler de la torpillerie des vaisseaux de ligne cuirassés. On sait que la coutume, dans toutes les marines, est d'armer ces navires d'un certain nombre de torpilles, dont les tubes de lancement sont placés tantôt au-dessus, tantôt au-dessous de l'eau. Cette pratique avait sa raison d'être alors que l'on envisageait l'éventualité de corps à corps entre vaisseaux de ligne, et que l'on prévoyait les attaques par l'éperon. Dans ces deux conditions de combat, les torpilles constituaient une arme de grande importance. Lancées au moment où les navires étaient très rapprochés l'un de l'autre, elles devaient à peu près nécessairement atteindre le but et produire des dégâts sérieux. Aujourd'hui, il n'y a plus guère de marins qui songent à l'abordage ou à l'éperonnage. Des navires aussi puissamment armés en grosse artillerie que le sont les cuirassés modernes se seraient coulés réciproquement avant de s'aborder ou, du moins, auraient subi des avaries tellement graves que le vainqueur serait hors d'état de jouir de sa victoire. L'abordage ne peut même pas être envisagé comme un acte de désespoir que commettrait un cuirassé privé de l'usage de son artillerie, car il aurait sombré avant d'avoir atteint le navire ennemi.

Ainsi qu'il ressort des enseignements de la guerre

russo-japonaise, plus l'artillerie fait des progrès en puissance et en précision et plus il y a tendance, de la part des commandants d'escadres, à engager le combat à grande distance et à ne pas trop se rapprocher de l'ennemi. N'est-ce pas le meilleur moyen qu'ils aient de tirer profit de l'habileté de leurs canonniers? Il n'est pas douteux, par exemple, que l'amiral Togo doit la majeure partie de son succès à la supériorité de ses artilleurs ; or, cette supériorité aurait perdu beaucoup de ses avantages si l'amiral Togo avait conduit ses navires très près de ceux de l'escadre russe.

Pour toutes ces raisons, il paraît probable que les cuirassés n'auront jamais, dans l'avenir, à faire usage de leurs torpilles.

D'autre part, les torpilles tiennent une place considérable, sur des navires où il n'y en a jamais assez, et elles sont une source permanente de danger. On doit toujours redouter qu'un choc les fasse éclater dans l'intérieur même du bâtiment, en occasionnant des dégâts beaucoup plus graves que ceux résultant d'une torpille ennemie.

J'estime donc que nous devons supprimer le service de la torpillerie sur nos vaisseaux de ligne cuirassés.

La même conclusion peut être formulée au sujet des croiseurs cuirassés. On peut même dire qu'elle s'impose plus logiquement encore pour ceux-ci que pour les cuirassés de ligne ; car en raison de la faiblesse relative de leur protection, les croiseurs sont appelés à agir surtout à de grandes distances, de manière à éviter autant que possible les coups perforants.

§ 2. — L'ARMEMENT DES CROISEURS ET DES PETITS NAVIRES, D'APRÈS LES ENSEIGNEMENTS DE LA GUERRE.

Quant à l'armement des croiseurs cuirassés en artillerie, il est déterminé par leur nature même. La très grosse artillerie leur serait inutile puisqu'ils sont incapables de se battre contre les cuirassés. Mais, comme ils sont exposés à rencontrer, dans leurs opérations contre les navires de commerce ou les ports et dans leur circulation entre les escadres ou entre celles-ci et la terre, des croiseurs cuirassés étrangers, il ne faut pas que l'on sacrifie trop, chez eux, l'offensive à la vitesse et au rayon d'action. Il est indispensable qu'ils soient dotés d'une puissance offensive et d'une protection telles qu'ils ne soient pas contraints de fuir devant leurs similaires étrangers, quand ils auraient intérêt, pour un motif quelconque, à accepter le combat.

Dans la plupart des marines étrangères, les croiseurs cuirassés du plus fort tonnage n'ont comme grosse artillerie que des pièces d'un calibre variant entre 190 et 200 millimètres et une moyenne artillerie formée de pièces de 152 millimètres. Cependant, la marine anglaise montre une tendance à augmenter le calibre de toute l'artillerie de ses croiseurs cuirassés. Ceux du type *Achilles,* qui sont les plus récents et dont le déplacement est de 13.550 tonnes, sont armés de 6 pièces de 234 millimètres, de 4 pièces de 190 millimètres, et de petite artillerie à tir rapide. Cette conception nous paraît erronée. Ces navires ne sont protégés que par une cuirasse ayant 152 millimètre à la flottaison et 76 millimètres dans le haut; il leur serait, par conséquent, impossible de se battre avec de véritables cuirassés. D'un autre côté, les croiseurs cuirassés étrangers avec lesquels ils peuvent être appelés à se mesurer n'ayant pas une protection supérieure à 15 ou 17 centimètres à la flottaison, le calibre de 234 millimètres est supérieur à celui qui leur serait nécessaire contre cette sorte de bâtiments. Or, pour mettre sur l'*Achilles* 6 pièces de 234 millimètres, la marine anglaise a dû renoncer presque entièrement à leur donner une moyenne artillerie : celle-ci n'est représentée, en effet, que par 4 pièces de 190 millimètres.

En tenant compte des enseignements de la guerre russo-japonaise, en même temps que des indications du raisonnement scientifique, il est permis de penser qu'il vaut mieux donner aux croiseurs cuirassés une très nombreuse artillerie moyenne que de sacrifier cette dernière à une grosse artillerie dont le nombre des pièces est nécessairement limité et dont le calibre n'est proportionné ni à la protection du bâtiment, ni à celle des bâtiments contre lesquels il est appelé à combattre.

Aussi le Conseil supérieur de notre marine m'a-t-il paru mieux inspiré que l'amirauté anglaise, lorsqu'il a placé sur nos croiseurs du type *Gambetta* : 4 pièces de 194 millimètres et 16 pièces de 164,7 millimètres qui peuvent tirer trois coups à la minute. Avec ses pièces de 194 millimètres le *Gambetta* pourrait perforer sans peine tous les blindages de l'*Achilles*, tandis qu'il le couvrirait de mitraille avec ses pièces de 164,7 millimètres à tir rapide. Les projectiles de 164,7 millimètres pourraient même perforer la ceinture de l'*Achilles* et n'éclater que dans l'intérieur du navire, en y faisant d'affreux ravages.

En résumé, il faut chercher pour les croiseurs cuirassés, comme pour les cuirassés, cet état harmonique de toutes les qualités d'où résulte la supériorité d'un navire de guerre sur ses similaires. Donner une grosse artillerie à un navire qui n'est que moyennement protégé, c'est faire un hybride qui, par ce seul fait, risquera d'être inférieur aux types harmoniquement spécialisés en vue d'un rôle militaire bien déterminé. Aux cuirassés qui sont fortement protégés convient une certaine proportion de grosse artillerie aussi puissante que possible ; aux croiseurs cuirassés qui ne peuvent être que faiblement protégés convient seulement une moyenne artillerie aussi nombreuse et aussi rapide que possible.

Quant à la petite artillerie des croiseurs cuirassés, elle prête aux mêmes considérations que celle des vaisseaux de ligne cuirassés. Sur les croiseurs cuirassés du type *Achilles*, la marine anglaise a placé 20 canons de 76 millimètres et 8 de 47 millimètres. Sur ceux du type *Gambetta*, notre marine a placé 24 pièces de 47 millimètres et 2 pièces de 37 millimètres. J'estime que sur les croiseurs cuirassés que nous aurons à construire plus tard il ne faudra mettre que des pièces de 75 millimètres semi-automatiques et des mitrailleuses, comme sur nos nouveaux vaisseaux de ligne cuirassés.

La guerre russo-japonaise fournit indirectement quelques leçons relatives à l'armement en artillerie qui convient le mieux aux contre-torpilleurs et aux torpilleurs. On a vu que dans une foule de circonstances ces petits navires avaient eu entre eux de véritables combats et que leurs flottilles rendaient de grands services aux Japonais pour la surveillance du blocus de Port-Arthur et la protection des grands navires. En vue de ces différents services, nos contre-torpilleurs les plus récents sont armés de : 1 canon de 65 millimètres et 6 canons de 47 millimètres. Il y aurait avantage, sans aucun doute, à remplacer cette artillerie par des pièces de 75 millimètres à tir semi-automatique et par des mitrailleuses. Celles-ci leur rendraient de grands services contre les torpilleurs, dont il importe surtout de détruire le personnel.

CHAPITRE IV

LE BLOCUS ET L'ATTAQUE DES PORTS DE GUERRE D'APRÈS LES ENSEIGNEMENTS DE LA GUERRE RUSSO-JAPONAISE

L'une des leçons les plus intéressantes de la guerre russo-japonaise est celle qui nous est donnée par le siège de Port-Arthur.

Pendant longtemps on a discuté la question de savoir si, dans l'attaque des batteries de côte par des escadres cuirassées, l'avantage doit revenir, en principe, aux batteries ou aux escadres.

La guerre hispano-américaine avait fourni une première réponse expérimentale à cette question, déjà résolue par le raisonnement scientifique et les expériences du temps de paix, dans le sens d'une quasi-invulnérabilité des batteries hautes de côtes par les navires. Pendant le blocus de Santiago de Cuba par l'escadre des États-Unis, des tentatives très sérieuses avaient été faites par celle-ci pour détruire un fort situé à l'entrée du goulet qui conduit dans la rade intérieure. Elles n'avaient pas réussi. Un très grand nombre de projectiles de gros et moyen calibre avaient été lancés contre le fort sans obtenir aucun résultat.

La conduite de l'escadre japonaise pendant le siège de Port-Arthur a pleinement confirmé ces premières indications expérimentales. Au début de la guerre, on put croire que les Japonais avaient l'intention de s'emparer de ce port par mer ; mais, qu'avant de le tenter, ils voulaient détruire la flotte russe. La suite des événements permet de penser que l'on s'était trompé.

Ayant réduit à l'impuissance, dans la nuit du 8 au 9 février 1904, trois navires russes, dont deux cuirassés, l'amiral Togo pouvait croire, non sans raison, que les autres n'oseraient pas sortir d'eux-mêmes pour lui offrir le combat. Aussi, dès le 9 février au matin, tenta-t-il de les y contraindre en dirigeant une attaque très vive contre Port-Arthur. La première dépêche officielle envoyée par l'amiral Alexeieff rendait compte de cette opération dans les termes suivants : « Une escadre japonaise com- « posée de 15 cuirassés et croiseurs a commencé aujour- « d'hui à bombarder Port-Arthur. La citadelle a riposté « aussitôt et notre escadre a levé l'ancre pour prendre « part au combat. » D'après ce bref récit, il est évident que l'amiral Togo avait la pensée d'attirer l'escadre russe au large et de lui livrer un combat dans lequel, en raison des torpillages de la nuit, elle se serait trouvée en état d'infériorité manifeste[1]. L'escadre russe refusa de sortir, afin de rester sous la protection des forts et de

1. L'escadre de Port-Arthur se composait à ce moment de : 7 cuirassés : *Cesarevich*, *Poltava*, *Petropavlovsk*, *Sevastopol*, *Peresviet*, *Pobieda* et *Retvisan* ; 1 croiseur cuirassé : *Bayan* ; 6 croiseurs protégés : *Bogatyr*, *Askold*, *Diana*, *Pallada*, *Boyarin* et *Novik* ; des croiseurs démodés et sans valeur militaire comme le *Rasbâgnik* et le *Zabryaka* ; 2 contre-torpilleurs et 12 torpilleurs dont une partie à Vladivostock.

L'escadre japonaise comprenait, au début de la guerre : 6 cuirassés : *Hatsusé*, *Asahi*, *Shikishima*, *Mikasa*, *Yashima* et *Fugi* ; 6 croiseurs cuirassés : *Tokiwa*, *Asama*, *Yakumo*, *Azuma*, *Idzumo* et *Iwate* ; 15 croiseurs protégés : *Takasago*, *Kasuga*, *Schitose*, *Itsukushima*, *Schirjoda*, *Haschidate*, *Matsushima*, *Yoshino*, *Naniwa*, *Takaschio*, *Akitsushima*, *Niitaka*, *Tsushima*, *Suma* et *Akashi* ; quelques navires sans valeur ; 17 contre-torpilleurs et 58 torpilleurs.

permettre aux deux cuirassés torpillés de prendre part au combat. Le télégramme suivant envoyé par le chef d'état-major de l'amiral Alexeieff peu de temps après le premier, prouve qu'elle agit peut-être sagement en refusant de s'éloigner de la rade. « Aujourd'hui vers onze « heures du matin, une escadre japonaise, composée de « 15 cuirassés et croiseurs s'est approchée de Port-Arthur « et a ouvert le feu. Au feu de l'ennemi a répondu celui « des batteries de côte de la citadelle et de notre escadre « qui a pris part au combat. Vers midi, l'escadre japo- « naise a cessé le feu et s'est dirigée vers le Sud. Nous « avons eu 2 officiers de marine et 41 soldats d'infanterie « de marine blessés et 9 tués ; 1 homme des batteries de « côte tué et 3 blessés. Le cuirassé *Poltava* et le croiseur « de 1re classe *Novik* ont reçu chacun une avarie dans la « partie située au-dessous de la ligne de flottaison. »

Le combat n'avait duré qu'une heure ; un rapport officiel de l'amiral Togo, daté du 18 février, dit même quarante minutes. « Le 9 à midi, dit-il, la flotte s'avança au « large de la baie de Port-Arthur et attaqua l'ennemi pen- « dant quarante minutes, en lui causant je crois beau- « coup de dégâts. J'estime que l'ennemi a été très démo- « ralisé. Il cessa le combat à une heure et sembla battre « en retraite dans le port. La flotte japonaise n'a subi que « des avaries sans importance et sa valeur combative « n'est nullement amoindrie. Nos pertes ont été de 4 tués « et de 34 blessés. »

On remarquera que d'après les Russes ce sont les Japonais qui ont pris l'initiative de cesser le feu et de se retirer, tandis que d'après les Japonais ce serait l'escadre russe qui aurait cessé le feu la première en battant en retraite vers le port. Sans nous arrêter à ces assertions tendancieuses et fort explicables de la part de deux belligérants ayant un égal amour-propre, nous constatons simplement la brièveté du combat. Il est manifeste que la manœuvre des Japonais avait échoué ; ils voulaient attirer l'escadre russe au large, celle-ci était restée sous la protection des forts ; et les Japonais durent comprendre qu'ils risqueraient gros en se maintenant à la portée de l'artillerie des batteries de côte[1].

1. Il semble bien que dès cette époque, c'est-à-dire après les avaries subies par les cuirassés *Cesarevich* et *Retvisan*, les autorités russes résolurent de ne pas exposer l'escadre de Port-Arthur à un combat avec l'escadre japonaise qui aurait pu lui être funeste, et d'attendre pour utiliser ses services qu'une nouvelle escadre russe eut été envoyée d'Europe. On a prêté au général Kouropatkine des observations où ces vues sont formellement exposées. Elles auraient été justes si Port-Arthur avait pu tenir jusqu'à l'arrivée des escadres de Rodjesvensky et de Nebogatoff. « Notre flotte ne nous sert de rien « en ce moment, aurait dit Kouropatkine au mois de mars 1904 « (V. *Monit. fl.*, 26 mars 1904), et le mieux qu'elle ait à faire est de « rester embossée à Port-Arthur. Elle y est bloquée, et, non seule« ment elle est numériquement inférieure à la flotte ennemie, mais « encore, tandis que les Japonais ont des docks excellents pour « réparer leurs avaries, nous en manquons, nous, et il en résulte « une cause nouvelle et considérable d'infériorité. Le seul service « que puisse donc nous rendre notre escadre est de retenir les « Japonais autour de Port-Arthur et de Vladivostock. Mais cette « infériorité ne sera pas éternelle et, en août, la flotte nous sera « d'un secours puissant. A ce moment, la nouvelle escadre que « l'on met en état à Cronstadt sera en mer ; elle quittera Cronstadt « fin mai ou commencement de juin, elle emmènera avec elle des « bateaux charbonniers, et, jointe à l'escadre actuellement inutile « dans la mer Rouge, de l'amiral Wirenius, elle nous apportera dans « le Pacifique un contingent supplémentaire de 8 cuirassés, 7 crois« seurs, dont 4 croiseurs cuirassés et 32 torpilleurs de haute mer. « Elle débloquera Port-Arthur et, ce jour-là, les proportions étant « renversées, nous pourrons, à chaque vaisseau japonais, opposer « un vaisseau et demi. A ce moment, nous espérons avoir repoussé « les Japonais du continent et les acculer à la mer. Et nous atten« drons de la flotte deux choses : d'abord qu'elle coule tous les « transports japonais qui, tant bien que mal essayeront de rame« ner les régiments dispersés, ensuite, qu'elle couvre ses propres « transports chargés de troupes russes de débarquement, car, a dit « le général, nous irons au Japon. Retenez bien ceci. L'Europe peut

N'ayant pas pu décider l'escadre russe à sortir de la rade de Port-Arthur pour accepter le combat qu'ils lui offraient, et profitant de ce que les grands navires de cette escadre étaient rentrés dans le port intérieur, les Japonais formèrent le projet de fermer l'entrée du port. L'escadre russe serait ainsi embouteillée et ne pourrait plus prendre part à la guerre pendant un temps plus ou moins long. Peut-être même Port-Arthur serait-il pris avant qu'elle en fût sortie.

La réalisation de ce projet fut tentée pendant la nuit du 23 au 24 février 1904. C'est le cuirassé russe *Retvisan*, torpillé dans la nuit du 8 au 9 février et resté échoué au fond de la rade, près de l'entrée du goulet du port, qui la fit échouer. L'amiral Alexeieff rend compte de l'opération de la façon suivante [1] : « Le 24 février, à 2 h. 45 du matin, « en pleine nuit, l'ennemi tenta d'attaquer le *Retvisan*, à « l'aide de plusieurs torpilleurs, afin de le faire couler à « l'entrée du port. A cet effet, deux grands vapeurs chargés « de matières inflammables secondaient les torpilleurs « ennemis. Ayant aperçu les torpilleurs le premier, le « *Retvisan* les accueillit par un feu énergique. Ensuite, « soutenu par les batteries du fort, il détruisit deux va- « peurs qui se dirigeaient sur lui. L'un d'eux alla s'échouer « sur les écueils, près du phare de la presqu'île du Tigre, « l'autre coula à proximité de la montagne d'Or. On a « combiné les feux contre les torpilleurs jusqu'à ce matin. « Alors on a découvert 4 vapeurs détruits; 8 torpilleurs « s'éloignant lentement, se dirigeaient vers le gros de

« intervenir, parler, s'entremettre, agir comme et quand elle vou- « dra. Nous ne nous occuperons pas d'elle. C'est à Tokio que nous « signerons la paix. Nous ne signerons la paix qu'à Tokio. »

1. *Moniteur de la flotte*, 27 février 1904, p. 3, col. 3.

« l'escadre qui se tenait au large. Les hommes apparte-
« nant aux grands vapeurs se sauvaient sur des embarca-
« tions. Une partie fut noyée ; une partie fut recueillie
« par les torpilleurs japonais. Nous faisons des recherches
« sur la côte. L'entrée du port reste libre. L'échec du plan
« ennemi est complet, grâce à l'excellente résistance et au
« feu meurtrier du *Retvisan*. Un vapeur continue de
« brûler. Nous avons aperçu dans le port quelques tor-
« pilles flottantes. Au loin nous voyons l'ennemi séparé en
« deux divisions. » Les rapports japonais confirment, à quelques détails près, ce récit. L'intention de l'amiral Togo était bien de fermer le goulet qui fait communiquer la rade avec le port intérieur. Il avait armé pour cela quatre vapeurs avec des marins auxiliaires et quelques officiers. Ces vapeurs étaient chargés de pierres et devaient se couler dans le goulet. Ils en furent empêchés par le *Retvisan* et durent se faire sauter avant d'avoir atteint leur but[1].

Après cette tentative, il y eut dans la nuit du 24 au 25 février et le 25 février vers 9 heures du matin, un échange de coups de canon entre des navires japonais et des croiseurs russes protégés par les forts de la place, tout cela sans intérêt.

Une nouvelle attaque de la place par mer eut lieu le 10 mars 1904. Elle commença dans la nuit par un combat entre torpilleurs et contre-torpilleurs russes et japonais, les premiers appuyés par les projecteurs et l'artillerie des forts de la place. Un contre-torpilleur russe, le *Steregoutchy* fut coulé. L'escadre japonaise appuyait ses petits navires ; elle empêcha les vapeurs *Novik* et *Bayan* de porter secours au *Steregoutchy* dont une partie de l'équipage se noya et

1. Voir *Moniteur de la flotte*, 5 mars 1904, p. 5, col. 2.

l'autre fut faite prisonnière. Une dépêche de l'amiral Alexeieff dit, au sujet de l'attaque de la place par l'escadre japonaise : « L'escadre ennemie ouvrit le feu à 8 h. 30 du « matin contre nos croiseurs et la forteresse. Cette flotte « était forte de 14 navires; son tir a été tout le temps « dirigé de derrière Liao-Tichan. » De son côté, l'amiral Makharoff, qui avait pris part à l'attaque, télégraphia à l'amiral Alexeieff : « A 9 heures, 14 navires ennemis « étaient rassemblés devant Port-Arthur et ont commencé « le bombardement avec les pièces de gros calibre de l'es- « cadre cuirassée, à une grande distance. Le bombardement « a duré jusqu'à une heure de l'après midi. On calcule que « l'ennemi a lancé 154 projectiles de 305 millimètres. Nos « navires n'ont subi que des dégâts insignifiants et ils « sont prêts à reprendre le combat. Leurs pertes sont d'un « officier légèrement blessé, un soldat tué et 4 blessés. « L'éclairage nocturne de nos projecteurs électriques des « batteries était très satisfaisant. Plusieurs fois, par des « coups isolés, les batteries ont forcé les torpilleurs enne- « mis à s'éloigner. Le jour, dès le début du bombarde- « ment, les canons de la forteresse ont répondu au feu « de l'ennemi... Un bombardement à une telle distance « doit être considéré comme inefficace... Un certain nom- « bre de projectiles étaient lancés à la distance de 12 kilo- « mètres. »

Cette attaque paraît n'avoir été, dans la pensée des Japonais, qu'un essai pour déterminer exactement les résultats qu'ils pourraient obtenir en bombardant la forteresse depuis la baie de Liao-Tichan. Dans cette position, leurs navires ne pouvaient être atteints ni par les bâtiments russes ni par les forts de terre; mais il importait de savoir si eux-mêmes pourraient obtenir quelques effets utiles. L'expérience montra qu'il n'y fallait pas compter. Ainsi que le faisait très justement remarquer l'amiral Makharoff, dans la dépêche citée plus haut, le bombardement avait lieu à trop grande distance pour qu'il pût être efficace.

A la suite de cette tentative inutile de bombardement, la flotte japonaise fit un nouvel essai d'embouteillage de l'escadre russe dans le port intérieur. Pendant la nuit du 26 au 27 mars, vers 2 heures du matin, 4 vapeurs de 2 à 3.000 tonnes, chargés de pierres et d'explosifs et munis de quelques canons de 25 millimètres, pénétrèrent dans la rade de Port-Arthur, convoyés par des torpilleurs ; ils se dirigèrent vers le goulet, dans le but de s'y faire couler afin de l'obstruer. Quoique protégés par un épais brouillard et malgré l'absence du *Retvisan* qui était entré dans le port pour s'y faire réparer, leur tentative échoua. Ils furent découverts à deux milles environ de l'entrée du port par les projecteurs des forts. Ceux-ci ouvrirent immédiatement le feu contre eux, ainsi que deux navires russes de garde dans la rade, le *Bobr* et l'*Otvajny*. Le contre-torpilleur russe *Silny* s'élança au devant d'eux et parvint à couler avec une torpille celui qui marchait en avant. Il eut à lutter lui-même contre les torpilleurs et contre-torpilleurs japonais qui convoyaient les steamers et il éprouva des avaries graves, mait put rentrer dans le port. Deux autres steamers s'échouèrent sur des roches au pied de la montagne d'Or ; le quatrième sombra avant d'avoir atteint l'entrée du goulet. Celui-ci resta libre. L'opération avait été appuyée de loin par l'escadre de l'amiral Togo, qui tirait sur les forts. Vers 4 heures du matin, elle se retira. La tentative d'embouteillage avait entièrement échoué[1].

1. Voir *Moniteur de la flotte*, 2-9 avril 1904, p. 5, col. 1. D'après

En somme, depuis le 8 février aucune attaque n'avait réussi ; on peut même dire qu'aucune attaque sérieuse n'avait été tentée. L'escadre japonaise se tenait toujours à grande distance, soit afin d'éviter l'artillerie des forts, soit par défiance des mines flottantes que les russes avaient semées dans la rade pour empêcher l'ennemi d'y pénétrer[1].

Les Japonais n'étaient pas sans avoir reconnu la présence de ces mines ; elles leurs inspirèrent la pensée d'en placer d'autres sur la route que les navires russes suivaient pour sortir de la rade ou y rentrer. Ils exécutèrent avec succès une opération de cette sorte dans la nuit du 12 au 13 avril 1904. La dépêche suivante, d'origine japonaise, raconte l'opération de la façon suivante[2] : « Les Japonais « avaient remarqué que les Russes, pour sortir du port et « y rentrer suivaient toujours la même route, évidemment « afin d'éviter leurs propres mines. Leurs navires prenaient « toujours l'alignement déterminé par les deux pyramides « situées sur le flanc de la colline des Cailles et qui sont

le rapport de l'amiral Togo, tous les hommes des brûlots purent être recueillis par les contre-torpilleurs japonais.

1. Au sujet des mines flottantes placées par les Russes autour de Port-Arthur, le *Moniteur de la flotte* du 19 mars reproduit la note suivante russe, d'allure officieuse : « L'amiral Makharoff a établi un « système complet de défense par des mines dormantes posées tout « autour de la péninsule entourant Port-Arthur. Ces mines s'éten- « dent jusqu'à environ 4.800 mètres au large. Les navires qui navi- « guent sous pavillon neutre devront dorénavant hisser leur pavillon « national lorsqu'ils se trouveront à une distance de 7 kilomètres « de terre, et, par signaux, communiquer leur destination aux « Russes. Ces navires seront amenés dans le port par des navires « russes. »

D'après des renseignements venus de Tokio au début de juin, « plus de 70 torpilles fixes furent détruites (par les Japonais) dans « la baie de Talien-Ouan ainsi que 30 torpilles flottantes ». Un transport japonais heurta une de ces torpilles et eut dix-huit hommes tués (*Moniteur de la flotte*, 18 juin 1904.)

2. *Moniteur de la flotte*, 23 avril 1904, p. 5, col. 1.

« éclairées pendant la nuit, évitant ainsi les bas-fonds « qui se trouvent d'une part sur la rive de la presqu'île du « Tigre et de l'autre sur la rive de la montagne d'Or. Les « Japonais ne pouvaient ignorer cet alignement indi- « qué sur les cartes et pouvaient ainsi sûrement placer « des torpilles sur la route suivie par les navires russes. » C'est ce qui fut fait dans la nuit du 12 au 13, grâce à l'obscurité et à la pluie, sans que les Russes s'en doutassent. Un rapport officiel de l'amiral Togo dit à ce sujet : « La « 4e et 5e flottilles de destroyers, la 14e flottille de torpil- « leurs et le vapeur *Koyo-Maru* atteignirent l'entrée de « Port-Arthur le 12 à minuit et ont effectué la pose de « torpilles en plusieurs endroits de la rade en défiant les « projecteurs ennemis [1]. »

Le lendemain matin, 13 avril, une division navale japonaise, composée de simples croiseurs protégés, se présenta devant la rade, dans le but d'attirer l'escadre russe par l'appât d'une proie facile. Le jeu réussit d'autant mieux que des destroyers japonais apercevant, dès l'aube, un contre-torpilleur russe, le *Strachny*, qui rentrait dans la rade, le coulèrent. L'amiral Makharoff lui-même sortit du port sur le cuirassé *Petropavlovsk*, accompagné par les cuirassés *Pobieda* et *Peresviet* et par les croiseurs *Novik*, *Askold* et *Diana*. Dès qu'il fut sorti de la rade, les croiseurs japonais se retirèrent, en prévenant par la télégraphie sans fil l'escadre de l'amiral Togo qui attendait le résultat de la manœuvre à 30 milles au large. Les navires russes ouvrirent le feu sur les croiseurs japonais qui, d'après un rapport officiel de l'amiral Togo, « répondirent « lentement et, en se retirant graduellement, les attirèrent

1. *Moniteur de la flotte*, p. 4, col. 3.

« à 15 milles sud-est du port. A ce moment, la première « escadre apparut soudain devant l'ennemi et l'attaqua[1] ». L'amiral Makharoff, se voyant en face de forces très supérieures aux siennes, dut renoncer à les attaquer et se retirer à l'abri des forts de la place. C'est en rentrant dans la rade que le *Petropavlovsk,* sur lequel il avait son pavillon, heurta l'une des mines posées la nuit précédente par les Japonais et sauta. Un autre cuirassé russe, le *Pobieda,* ne tardait pas à son tour à heurter une autre mine, mais il n'eut que des avaries. Certains faits permettent de supposer que la mine sur laquelle le *Petropavlovsk* se heurta, éclata au niveau de ses soutes à munitions qui, en explosant, déterminèrent la perte immédiate du cuirassé[2]. Le *Pobieda* fut plus heureux. Un rapport du prince Ouchtoms-

1. *Moniteur*, p. 4, col. 3; voir aussi p. 5, col. 3, le récit suivant de la perte du *Petropavlovsk* par un matelot : « Nous arrivions du large. « Les croiseurs ennemis nous apparurent ralliant le gros de leur « escadre. Nous tirâmes sur eux seize coups de canon qui les firent « s'éloigner. Nous aperçûmes ensuite seize bâtiments. Nous étions « neuf seulement et nous retournâmes. Eux, ils ont presque tous des « croiseurs cuirassés; nous, nous n'avions que le *Bayan*. Nous ren- « trâmes dans la rade. Le *Petropavlovsk* s'avançait en tête. Moi, « j'étais debout sur la passerelle aux compas. Je donnais les signaux « d'après le livre des signaux lorsqu'on me communiqua le dernier « ordre de l'amiral : « Faites rentrer les torpilleurs au port ! » Le « *Petropavlovsk* ralentit sa marche comme s'il allait stopper. Tout « à coup le navire trembla; une explosion formidable retentit; puis « une seconde, puis une troisième. Le coup me sembla provenir « d'en dessous du pont, du milieu du bâtiment. Aussitôt je me jetai « aux portes de la passerelle d'où sortait un officier, probablement « le pilote. Alors je me précipitai par la fenêtre; le navire penchait. « Sur le pont, j'aperçus l'amiral Makharoff; il était couché sur le « ventre, baignant dans son sang. Je courus à lui afin de le soule- « ver, mais notre bateau sembla à ce moment tomber dans l'abîme. « De toutes parts pleuvaient des débris, quelque chose bourdonnait, « on percevait comme un grondement de tonnerre; la fumée « s'échappait en jets effrayants; une grande gerbe de feu monta au « ciel. Je me souviens encore qu'au moment où je fus jeté à l'eau, « la mâture tomba, puis, plus rien. »

2. Voir *Moniteur*, 30 avril, p. 4, col. 1. *Ibid.*, 7 mai, p. 6, col. 2.

ky, qui prit le commandement après la mort de l'amiral Makharof, dit à ce sujet : « Pendant la manœuvre de l'escadre, le cuirassé *Pobieda* a reçu un coup de mine au milieu « du côté droit de la cuirasse. Il est rentré de lui-même dans « le port. Il n'y a pas eu de blessé [2]. » Ce fait est intéressant parce qu'il prouve que même les mines flottantes ne sont pas toujours mortelles pour les grands navires contre lesquels elles éclatent.

Peu de jours après la perte du *Petropavlosk* et la blessure grave du *Pobieda,* une chaloupe russe, le *Yenissei,* qui inspectait la rade pour découvir les mines flottantes, se heurta contre une de ces mines et sauta.

Le lendemain de la perte du *Petropavlovsk,* l'amiral Togo profita de l'émotion produite par cet événement et par la mort de l'amiral Makharoff pour attaquer de nouveau la place avec toute son escadre. « Le 14 avril, dit-il « dans son rapport officiel, nos flottes se dirigèrent vers « Port-Arthur. La 2e, la 4e et la 5e flottilles de destroyers et « la 9e flottille de torpilleurs les rejoignirent à 3 heures du « matin et la 3e flotte à 7 heures. Aucun navire ennemi « dans la rade extérieure. Notre première escadre arriva « à 9 heures du matin le 15 et découvrit trois torpilles « posées par l'ennemi, qu'elle détruisit. Le *Kasuga* et le « *Nisshin* envoyés à l'ouest de Liao-Tichan, procédèrent « à un bombardement indirect pendant deux heures. « C'est la première fois qu'ils prenaient part à l'action. « Les nouveaux forts de Liao-Tichan furent réduits finalement au silence. Nos flottes se retirèrent à 5 heures et « demie de l'après-midi [1]. » Il semble que l'amiral Togo ait voulu, par cette faible attaque, provoquer une sortie

1. *Moniteur de la flotte,* 16 avril 1904, p. 5. col. 2.

des navires russes; mais ceux-ci étaient encore sous le coup des événements de la veille. Ils devaient redouter non seulement le feu de l'escadre japonaise, mais encore les mines qui venaient de leur faire tant de mal en accroissant la force relative des Japonais.

Ce moment du blocus peut être considéré comme marquant le triomphe des mines flottantes. A partir de ce moment, la rade de Port-Arthur est un objet de crainte pour tous les navires belligérants, crainte d'autant plus légitime que les mines flottantes sont assez facilement entraînées par les courants et ne peuvent plus être repérées même par ceux qui les ont posées. Une dépêche de source japonaise du 25 avril 1904, disait à ce propos : « Les « nombreuses mines explosant par contact qui flottent « toujours entre Port-Arthur et Dalny forcent les compa- « gnies japonaises de navigation qui font le service de la « mer Jaune et des côtes du Petchili, à renoncer à tout « voyage au delà de Chemulpo. Le croiseur japonais « *Asama* en a fait sauter quelques-unes qu'il avait décou- « vertes à 40 milles du promontoire de Chan-toung. Il est « notoire que les tempêtes et la force du courant ont « détaché un grand nombre de mines. Plusieurs d'entre « elles ont déjà été découvertes et détruites, mais on « craint que beaucoup d'autres encore ne flottent à l'aven- « ture et ne soient portées vers le Sud par les courants. La « navigation est dangereuse, même le jour, parce que « quelques-unes de ces mines flottent entre deux eaux. « On n'a pas encore trouvé le moyen pratique de débar- « rasser la mer de ce danger pour la navigation [1]. »

Un mois plus tard, le 20 mai, le cuirassé japonais *Hat-*

1. *Moniteur de la flotte*, 23 avril 1904, p. 4, col. 3.

sussé touchait des mines et avait le même sort que le *Petropavlovsk*. Voici en quels termes l'amiral Togo rendait compte de l'événement : « Pendant que la flotte surveillait « l'ennemi en vue de Port-Arthur, le cuirassé *Hatsuse* est « venu heurter une torpille automatique russe. Il a eu « son gouvernail endommagé et il a envoyé un signal « demandant un navire pour qu'on pût le remorquer. Ce « navire lui a été envoyé, mais un autre signal a apporté « la nouvelle lamentable que le *Hatsuse* a heurté une « autre mine et avait immédiatement coulé. Le *Hat-* « *suse* se trouvait alors à 10 milles en vue du promon- « toire de Liao-Tichan. Il n'y avait aucun ennemi en vue ; « 300 hommes, tant officiers qu'équipages ont été sauvés « par nos croiseurs, y compris l'amiral Nashila et le capi- « taine Nakao. Le navire a coulé en trente minutes. Pen- « dant qu'il coulait, 16 torpilleurs et contre-torpilleurs « russes se sont présentés. Ils ont été chassés par notre « flotte [1]. » Le même jour, par suite de la présence d'un brouillard très épais, le croiseur japonais *Yo-Shino* fut coulé dans une collision avec le *Kasuga*. Le 5 juillet suivant, le *Kaïnon*, vieux croiseur protégé japonais, était coulé, à son tour, par une mine [2].

Les mines constituaient, en réalité, un tel danger pour les deux flottes que les attaques de Port-Arthur par mer dev[illegible]nt impossibles. Les Japonais ne paraissaient plus av[illegible]ention d'y procéder ; mais dans la nuit du 2 au 3 mai, ils firent une nouvelle tentative d'embouteillage du port intérieur. Une douzaine de vapeurs de 3.000 tonnes environ furent employés à l'opération. On les avait multi-

1. *Moniteur de la flotte*, 30 avril 1904, p. 4, col. 2.

2. *Moniteur de la flotte*, 21 mai 1904, p. 4, col. 3 et 28 mai 1904, p. 6, col. 2.

pliés afin d'avoir plus de chances d'en conduire au moins un au but. Cependant, cette fois encore, les steamers furent découverts par les projecteurs des forts et coulés par les batteries ou par des canonnières russes ; quelques-uns heurtèrent des mines russes et sautèrent. Le goulet resta libre.

Pendant que tous ces faits se produisaient, on réparait, dans le port intérieur, les navires torpillés dans la nuit du 8 au 9 février. Lorsqu'ils furent en état de combattre, l'amiral Witheft fit une sortie avec tous ses navires. Il voulait probablement tenter de gagner Vladivostok, mais il en fut empêché par l'escadre japonaise. Celle-ci était toujours en éveil, tenant le blocus à distance, mais prête à se jeter sur les navires qui essayeraient de s'éloigner de Port-Arthur.

La tentative de l'amiral Witheft eut lieu le 23 juin 1904. Commencée à 8 heures du matin, la sortie de ses navires ne put être achevée que vers 4 heures du soir, à cause des précautions qu'il fallait prendre pour éviter les mines flottantes semées dans la rade. On dut les faire enlever par des dragueurs que précédaient et protégeaient des contre-torpilleurs et des torpilleurs russes. Ceux-ci se trouvèrent bientôt aux prises avec leurs similaires japonais, dont le but était de contrarier les opérations de dragage.

L'escadre russe se composait du *Cesarevich* portant pavillon de l'amiral Witheft, du *Retvisan,* du *Pobieda,* du *Peresviet,* du *Sevastopol* et du *Poltava*, soit 6 cuirassés de ligne, du croiseur cuirassé *Bayan* et des croiseurs protégés *Pallada*, *Diana*, *Novik* et *Askold*. Dès que ces navires furent sortis de la rade, l'escadre japonaise, commandée par l'amiral Togo, leur offrit le combat. Les Russes l'évitaient manifestement, leur but étant de gagner Vladivostock, afin d'échapper à la prise de Port-Arthur. A 8 heures du soir, l'escadre russe se retira vers le port où elle rentra lentement, sans qu'il y eut bataille. Elle fut seulement attaquée par les torpilleurs et contre-torpilleurs japonais. Ceux-ci crurent avoir coulé un cuirassé russe du type *Peresviet*; le fait fut même annoncé par l'amiral Togo dans une dépêche officielle; mais il y avait erreur. Aucun navire russe ne fut endommagé par les torpilles. L'amiral Togo dit à propos de cette attaque de torpilleurs: « En raison du feu nourri on n'a pas aperçu d'autres effets « d'attaque (que la prétendue destruction d'un cuirassé « russe), la pluie de projectiles qui tombait autour de la « flottille, faisant rejaillir une trombe d'eau sur elle; les « lueurs des projecteurs électriques aveuglaient d'ailleurs « les Japonais [1]. » En somme, la tentative de sortie des Russes avait échoué; il n'y eut pas de bataille et aucun navire russe ou japonais ne fut sérieusement atteint, ni pendant le combat de torpilleurs qui eut lieu au moment de la sortie de l'escadre russe, ni pendant l'attaque de torpilleurs dont cette même escadre fut l'objet pendant qu'elle rentrait au port [2].

A part quelques petits combats de contre-torpilleurs ou torpilleurs russes et japonais, il n'y eut plus aucun fait sérieux de guerre jusqu'au 10 août. Ce jour-là, l'escadre russe fit une seconde tentative pour quitter Port-Arthur qui paraissait être sur le point de tomber aux mains de l'ennemi. Elle-même avait été bombardée dans le port même et à son mouillage par les troupes japonaises établies sur la montagne d'Or. Sa situation dans Port-Arthur

1. *Moniteur de la flotte*, 16 juin 1904.
2. Voyez *Moniteur de la flotte*, 2 juillet 1904, p. 4, col. 2.

était intenable ; il fallait qu'elle en sortît à tout prix. Elle n'avait plus qu'à choisir entre l'alternative d'être détruite sur place, sans faire aucun mal à l'ennemi ou de lui livrer une bataille dans laquelle il pouvait se faire qu'elle succombât, mais où plus d'un navire japonais serait sans doute détruit ou mis hors de service. Pour réussir dans cette tentative de sortie, le mieux eût été de l'opérer pendant la nuit, mais cela était rendu impossible par les mines flottantes dont la rade était peuplée, et contre lesquelles le *Petropavlovsk* avait déjà trouvé sa perte. Force était de sortir pendant le jour, afin d'éviter ce danger.

Cette sortie eut lieu le 10 août 1904, une dépêche officielle russe la raconte de la façon suivante : « Le 10 août, « dès l'aube, notre escadre commença à sortir en mer, et « elle quitta Port-Arthur à neuf heures du matin. Elle « était composée de 6 cuirassés (*Cesarevich* portant le « pavillon de l'amiral Witheft, *Sevastopol*, *Peresviet*, « *Pobieda*, *Poltava* et *Retvisan*) des croiseurs *Askold*, « *Diana*, *Pallada*, *Novik* et de 8 torpilleurs. Les Japo- « nais concentrèrent devant nous les forces suivantes : un « premier détachement composé des cuirassés *Asahi*, « *Mikasa*, *Fuji*, *Yashima*, *Shikishima* et des croiseurs « *Nisshin* et *Kasuga* ; un deuxième détachement composé « des croiseurs *Yakumo*, *Kasagi*, *Chitose*, *Takasago* ; un « troisième détachement composé des croiseurs *Akisut-* « *chima*, *Idzumi*, *Matsushima*, *Itsukushima*, *Hashidate* « et du cuirassé *Chin-Yen*, avec environ 30 contre-torpil- « leurs et torpilleurs. Notre escadre manœuvra de façon à « se frayer un passage à travers les navires ennemis. « Pendant ce temps, les torpilleurs japonais jetaient des « torpilles sur la route de l'escadre, dont ils rendirent la « manœuvre très difficile. A 1 heure de l'après-midi,

« l'escadre réussit, après quarante minutes de combat, à « se frayer un passage et à se diriger vers Chantoung. « L'ennemi suivait à toute vapeur, nous rejoignant lentement et il recommença le combat à 5 heures. Le combat « dura quelques heures avec des chances égales [1]. » A ce moment, l'amiral Witheft fut tué, le commandant du *Cesarevich* blessé et le cuirassé amiral atteint si gravement dans les manœuvres de son gouvernail qu'il tournait sur lui-même. Le désordre se mit alors dans l'escadre russe. Le rapport cité plus haut explique de la façon suivante la retraite que fit le *Cesarevich*. « Dès la tombée de « la nuit, le *Cesarevich* n'étant pas en état de suivre l'escadre, et la perdant de vue, prit la direction du Sud, « afin de gagner Vladivostock par ses propres moyens. « Pendant la nuit il subit des attaques de torpilles et dès « l'aube il se trouvait près de Chantoung. Ayant examiné « les avaries du cuirassé et déterminé leur gravité, le chef « de l'escadre constatant qu'il ne pourrait pas arriver à « Vladivostock, permit au commandant du navire de se « rendre à Kiao-Tchéou pour faire réparer le navire. « Arrivé à 9 heures du soir à Kiao-Tchéou, j'y trouvai le « croiseur *Novik* et le torpilleur *Bezschmny* [2]. Je suis « heureux d'attester à Votre Majesté la bravoure sans « exemple aussi bien des officiers que des matelots pendant ces terribles combats. [3] »

Tandis que le *Cesarevich* se dirigeait vers Kiao-Tchéou, le *Diana* fuyait vers la Cochinchine, le *Novik* vers Sak-

1. *Moniteur de la flotte*, 20 août 1904, p. 5. Voir aussi : *ibid.*, 27 août, p. 5, le rapport du contre-amiral Reitzenstein.

2. *Ibid.*, 20 août 1904, p. 5, col. 2.

3. Deux autres contre-torpilleurs, le *Retzpahtchdny* et le *Bezschmny* s'y réfugièrent aussi. Voir *Moniteur de la flotte*, 20 août 1904, p. 6, col. 3.

haline où il fut détruit [1]. L'*Askold* filait vers Shanghaï.

Le commandement de l'escadre russe était passé au prince Ouchtomsky. Il hissa son pavillon sur le *Retvisan* et signala de retourner à Port-Arthur. D'après le rapport de l'amiral Togo « l'ennemi paraissait subir de « graves avaries, et, à la longue, son feu se ralentit « considérablement, tandis que ses navires ne parvenaient « pas à conserver leur formation de combat [2]. » L'amiral Togo ajoutait : « Notre flotte n'a pas subi d'avaries im- « portantes. Le chiffre total des pertes est d'environ « 170 hommes. »

Dans ces conditions, il est permis de se demander pourquoi les Japonais ont laissé l'escadre russe rentrer dans Port-Arthur. Il n'est pas douteux qu'ils la tenaient à peu près à leur discrétion après la mort de l'amiral Witheft et le désordre occasionné par les avaries du *Cesarevich*. La seule raison qu'il soit possible de trouver à leur conduite, c'est que l'amiral Togo tenait à conserver son escadre intacte [3].

Il savait qu'une autre force navale russe allait se mettre en route pour l'Extrême-Orient et il était indispensable qu'il fût en état de la détruire. Si, dans un combat acharné contre l'escadre de Port-Arthur, il lui arrivait de perdre quelques-uns de ses cuirassés, il compromettait l'avenir. Et cela sans grand profit, car, rentrée à Port-

1. *Moniteur de la flotte*, 27 août 1904, p. 6, pour le *Diana* et le *Novik*; pour le *Novik*, *Moniteur de la flotte*, 3 septembre 1904, p. 6, col. 1.

2. *Ibid.*, 20 août 1904, p. 6, col. 1, et *ibid.*, 1er octobre, p. 3, col. 3.

3 On a dit aussi qu'il avait épuisé ses munitions et qu'il avait donné l'ordre de cesser le combat avant la mort de l'amiral Witheft et le désordre de l'escadre russe, mais cet on-dit n'a été confirmé par aucun renseignement digne de foi.

Arthur, l'escadre russe était condamnée à tomber entre les mains de l'armée assiégeante ou à être détruite dans le port même. L'amiral Togo dut donc voir avec plaisir le prince Ouchtomsky donner l'ordre à ses navires de regagner Port-Arthur. Sa satisfaction apparait nettement dans ces lignes de son premier rapport officiel sur la bataille : « L'*Askold*, le *Novik*, le *Cesarevich*, le *Pallada* et quelques contre-torpilleurs s'enfuirent vers le Sud, et les autres se réfugièrent probablement à Port-Arthur après l'attaque que nos flottilles de torpilleurs avaient opérée pendant la nuit [1]. »

Ce qui est plus étonnant, c'est que le prince Ouchtomsky n'ait pas compris que son intérêt était très différent de celui des Japonais et qu'il devait leur faire payer cher cette victoire restée douteuse pendant plusieurs heures. On a raconté que le dernier ordre transmis à l'escadre russe par l'amiral Witheft avant sa mort était : « Rappelez-vous les « ordres de l'empereur, de ne pas rentrer à Port-Arthur. » Or, les bâtiments qui rentrèrent à Port-Arthur étaient encore en état de combattre [2]. Le prince Ouchtomsky n'a donné aucune raison plausible de sa décision. Dans le télégramme officiel où il rend compte de la bataille, il dit simplement : « Le *Cesarevich* ayant des avaries à son « gouvernail quitta la ligne de combat et signala : « « L'amiral transfère le commandement. » Les moyens « ordinaires de signaler n'étant pas possibles à cause des « dégâts subis dans la mâture du *Peresviet* (navire sur « lequel était le prince), je signalai « Suivez-moi » sur la

1. *Moniteur de la flotte*, 20 août 1904, p. 6, col. 1.

2. On a dit que les Japonais, sur le point de prendre Port-Arthur, avaient demandé qu'on les leur remit intacts. *Moniteur*, 27 août 1904, p. 7, col. 2.

« dunette. J'imagine que tous les navires n'ont pas pu « distinguer ce signal. Ayant beaucoup de tués et de bles- « sés, et l'armement, la coque et les appareils électriques « étant gravement endommagés, je décidai de retourner à « Port-Arthur. Les cuirassés *Retvisan, Pobieda, Poltava,* « *Sevastopol* et *Cesarevich* et le croiseur *Pallada* m'ac- « compagnaient. Le *Cesarevich* était le dernier de la ligne. « Nous marchâmes à une vitesse moyenne; mais à cause « de l'obscurité et des attaques répétées des torpilleurs, « qui nous obligeaient à changer de temps en temps notre « route, les navires se dispersèrent dans la nuit, et à « l'aube, le *Retvisan*, le *Sevastopol*, le *Peresviet*, le *Po-* « *bieda*, le *Poltava*, le croiseur *Pallada* et trois torpil- « leurs étaient à Port-Arthur... Les réparations s'effectuent « avec les propres ressources des bâtiments et du port[1] ». La conduite du prince Ouchtomsky était tellement contraire aux intérêts de la Russie et aux ordres donnés à l'escadre par l'amiral Witheft avant sa mort, que les officiers généraux de Port-Arthur formèrent un conseil de guerre pour juger immédiatement le prince et pourvoir à son remplacement. Il fut déchu de son grade et remplacé par le capitaine de vaisseau Wiren que l'on nomma à cet effet contre-amiral[1]. Il était trop tard pour faire une nouvelle tentative de sortie. L'escadre de la Baltique était partie[2] sous les ordres de l'amiral Rodjestvensky...; on n'osait plus, à Port-Arthur, agir sans elle. On se berçait de l'espoir qu'elle arriverait avant la prise de la place et qu'on pourrait combiner une attaque dans laquelle l'escadre japonaise aurait à faire face en même temps à celle de l'amiral

1. Voir *Moniteur de la flotte*, 3 septembre 1904, p. 5, col. 3.

2. Voir sur ce sujet : *Moniteur de la flotte*, 15 octobre 1904, p. 5, col. 1.

Wiren et à celle de l'amiral Rodjestvensky. C'était compter, d'une part, sans les incidents qui devaient retarder la marche de l'escadre de la Baltique et, d'autre part, sans l'obligation où serait le général Stœssel de rendre la place avant l'arrivée de cette escadre.

Les Japonais comprenaient, de leur côté, de quelle importance était pour eux la prise de Port-Arthur, ils pressaient leurs opérations terrestres de siège, les conduisaient avec une extraordinaire vigueur et pouvaient, dès le mois de décembre, détruire par l'artillerie de leur armée assiégeante les navires russes que l'escadre avait ménagés dans la bataille du 10 août. Un télégramme de Tokio, 10 décembre 1904, publié par les soins de la légation du Japon, à Paris donnait en quelque sorte l'avis mortuaire de l'escadre de Port-Arthur : « Le commandant de l'artillerie navale, y était-il dit, rapporte « que le bombardement de vendredi a mis le feu à bord du « *Bayan*, qui donna de la bande à babord, en s'inclinant « de 25 degrés; il s'en est fallu de peu que le navire ne « chavirât. Le *Retvisan* et le *Poltava* sont submergés à « marée haute, jusqu'au pont supérieur- au-dessous de la « tourelle du gouvernail. Le *Pallada* et le *Pobieda* donnent considérablement de la bande, l'un à babord, l'autre « à tribord, exposant leur coque au-dessous de la ligne de « flottaison, et, à marée haute, ayant une partie de leur « pont supérieur battu par les flots. Le *Peresviet* est, à « marée haute, submergé, à l'arrière, jusqu'au pont d'arrière et à l'avant jusqu'au tube lance-torpilles. Le *Sevastopol* a changé son mouillage vendredi à l'aube et a jeté « l'ancre dans la rade extérieure, probablement dans le « but d'échapper à nos boulets. » J'ai raconté plus haut ce qui advint au *Sevastopol* après cette sortie. Quant aux autres, une dépêche de Tokio du 12 décembre les déclarait perdus : « L'état-major général rapporte qu'il est inutile « de continuer le feu contre 4 cuirassés, 2 croi- « seurs, 1 canonnière et 1 navire porte-torpille qui se « trouvent dans le port, et qui tous ont été mis complète- « ment hors de service. Ils dirigent donc leur tir mainte- « nant contre la ville elle-même [1]. » Enfin, une dépêche de Tokio, 24 décembre, signalait la fin du blocus de Port-Arthur par suite de la destruction de l'escadre dans le port même : « L'amiral Togo annonce que la plus grande par- « tie de l'escadre japonaise a quitté Port-Arthur, la flotte « russe étant complètement hors de combat. L'amiral « Togo félicite la flotte d'avoir rempli avec succès sa « tâche longue et laborieuse. Il exprime ses regrets au « sujet de la perte de l'aviso-torpilleur *Miyako,* du cui- « rassé d'escadre *Hatsuke,* du croiseur protégé *Yo-Shino,* « de la canonnière *Kaimon,* du garde-côtes *Hsi-Yen* et du « croiseur protégé *Sai-Yen* [2]. » Il y avait onze mois que la flotte japonaise bloquait Port-Arthur. Le 1er janvier 1905, le général Stœssel rendait la ville à l'armée assiégeante.

Il est de toute évidence qu'en décidant d'ouvrir les hostilités dans la nuit du 8 au 9 février 1904, par l'attaque des navires de Port-Arthur, le Japon se proposait de s'assurer la maîtrise de la mer dont il avait absolument besoin pour le transport de ses troupes.

Plus tard, c'est la même pensée qui lui inspire le blocus de Port-Arthur et qui détermine l'amiral Togo à tenter trois fois l'embouteillage de l'escadre russe. Tant que

1. *Moniteur de la flotte,* 17 décembre 1904, p. 51, col. 1.
2. *Ibid.,* 31 décembre 1904, p. 7, col. 3.

cette escadre est enfermée, les transports japonais circulent librement avec les troupes et les approvisionnements dont ils sont chargés.

Il est possible que le gouvernement japonais ait eu aussi la pensée de s'emparer de Port-Arthur par mer, à l'aide d'un coup de main tenté dès le début de la guerre. L'attaque du 9 février pouvait le faire croire. Cependant, même dans cette circonstance, l'escadre japonaise paraît avoir voulu plutôt attirer au large l'escadre russe affaiblie par les torpillages de la nuit précédente que diriger une opération sérieuse contre les forts. Celle-ci l'exposait à trop de risques pour qu'elle ait pu y songer. Quelques cuirassés mis hors de service par l'artillerie de la place, c'était l'équilibre rétabli entre les forces maritimes des deux belligérants, c'était la maîtrise de la mer devenue aléatoire. Cette dernière était assurée, au contraire, tant que la flotte russe resterait dans son port. Il me paraît donc probable que, dans aucune circonstance, les Japonais ne songèrent à détruire avec leur escadre les forts qui couvraient la place du côté de la mer. En cela, ils firent preuve de sagesse, car les quelques bombardements de Port-Arthur auxquels il leur arriva de se livrer ne produisirent aucun résultat.

Il en fut de même à Vladivostock. Le 6 avril 1904, une escadre composé de 7 navires, dont 1 cuirassé et 6 croiseurs, lança des obus contre les forts du front de mer de Vladivostock pendant cinquante-cinq minutes, en se tenant à une distance de 8 à 9.000 mètres, c'est-à-dire assez loin pour n'avoir pas à redouter l'artillerie de la place et pour obtenir un tir courbe. La terre ne répondit même pas à une attaque dont les effets furent tout à fait nuls. D'après un rapport officiel russe, « une maisonnette en bois fut tra-

« versée par un projectile provenant d'un canon de 305 « millimètres; une femme fut tuée dans la maison. Il « tomba un obus dans la cour de la caserne des équipa- « ges de la flotte, cinq matelots furent blessés légèrement. « Il n'y eut pas d'autres morts ni d'autres blessés. On ne « constata pas non plus de dommages matériels[1]. » Cette tentative n'a jamais été renouvelée.

En somme, il est permis d'affirmer que jamais les Japonais n'ont eu la pensée de diriger par mer une attaque sérieuse contre les forts russes, soit à Port-Arthur, soit à Vladivostock. Ils ont reculé manifestement devant les risques auxquels ils s'exposeraient dans de telles attaques sans qu'il fût possible de mettre en regard des avantages correspondants.

La conduite tenue par l'amiral Togo dans toutes ces circonstances vient à l'appui de l'opinion admise aujourd'hui par tous les hommes compétents, d'après laquelle les navires sont incapables, avec leur artillerie à trajectoire très tendue, de détruire les batteries de côte élevées, tandis que celles-ci se trouvent dans les conditions les plus favorables pour agir contre les navires.

Les projectiles lancés par les canons des navires passent en tir rasant au-dessus de la crête des parapets des batteries élevées, pour aller tomber beaucoup au delà de cette dernière, ou bien, s'ils atteignent les parapets, ils y éclatent dans la terre sans produire aucun effet. Au contraire, les projectiles lancés par la batterie frappent directement les flancs du navire si la trajectoire est très tendue ou bien tombent sur les ponts si la trajectoire fait une courbe à cause de la très grande distance du navire ou si le fort se

1. *Moniteur de la flotte*, 12 mars 1904, p. 5, col. 3.

sert d'obusiers. Disons en passant que les partisans de l'armement des batteries de côtes en obusiers deviennent de moins en moins nombreux, en raison de la difficulté d'atteindre un but mobile, de dimensions relativement peu considérables et qui se tient toujours à grande distance. Pour les batteries de côtes comme pour les navires, les artilleurs sont partisans des canons à trajectoire très tendue. Si la batterie est assez élevée et que la distance ne dépasse pas 6 à 7.000 mètres, ses projectiles peuvent tomber sur le pont avec assez de force de pénétration pour le traverser et éclater en dedans du navire en produisant de très grands dégâts; s'ils frappent le flanc du bateau, ils peuvent perforer les blindages et le faire couler.

Pour atteindre avec l'artillerie des navires le personnel ou le matériel d'une batterie de côte élevée, il faudrait employer un tir courbe qui exige un matériel spécial d'obusiers. Or, les obusiers ne conviennent pas aux navires à cause de l'instabilité de leur plate-forme. Les pièces à trajectoire tendue qui font la force offensive des navires dans les batailles navales, ne pourraient agir contre les batteries de côtes élevées qu'à la condition de tirer d'assez loin pour que leurs projectiles fissent avant d'atteindre le but, une courbe descendante d'au moins 6 degrés. Cette condition ne peut être réalisée avec les plus grosses pièces qu'à la distance de 8.000 mètres environ; mais à cette distance le tir ne peut avoir aucune sûreté. L'escadre japonaise en a fait l'expérience dans toutes ses tentatives de bombardement des batteries du front de mer de Port-Arthur, ainsi que dans l'unique tentative de bombardement faite contre Vladivostock. Dans toutes ces circonstances, les navires russes tirèrent à 8 ou 9.000 mètres afin d'obtenir un tir courbe et de se soustraire aux projectiles des forts, Ils n'obtinrent, comme nous l'avons dit plus haut, aucun résultat.

La conclusion qui découle de toutes les considérations scientifiques, des expériences de tir et des enseignements de la guerre, c'est, en somme, que même les cuirassés les plus puissamment armés et les plus fortement protégés sont incapables d'agir efficacement contre les batteries de côte élevées. Ils ne sont pas moins impuissants contre les batteries de côte rasantes, c'est-à-dire placées au ras du sol, car celles-ci sont logées dans des cavernes rocheuses ou dans des tourelles blindées. Elles sont à peu près invulnérables par le navire qui passe devant elles, tandis que leurs projectiles frapperont presque certainement ce dernier, à moins que sa vitesse et quelque hasard ne le protègent.

En conséquence, l'avis des hommes les plus compétents est que jamais une escadre ne devra chercher à éteindre le feu d'une batterie de côte, surtout si elle est loin de sa base d'opérations. Ils pensent que les batteries de côte, ne peuvent qu'être évitées, si la manœuvre est possible, ou attaquées par terre avec des troupes de débarquement; « à la « gorge et par derrière », « jamais de front par le tir » m'écrit un de nos plus distingués officiers d'artillerie de marine.

Le seul fait que les Japonais aient renoncé à entreprendre par mer aucune opération sérieuse contre les ouvrages terrestres de Port-Arthur, permet de croire qu'ils partageaient cette manière de voir.

Après la reddition de la place, tous les ouvrages du front de mer, qui sont très solides, fort bien construits et très puissamment armés, étaient absolument intacts. D'un autre côté, les énormes difficultés que rencontra l'armée assiégeante pour s'emparer des simples ouvrages de campagne qui protégeaient la place du côté de la terre, témoignent de l'importance qu'a la fortification des ports militaires. Après la reddition de Port-Arthur, les hommes techniques se demandaient comment les Russes avaient pu tenir aussi longtemps sur des perchoirs comme la colline de 203 mètres où n'existaient que des ouvrages rudimentaires, et ils estimaient généralement qu'il eût été possible au général Stœssel de tenir jusqu'à l'arrivée de la flotte de Rodjesvensky, surtout si celle-ci n'avait pas perdu son temps sur les côtes de Madagascar et de l'Indo-Chine, à attendre les navires sans valeur militaire et sans équipages de l'amiral Nebogatoff.

Je conclus de tous ces faits que la France devrait songer à fortifier tout de suite, un peu mieux qu'ils ne le sont, les grands ports militaires de Brest, de Cherbourg, de Toulon et de Bizerte. Il n'est pas nécessaire d'être très particulièrement instruit des choses de la marine pour savoir que Brest, Cherbourg et Bizerte en particulier sont exposés à voir des débarquements se produire dans leur voisinage, et qu'un ennemi audacieux pourrait les attaquer du côté de la terre. Or, les précautions nécessaires n'ont pas été prises encore par le ministère de la guerre pour empêcher des débarquements possibles. Les places elles-mêmes ne sont pas suffisamment protégées du côté de la terre pour être à l'abri d'un coup de main, et leur personnel militaire ne serait pas en nombre suffisant pendant les premiers jours de la guerre. Il y a là une série de questions sur lesquelles je ne veux pas insister, mais qui sont assez graves pour que le gouvernement n'en diffère pas la solution.

La manière dont il a été procédé au blocus de Port-Arthur par les Japonais doit attirer l'attention des puissances maritimes. D'abord, c'est la première fois qu'on a employé des mines flottantes, c'est-à-dire des engins explosifs disposés de manière à flotter entre deux eaux et à éclater sous le choc d'un navire. Il semble que le premier usage de ces engins ait été fait par les Russes, dans le but de tenir les navires japonais à l'écart de la rade de Port-Arthur. A ce point de vue, ils étaient peu utiles, puisque l'amiral Togo avait renoncé à tenir un blocus étroit et rapproché et à tenter de détruire les forts du front de mer. Par contre, ces mêmes engins furent nuisibles aux Russes, car ils empêchaient leurs navires de circuler librement dans la rade. Les Japonais ayant, à leur tour, placé des mines flottantes dans les passes, les Russes se trouvèrent, en quelque sorte, embouteillés dans le port intérieur. On a vu plus haut qu'il leur fallut plusieurs heures, le 23 juin 1904, pour faire sortir leur escadre et qu'ils ne purent le tenter qu'en plein jour. Toutes les chances d'insuccès se trouvèrent ainsi accumulées autour de la sortie qu'ils avaient projetée pour mettre leur escadre à l'abri des assiégeants de la place.

De tous ces faits, il est permis de conclure que les escadres bloquées n'ont aucun avantage à placer des mines dans leurs propres eaux. Par contre, il en appert clairement que les bloquants peuvent, en principe, trouver quelques avantages à employer de ces engins, à la condition toutefois qu'ils soient résolus à ne pratiquer qu'un blocus éloigné et qu'ils tiennent compte des déplacements occasionnés par les courants, les coups de vent, etc.

Cette dernière condition est si difficile à remplir qu'il est permis de se demander si les mines flottantes ne devraient pas être condamnées dans certaines mers.

Deux nations qui se battent ont le droit de se faire réciproquement le plus de mal possible, mais il est inadmissible qu'elles en puissent faire aux nations qui les entourent, qui vivent en paix avec elles et qui remplissent avec exactitude tous les devoirs de la neutralité. Il en serait ainsi cependant si, en cas de guerre entre l'Angleterre et l'Allemagne, par exemple, des mines flottantes étaient placées à l'entrée des ports que la première possède sur la Manche. Entraînées par les courants et les vents, ces mines ne tarderaient pas à errer dans toutes les parties de la Manche, en faisant courir les plus grands dangers aux innombrables navires de commerce qui la fréquentent.

Il résulte des enseignements de la guerre russo-japonaise que les mines flottantes sont aussi dangereuses pour ceux qui les placent que pour ceux contre lesquels on les dispose. Japonais et Russes leur ont payé un tribut à peu près égal de navires de combat et de vies humaines. Il est donc permis de se demander si, au point de vue militaire, on doit en conseiller l'emploi. Le seul usage, du moins, qui paraît être rationnel, c'est celui qu'en firent les Japonais pour rendre sinon impossible, du moins fort dangereuse et, par conséquent, très difficile la sortie de l'escadre russe. Toutes les fois qu'une escadre aura intérêt à ce que l'escadre ennemie reste enfermée dans un port, elle pourra utilement employer les mines flottantes. Celles-ci rendront sans doute fort difficile le rôle des sous-marins et submersibles qui, en plongée, n'auront aucun moyen de les éviter.

Grâce à ces mines et à la télégraphie sans fil, et en raison de ce qu'elle n'avait aucune intention d'attaquer les forts du front de mer, l'escadre japonaise put se contenter de ne pratiquer, à Port-Arthur, qu'un blocus éloigné. Il est même probable qu'une partie des navires de l'amiral Togo fut employée à la surveillance des transports de troupes et à leur protection contre les croiseurs de Vladivostock, à partir du jour où la fusion des glaces permit à ces navires d'opérer des sorties.

Il importe, en effet, de noter que les Japonais ont évité de diviser les forces de leur flotte pour établir un blocus devant Vladivostock, en même temps que devant Port-Arthur. Tenant compte des nombreuses leçons fournies par l'histoire maritime, ils ne se sont attachés, d'un bout à l'autre de la guerre, qu'à Port-Arthur. C'est seulement devant ce port, où les Russes avaient placé leur escadre de cuirassés, qu'ils établirent le blocus.

Ainsi que je l'ai dit plus haut, le blocus de Port-Arthur ne fut lui-même jamais très étroit. Les grands navires japonais se tenaient, soit à une trentaine de milles au large et divisés en plusieurs groupes, soit dans quelque mouillage, lorsque l'amiral croyait n'avoir pas à craindre de sortie de l'escadre russe.

Dans ces conditions, la place assiégée a pu, sans trop de difficultés, avoir par mer quelques communications avec l'extérieur; ses petits navires ont même pu, vers la fin du siège, s'enfuir. C'est ce que fit le contre-torpilleur *Raztoropny*, le 10 novembre 1904, pendant une violente tempête de neige, pour apporter à Chefou des dépêches du général Stœssel. Après avoir gagné Chefou, le commandant fit sauter son navire.

Les Japonais ne paraissaient pas attacher beaucoup de prix à ces menus faits. Leur double objectif était d'empêcher le ravitaillement de la place et surtout la fuite de l'escadre russe. Il ne paraît pas qu'ils aient pu mettre entièrement obstacle à l'apport de vivres par des jonques chinoises, mais on sait jusqu'à quel point ils réussirent à empêcher le départ de l'escadre russe.

La surveillance directe de la rade était faite par leurs flottilles de contre-torpilleurs et de torpilleurs, tandis que l'escadre se divisait au large en plusieurs groupes. Cette disposition avait pour objet de rendre aussi difficiles que possible les opérations que les torpilleurs russes auraient pu tenter contre les cuirassés japonais. En admettant que les petits navires parvinssent à franchir le cordon de surveillance formé par les contre-torpilleurs japonais, ils auraient été ensuite contraints de se disperser pour aller chercher au large les cuirassés japonais. De pareilles entreprises n'avaient que bien peu de chances de réussir. Elles furent tentées à diverses reprises par les torpilleurs russes; mais, chaque fois, elles furent arrêtées, dès la sortie de la rade, par les contre-torpilleurs japonais.

Il y a dans ces faits des enseignements précieux : Il en ressort clairement que les torpilleurs défensifs sont incapables de mettre empêchement à un blocus convenablement organisé, c'est-à-dire dans lequel les grands navires bloquants sont séparés du port bloqué par des cordons de contre-torpilleurs nombreux et attentifs. Les sous-marins eux-mêmes ne pourraient que difficilement franchir ces cordons sans être aperçus, car pour y voir ils sont obligés de tenir leur périscope en dehors de l'eau ; or, le périscope est assez visible pour ne pas échapper à la surveillance de timoniers habiles et zélés. Du reste, après avoir franchi le cordon de surveillance, les sous-marins ou submersibles ne seraient pas au bout de leurs peines : ils devraient aller à la recherche des grands navires, ce qu'ils ne peuvent faire que lentement s'ils se maintiennent sous l'eau, et en courant de grands risques s'ils naviguent à la surface, car alors ils sont parfaitement visibles.

Si le blocus de Port-Arthur témoigne des difficultés où sont les torpilleurs et où seraient également les sous-marins ou submersibles d'atteindre les grands navires bloquants, il montre également qu'on ne pourra guère songer, dans l'avenir, à pratiquer les blocus rapprochés qui étaient possibles autrefois. Grâce à la longue portée de l'artillerie, les forts sont un premier élément de défense très propre à contraindre l'ennemi de se tenir loin de la place bloquée. Les torpilles flottantes, les sous-marins et submersibles, les torpilleurs et contre-torpilleurs constituent autant d'autres éléments qui agissent dans le même sens. Les blocus rapprochés paraissent donc être condamnés.

Par contre, les blocus éloignés sont rendus faciles à pratiquer en raison du concours que les contre-torpilleurs, les mines flottantes et la télégraphie sans fil sont susceptibles de donner aux escadres bloquantes.

En résumé, les enseignements formés par la guerre russo-japonaise nous permettent de conclure, en ce qui concerne les blocus : 1° à la nécessité de concentrer les forces bloquantes contre le port où se trouvent réunies les principales forces navales de l'ennemi ; 2° à la nécessité et à l'avantage de pratiquer exclusivement des blocus éloignés, toutes les fois que la place est protégée du côté de la mer ; 3° à la nécessité de faire assister les escadres bloquantes par de nombreux contre-torpilleurs assez robustes pour tenir la mer par tous les temps et assez nombreux pour qu'il soit possible de les faire alterner dans ce rude service.

CHAPITRE V

LA PRÉPARATION DE LA GUERRE MARITIME ET LES ENSEIGNEMENTS DE LA GUERRE RUSSO-JAPONAISE

Parmi les enseignements qui résultent des faits maritimes qui se sont produits pendant la guerre russo-japonaise, il en est un qui offre un grand intérêt général. Je veux parler de la faute que commit la marine russe en ne concentrant pas, dès le début de la tension diplomatique, tous ses navires de guerre dans un même port. Le Japon eut, au contraire, la sagesse de ne jamais disperser les siens.

Il me suffira de rappeler brièvement le sort subi par les navires russes de Chemulpo et de Vladivostock, pour bien mettre en relief l'enseignement que nous en devons tirer.

Lorsque la guerre éclata, les Russes avaient dans les mers extrême-orientales, non seulement l'escadre de Port-Arthur, dont j'ai déjà parlé assez longuement pour n'avoir pas à y revenir, mais encore deux croiseurs à Chemulpo et une forte division de croiseurs-cuirassés dans le port de Vladivostock où se trouvait aussi un croiseur protégé et des torpilleurs.

On n'a pas perdu le souvenir du triste sort qu'eurent les navires russes de Chemulpo. Ils étaient deux : le

Varyag et le *Korietz*. Le *Varyag* était un croiseur protégé de 6.500 tonnes, ayant atteint aux essais une vitesse de 23 n. 8, armé de 12 pièces de 152 millimètres, protégées par des masques épais de 15 millimètres, de 22 pièces de 75 millimètres et 6 de 47 millimètres. Il n'avait pas d'autre protection que les masques de son artillerie moyenne et un pont blindé au niveau de la flottaison. Le *Korietz* était une simple canonnière de 1.200 tonnes, peu armée et sans nulle protection.

Voulant débarquer des troupes à Chémulpo, port coréen et, par conséquent, neutre, les Japonais se présentèrent devant ce port, le 9 février, à 7 heures du matin avec 6 croiseurs et 5 torpilleurs sous les ordres de l'amiral Uriu. Celui-ci fit prévenir les navires de guerre français, anglais et allemands qui se trouvaient dans le port d'avoir à le quitter, car il se proposait d'y entrer pour détruire les deux bateaux russes. Les commandants du *Varyag* et du *Korietz* décidèrent d'aller au-devant de l'ennemi et de la mort.

Aussitôt qu'ils furent au large, les navires japonais les attaquèrent, en concentrant leurs feux sur le *Varyag*, c'est-à-dire sur celui qui avait le plus de valeur militaire. Au bout d'une heure de combat, le *Varyag*, ayant tous ses canons démontés, son gouvernail endommagé, ayant reçu trois obus dans le flanc, au voisinage de la ligne de flottaison et perdu une partie de son équipage, dut renoncer au combat et rentrer au port où il se fit couler après avoir remis ses hommes et ses officiers au croiseur français *Pascal*. Le *Korietz* rentra aussi et se fit sauter ; quoiqu'il se fut tenu sans cesse à 200 mètres environ du *Varyag*, il n'avait reçu aucun projectile et son personnel était intact. La perte du *Varyag* était sérieuse, car il était un des meilleurs croiseurs protégés de la flotte russe[1]. Son sort eut pu être différent si on lui avait fait rallier Port-Arthur dès le début de la tension diplomatique. Il fut la première victime de la faute que les Russes avaient commise en violant le principe de la concentration des forces.

L'histoire des croiseurs de Vladivostock pour être moins tragique n'est pas moins instructive. Au moment de la déclaration de guerre, il y avait à Vladivostock trois croiseurs cuirassés, le *Gromoboï*, le *Rossia* et le *Rurik*, un croiseur protégé, le *Bogatyr* et quelques torpilleurs. Le port de Vladivostock était alors enveloppé par les glaces et nul navire n'en pouvait sortir. Aussi est-ce seulement à partir du mois d'avril qu'il commença d'être question des navires dont je viens de parler. Une dépêche de l'amiral Alexeieff annonce que le 25 avril 1904, les croiseurs de Vladivostock, commandés par l'amiral Yensen, ont pénétré, au matin, dans le port coréen de Giensang et y ont coulé un steamer de commerce japonais, le *Goyo-Maru*, de 500 tonnes. Le même soir, ils ont fait sauter le transport japonais, *Nakanoura-Maru*, de 200 tonnes. La nuit suivante, ils ont détruit le transport militaire *Kinshiu-Maru*, de 4.000 tonnes, chargé de vivres et de matériel. Les navires russes recueillirent tout le personnel des 2 premiers steamers et une partie de celui du troisième (soit 17 officiers, 20 soldats, 85 porteurs militaires et 65 hommes d'équipage), « les autres ayant refusé de se « rendre et opposé une résistance armée furent coulés « avec le transport[2] », par le croiseur cuirassé *Rossia*. D'après les dépêches russes, 260 Japonais de ce transport

1. Voir *Moniteur de la flotte*, 20 février, 26 mars, 27 septembre 1904.

2. *Ibid.* 25 avril 1904, p. 4, col. 3.

auraient été noyés. D'après un communiqué de la légation japonaise « les soldats, avec une discipline parfaite en « obéissant à leurs chefs, refusèrent de se rendre. A 1 h. 30 « de la nuit l'ennemi déchargea une torpille (contre le « transport) et échangea des coups de feu avec les soldats « du *Kinshiu-Maru*. Beaucoup de nos officiers et de nos « hommes périrent. Vers 2 heures, une autre torpille fut « déchargée qui, frappant la chambre des machines, « coupa le transport en deux. Quelques coolies et quelques « négociants étaient déjà descendus dans les embarca- « tions; ils furent rejoints par quelques soldats après « l'explosion. Les embarcations ramèrent vers l'Ouest et, « après des souffrances indescriptibles, les hommes par- « vinrent à Sunpho, le 27 avril. Il y avait 45 sous-offi- « ciers et soldats, 6 coolies et 3 négociants[1]. » Les croiseurs russes rentrèrent à Vladivostock le 7 mai, sans avoir été inquiétés. Cependant l'amiral Kamimoura était à leur poursuite et, d'après son propre rapport, « passa sans le « savoir à assez peu de distance de l'escadre russe qui « allait couler le *Goyo-Maru* et le *Kinshiu-Maru* ». Il ajoute que n'ayant pas pu bombarder Vladivostock à cause du brouillard et étant redescendu vers le Sud, il « passa de nouveau, sans s'en douter, près de l'escadre « russe qui quittait Gensang pour se rendre dans le Nord[2]. »

Se sachant surveillés par les Japonais, les croiseurs de Vladivostock ne sortirent de nouveau qu'au mois de juin. Une dépêche de Tokio les signalait le 14 juin à Oki-Shima dans le nord-est du détroit de Corée et émettait l'hypothèse que le but de l'amiral Skrydloff était peut-être d'inquiéter les côtes du Japon, afin de contraindre l'amiral

1. *Moniteur de la flotte*, 7 mai 1904, p. 5, col. 2.
2. *Ibid.*, 7 mai 1904, p. 5, col. 3.

Togo à se séparer d'une partie de son escadre, ce qui aurait permis à l'escadre russe de Port-Arthur de sortir dans des conditions favorables. En réalité, la division de Vladivostock allait, comme la première fois, à la recherche des transports japonais.

Un télégramme de l'amiral Skrydloff donne sur ses opérations les détails suivants [1] : « La division était partie le « 12 juin de Vladivostock; le 15 au matin, elle s'avança « du Nord vers le détroit de Simosaki et arrivée à « 20 milles de distance du détroit, elle aperçut à l'ho- « rizon deux bateaux à vapeur qu'elle se mit à pour- « suivre; mais elle ne réussit pas à les atteindre, en rai- « son de la grande distance qui la séparait d'eux. En « même temps on découvrit un troisième navire dont le « croiseur *Gromoboï* fut chargé de s'emparer. Ce navire « se trouva être le *Idssumi-Maru*. Sur le transport il y « avait des soldats. Après l'expiration du délai fixée pour « la mise à la mer des chaloupes et l'abandon du trans- « port, délai dont profita une partie de l'équipage, le « transport fut coulé à coups de canon. Bientôt après on « découvrit au Sud-Est deux transports qui se trouvèrent « être le *Hitatchi-Maru* et le *Sado-Maru*, le premier avec « des troupes, le second avec, en plus de l'équipage, des « pontons, des chevaux et du matériel de chemin de fer « et de télégraphie. Après le refus de se rendre et l'expi- « ration du délai fixé pour l'embarquement dans des cha- « loupes, les transports furent coulés au moyen de tor- « pilles. » Il y avait, paraît-il, dans la même région, c'est-à-dire dans le voisinage de l'île Oki, une vingtaine de transports japonais chargés de troupes et de matériel.

1. *Moniteur de la flotte*, 25 juin 1904, p. 6, col. 1.

Les seuls qui furent atteints par les croiseurs russes sont les trois dont je viens de parler. Leur perte fut sensible au Japon : on estime, en effet, à plusieurs milliers le nombre des hommes qui périrent. Quelques centaines seulement parvinrent à se sauver dans les chaloupes. Le matériel perdu avait également une importante valeur. On dit même que les Russes avaient trouvé sur l'un des transports deux millions de yens en or.

L'amiral Kamimoura avait quitté Port-Arthur le 15 juin pour se mettre à la poursuite des croiseurs russes ; mais il ne parvint pas à les rejoindre. « L'amiral Bondona qui « se trouvait à Taskashiski avait lui aussi envoyé une « flottille de torpilleurs à la poursuite des croiseurs « russes, mais gênée par le vent, la pluie et le brouillard, « elle ne put faire œuvre utile[1] ». Les croiseurs russes étaient partis de Vladivostock le 12 juin ; ils y rentrèrent le 17 « sans avoir perdu d'hommes ni subi d'avaries[2] » dit une dépêche officielle de l'amiral Skrydloff.

Pendant ce temps, les torpilleurs de Vladivostock avaient été envoyés en expédition sur les côtes du Japon, mais ils ne purent rien faire : « Aujourd'hui 21 juin, dit « un télégramme de l'amiral Skrydloff, la division de tor- « pilleurs envoyée par moi le 15 de ce mois est revenue à « Vladivostock de son expédition vers les côtes du Japon. « Les torpilleurs approchèrent du port même de Dtzatchi, « dans l'île d'Hokkaido, mais le brouillard les empêcha « d'entrer. Ils s'emparèrent de plusieurs schooners de « commerce et de transport dont ils ramenèrent un au « port. L'examen des documents et de la cargaison a « établi que la plupart des schooners transportaient des

1. *Moniteur de la flotte*, 25 juin 1904, p. 6, col. 2.
2. *Ibid.*, p. 6, col. 3.

« poissons et du riz aux ports de Sasebo et de Simono-
« saki [1]. »

Tandis que les trois croiseurs cuirassés de Vladivostock couraient après les transports japonais, leur collaborateur désigné, le croiseur protégé *Bogatyr* s'était échoué sur un rocher au sortir du port, mais on put le faire renflouer et rentrer et il était en réparations pendant le raid dont nous venons de parler.

Malgré les résultats favorables que cette excursion avait donnée, les Russes ne paraissaient pas être disposés à la renouveler. Par deux fois, les croiseurs cuirassés de Vladivostock avaient échappé à l'escadre de l'amiral Kamimoura; on craignait qu'ils ne fussent pas toujours aussi favorisés par la fortune et qu'ils succombassent dans une de leurs expéditions. Un télégramme envoyé de Vladivostock le 27 juin, les représentait comme devant entrer au port pour s'y mettre en état de jouir de toute leur vitesse le jour où ils seraient appelés à marcher contre l'escadre de la Baltique [2].

Cependant, le 30 juin, à la pointe du jour, on les signale devant Gensang où ils protègent une opération de contre-torpilleurs et de torpilleurs russes contre des schooners de ce port et contre le quartier japonais sur lequel les torpilleurs tirèrent avec leur petite artillerie. Le 1er juillet au soir on signale les croiseurs russes dans le détroit de Tsou-Shima, où ils échappent encore une fois à l'amiral Kamimoura, grâce à l'obscurité de la nuit [3]. Un rapport de l'amiral Skrydloff, daté du 5 juillet, raconte de la façon suivante cette rencontre : « Un détachement de croiseurs

1. *Moniteur de la flotte*, p. 6, col. 3.
2. *Ibid.*, 2 juillet 1904, p. 6, col. 1.
3. *Ibid.*, 9 juillet 1904.

« battant pavillon du contre-amiral Bezobrazoff passa le « détroit de Corée le 1er juillet, à 6 heures du soir. Il ren- « contra 7 grands navires (japonais). Autant qu'il est « possible d'en juger, il y avait là 4 croiseurs protégés, « 3 cuirassés d'escadre et 1 ou 2 torpilleurs d'escadre. « Notre détachement revint en arrière. L'ennemi com- « mença à le poursuivre et ouvrit le feu sans effet, à « 80 encablures. Nos navires ne répondirent pas. A « 8 heures du soir, 11 torpilleurs apparurent en avant de « notre escadre (ils étaient, paraît-il, embusqués à Takesi- « ki, dans l'île Tsou-Shima), et l'attaquèrent sans résul- « tat. L'amiral Bezobrazoff suppose que 2 torpilleurs ont « été coulés par notre feu. Le lendemain matin, l'ennemi « n'était plus en vue. Nous n'avons pas eu de perte et nos « vaisseaux n'ont subi aucune avarie[1]. » Pendant cette expédition les croiseurs russes ne purent que s'emparer d'un steamer anglais chargé de bois pour le chemin de de fer de Séoul à Fusan.

Malgré le peu d'importance de ces opérations, l'amiral Skrydloff était devenu si populaire à Vladivostock que dans une fête régimentaire célébrée peu de temps après le relèvement du *Bogatyr* du rocher sur lequel il s'était échoué « les soldats et les marins detelèrent la voiture de l'amiral, « avec des hourras enthousiastes[2] ». Ce qu'il avait fait de mieux était d'éviter l'escadre de l'amiral Kamimoura qui, du reste, paraissait se préoccuper beaucoup plus de protéger les transports japonais que de courir après les croiseurs russes. Ceux-ci devaient le savoir, car on ne les voit plus aller à la poursuite des transports de troupes; ils s'attachent plutôt à faire la chasse aux steamers

1. *Moniteur de la flotte*, 16 juillet 1904, p. 6.
2. *Ibid.*, 23 juillet 1904, p. 5, col. 1.

américains ou anglais qui portaient du matériel de chemin de fer. Ils avaient, dit-on, l'ordre de couler tous ceux qu'ils rencontreraient. C'est ce qui advint au navire anglais *Knight-Commander* vers le 25 juillet. Les navires allemand et américain *Arabia* et *Calchas* furent, vers la même date, arrêtés par les croiseurs russes et eurent leurs chargements saisis[1]. Un rapport de l'amiral Skrydloff expose ces faits de la manière suivante : « Le 22 juillet, à « 100 milles de Yokohama, on arrêta le navire allemand « *Arabia* avec une cargaison considérable de contrebande « consistant en matériel de chemin de fer et de farine à « destination des ports du Japon. L'*Arabia* fut dirigé sur « Vladivostock. Dans la matinée du 23 juillet, on rencon- « tra un grand navire qui s'arrêta seulement après le qua- « trième coup de canon dirigé contre lui. La visite de ce « navire fit constater que c'était le transport anglais « *Knight-Commander* allant de New-York vers Yokohama « et Kobé. D'après les copies de documents non officiels « et incomplets que possédait le capitaine, et suivant ses « déclarations, on établit que le navire transportait au « Japon 2.500 à 3.000 tonnes de cargaison de matériel de « chemin de fer, constituant une partie considérable de « son chargement. Ayant reconnu que le *Knight-Com-* « *mander* pratiquait indubitablement le transport de la « contrebande pour une partie belligérante, il était par « conséquent de prise légale ; mais n'ayant pas la possi- « bilité, à cause de l'insuffisance de la houille existant à « bord du navire, de le faire parvenir au port russe le « plus proche, sans danger manifeste pour le détache- « ment, le *Knight-Commander* fut anéanti, après le débar-

1. Pour l'*Arabia* et le *Calchas*, voir *Moniteur de la flotte*, 17 septembre 1904. p. 5, col. 2.

« quement de tout l'équipage et l'enlèvement des docu« ments. » Le même rapport ajoute : « Le matin du « 24 juillet, on aperçut et on arrêta le navire allemand « *Tea*, se rendant d'Amérique à Yokohama avec un char« gement complet de produits poissonniers. Reconnu de « prise légale, après le débarquement de l'équipage, le « *Tea* fut coulé, dans l'impossibilité de l'amener dans un « port russe. Le 30 juillet, vers midi, le détachement se diri« gea du côté du détroit de Tsougarou, et à 3 heures on « aperçut près de la côte septentrionale un croiseur japo« nais de 3e cl. apparemment le *Takao*, avec 3 torpilleurs, « puis derrière un bateau à voiles du type du *Congo*, avec « 4 torpilleurs ; ces navires suivaient la même route que « le détachement. Simultanément on vit sur le côté gau« che du détroit un cuirassé garde-côtes du type *Saydn*. « Tous ces navires restaient très en arrière des nôtres, et « à 5 heures, ils rebroussèrent chemin. Le détachement « n'a subi aucune perte en hommes, ni avaries. Il n'y a « pas eu de mort d'hommes sur les navires coulés ou « pris [1]. »

Cette sortie fut la dernière que fit impunément la division des croiseurs de Vladivostock. Au Japon, des accusations très vives étaient lancées contre l'amiral Kamimoura parce qu'il n'arrêtait pas les croiseurs russes. Il est probable qu'il avait d'autres soucis en tête. La marine japonaise était beaucoup plus préoccupée d'empêcher l'escadre russe de sortir de Port-Arthur que de détruire les croiseurs de Vladivostock. Fidèle à la tactique suivie depuis le début de la guerre, elle tenait à ne jamais diviser ses forces. Certes, il était fort désagréable que des

1. *Moniteur de la flotte*, 6 août 1904, p. 5, col. 3.

transports de matériel de chemin de fer fussent arrêtés ou détruits, mais il eût été bien plus désagréable d'exposer l'escadre de l'amiral Togo à laisser échapper celle de Port-Arthur ou à être battue par elle. Pour attaquer avec certitude de succès les croiseurs cuirassés de Vladivostock, il fallait disposer au moins de croiseurs cuirassés; or tous les navires cuirassés étaient beaucoup mieux à leur place devant Port-Arthur qu'à courir après les croiseurs de l'amiral Skrydloff. Si celui-ci eut l'espoir, en multipliant ses sorties, d'attirer devant Vladivostock une partie des cuirassés de Togo, afin de rendre possible l'évasion de l'escadre de Port-Arthur, ses espérances et ses désirs furent déçus.

C'est seulement après la bataille du 10 août, c'est-à-dire après la défaite de l'escadre de Port-Arthur, que l'amiral Togo se préoccupa sérieusement des croiseurs de Vladivostock. Or, quatre jours après cette bataille, ceux-ci étaient réduits à l'impuissance pour jusqu'à la fin de la guerre.

Cet événement fut porté à la connaissance du public par la légation japonaise de Paris, dans les termes suivants : « L'amiral Kamimoura annonce que le 14, à l'aube, « l'escadre japonaise composée des croiseurs cuirassés de « 1re classe *Idzumo, Azuma, Tokiwa, Iwate*, rencontra « au large d'Ulsan, sur la côte sud-orientale de la Corée, « 3 vaisseaux de l'escadre de Vladivostock faisant route « vers le Sud. En nous apercevant ils s'arrêtèrent et tentèrent de fuir dans la direction du Nord; mais nous leur « barrâmes le passage et le combat commença. Il était « 5 h. 25 du matin. Les vaisseaux ennemis furent tous « atteints un bon nombre de fois par nos obus qui déter-« minèrent des incendies; tous, à ce qu'il semble, souf-

« firent beaucoup, en particulier le *Rurik*, le moins « rapide des navires russes, constamment devancé par « les autres, qui devint le point de mire de nos canon- « niers et fut l'objet d'un feu incessant. Le *Rossia* et le « *Gromoboï* essayèrent courageusement à plusieurs « reprises de protéger le *Rurik*; ils se portèrent près de « lui et les trois navires réunis avancèrent sur nous. « Exposés à notre feu concentré, les navires ennemis « prirent feu à plusieurs reprises, subissant ainsi d'énor- « mes avaries. Le *Rurik* fut enfin mis hors de combat, « son feu s'affaiblit et il commença à s'incliner à babord. « Le *Rossia* et le *Gromoboï* l'abandonnèrent enfin. A ce « moment précis, notre quatrième détachement, composé « du *Naniwa* et du *Takachi-Ho* (croiseurs protégés) atta- « quèrent le *Rurik* et notre escadre s'élança à la poursuite « du *Rossia* et du *Gromoboï*. Un combat acharné se pour- « suivit pendant cinq heures. Le *Rossia* et le *Gromoboï* « réussirent enfin à s'échapper à toute vitesse dans la « direction du Nord. A 10 heures, notre escadre reprit la « direction du Sud, à la recherche du *Rurik* qui avait « coulé pendant notre absence. Notre escadre réussit à « sauver 600 hommes sur 760. Nos avaries sont insigni- « fiantes. Nos équipages sont pleins d'entrain [1]. »

Le rapport du commandant de l'escadre russe confirme le récit ci-dessus, mais il montre quelque étonnement de ce que les Japonais ne se soient pas davantage acharnés contre le *Rossia* et le *Gromoboï* qui avaient des avaries considérables : « Sur le croiseur *Rossia*, dit-il, trois « cheminées furent crevées, ce qui nous empêcha de « bien tenir la vapeur. Trois chaudières furent mises

1. *Moniteur de la flotte*, 20 août 1904, p. 7, col. 1.

« hors d'usage. Sur le *Rossia*, il y avait onze brèches dans « la partie située sous la ligne de flottaison et à la flottai- « son même. Sur le *Gromoboï* il y avait six brèches. Les « pertes en officiers sur les deux croiseurs ont dépassé la « moitié de leurs effectifs. Les pertes en matelots ont « atteint 25 p. 100. Vu les circonstances sus-mentionnées, « il était impossible de recommencer le combat en reve- « nant à l'endroit de notre séparation d'avec le *Rurik*, « qui se trouvait au moins à 30 milles au Sud. Il était « nécessaire, en profitant du temps calme, d'arrêter la « marche, de réparer en toute hâte les principales voies « d'eau, et d'aller à Vladivostock[1]. » Il est impossible de ne pas s'incliner devant la justesse de ces observations et c'est bien volontiers que l'on s'associe aux éloges dont l'amiral Alexeieff faisait suivre le rapport du chef de la division des croiseurs russes. « Par l'examen personnel « des croiseurs cuirassés endommagés par l'action des « projectiles et par les pertes en hommes subies, disait « l'amiral Alexeieff, j'ai pu me convaincre avec quel haut « degré de fermeté, de bravoure et d'abnégation tous les « équipages ont rempli leur devoir dans cette lutte rendue « inégale par la force numérique supérieure de l'ennemi. »

Il importe, en effet, de noter que, fidèles aux principes essentiels de la guerre, les Japonais avaient eu soin de s'assurer la supériorité. Certains de n'avoir à combattre que 3 croiseurs cuirassés russes, ils les poursuivaient avec 4 croiseurs cuirassés de première classe et 2 croiseurs protégés, ceux-ci ayant surtout pour mission d'achever les blessés. Les croiseurs japonais avaient encore sur les croiseurs russes l'avantage d'une protection plus forte. Toute

1. *Moniteur de la flotte*, 27 août 1904, p. 6, col. 3.

l'artillerie des premiers est protégée par des blindages de de 152 millimètres, tandis que sur le *Rurik* et le *Rossia* les canons n'avaient aucune protection. Le *Gromoboï* seul a son artillerie protégée.

Le désavantage que l'absence de protection de l'artillerie créait au détriment des croiseurs cuirassés russes est nettement souligné par les avaries que subit le *Rurik*. On lit dans le rapport de son commandant, qui fut recueilli par les Japonais : « Notre feu faiblissait graduellement à « la suite de la mise hors d'usage d'un grand nombre de « nos canons, et il cessa complètement vers midi, car « *tous nos canons étaient brisés* et nous avions perdu « beaucoup d'officiers et de matelots. A ce moment une « torpille fut lancée par un de nos appareils, mais elle « n'atteignit pas le but : les autres appareils étaient bri- « sés[1]. » Les canons du *Gromoboï* avaient dû être aussi fortement endommagés, car une dépêche de Vladivostock parle de leur remplacement[2].

Pourquoi, ayant sur les Russes tous ces avantages, les Japonais ne poursuivirent-ils pas leur succès jusqu'à la destruction du *Rossia* et du *Gromoboï?* Pour le même motif, sans doute, que, dans le combat du 10 août, l'escadre japonaise ne poussa pas sa victoire jusqu'à tenter de détruire le plus possible de navires russes : parce que l'amiral Togo tenait à n'exposer que le moins possible de ses unités, afin de les avoir le jour où il aurait à livrer bataille aux escadres que la Russie pourrait encore expédier en Extrême-Orient. De même qu'il lui avait suffi, le 10 août, de mettre l'escadre russe de Port-Arthur hors d'état de tenter une nouvelle sortie, ce qui la condamnait

1. *Moniteur de la flotte*, 10 septembre 1904, p. 5, col. 3.
2. Voir *Moniteur de la flotte*, 15 octobre 1904, p. 6, col. 1.

à être prise ou détruite dans le port, il lui suffisait que les croiseurs de Vladivostock fussent mis dans l'impossibilité de tenter avant longtemps de nouvelles excursions. Par cette conduite, il ménageait, il est vrai, l'ennemi; mais, surtout, il ménageait ses propres forces et il les conservait intactes pour les nouvelles batailles auxquelles il devait s'attendre.

L'histoire des croiseurs cuirassés de Vladivostock n'est pas seulement intéressante parce qu'elle témoigne de l'erreur que commit le marine russe en ne concentrant pas tous ses navires de combat à Port-Arthur, elle contient encore quelques enseignements sur ce que l'on appelle la guerre de course. Elle montre à quels efforts sont condamnés les croiseurs qui se livrent à cette sorte d'opérations et de quels maigres résultats sont couronnés leurs efforts[1]. Quelque importance que l'amiral Skrydloff ait pu attacher aux prises faites par ses croiseurs — prises dont une partie dut être rendue — et aux destructions de matériel de guerre ou de chemin de fer, voire même de soldats auxquelles ils purent se livrer, il n'en reste pas moins évident que le *Rossia*, le *Gromoboï* et le *Rurik* eussent été beaucoup plus utiles à leur pays s'ils avaient pu figurer dans la sortie que l'escadre de Port-Arthur tenta le 10 août.

Si grave que soit la faute commise par la marine russe, lorsqu'elle négligea de concentrer ses forces avant la guerre, beaucoup plus grave et moins compréhensible fut la négligence véritable qu'elle apporta dans l'organisation de ses ports de guerre et dans la conduite du service à bord de ses navires.

1. Voyez au sujet de la guerre de course, de son histoire et de ses résultats, les observations que j'ai présentées dans mon livre *Le Programme maritime* de 1900-1906, p. 147 et suiv.

Il est d'abord incompréhensible que la Russie n'ait pas organisé en Extrême-Orient des forces maritimes proportionnées à ses ambitions. Il était bien évident que le Japon opposerait des résistances à l'expansion russe dans les territoires qui l'avoisinent. Or, pour que la résistance du Japon fût possible il fallait qu'il détînt la maîtrise de la mer. L'empêcher d'exercer cette maîtrise devait donc être la première préoccupation de la Russie. Elle paraît l'avoir eue puisqu'elle avait organisé à Port-Arthur et à Vladivostock de véritables ports militaires; mais elle n'y avait pas apporté toute l'attention nécessaire, puisque ni Vladivostock ni Port-Arthur ne disposaient de l'outillage qu'exigent l'entretien et la réparation d'une flotte de guerre.

Vladivostock avait été, non sans raison, à peu près abandonné comme port militaire, depuis la prise de possession de Port-Arthur en 1898. Pendant plus de six mois chaque année il est entouré de glaces qui rendent impossibles les mouvements des escadres. Port-Arthur, au contraire, est ouvert pendant toute l'année; sa défense est facile et sa position sur le golfe du Petchili est excellente. C'est donc avec raison que la Russie en avait fait son port militaire dans les mers extrême-orientales. Elle y avait réuni une escadre presque aussi forte que celle des Japonais, mais elle ne l'avait pas dotée de l'outillage qu'exigeait une pareille escadre. Il n'y avait notamment qu'un seul bassin pour la réparation des navires, et encore était-il trop petit pour recevoir des cuirassés. Si, après les torpillages du 8 février 1904, on avait pu réparer rapidement le *Retvisan* et le *Cesarevich* l'escadre russe n'aurait pas été réduite, pendant de longs mois, à une impuissance qui donnait aux Japonais l'entière maîtrise des mers, et leur permit de transporter sans péril des centaines de milliers d'hommes avec les énormes approvisionnements en munitions, vivres, armes, etc., qui leur étaient nécessaires.

La marine russe ne saurait trouver non plus aucune raison pour expliquer l'incurie dont fit preuve l'escadre de Port-Arthur pendant toute la période de tension qui précéda la déclaration de guerre. Il n'y a pas de motif légitime à invoquer en faveur de cette escadre qui, mouillée dans la rade extérieure de Port-Arthur, en un moment où, de tous côtés, on parle de guerre, ne prend pas même les mesures de surveillance qui sont de règle en temps de paix. Lorsque les torpilleurs japonais, dans la nuit du 8 au 9 février 1904, entrent dans la rade de Port-Arthur, tous les navires russes ont leurs feux de position, pour bien indiquer leur place, mais aucun ne veille attentivement sur l'horizon. L'entrée de la rade n'est gardée par aucune sentinelle. Les contre-torpilleurs et torpilleurs russes sont mouillés derrière les cuirassés. Les torpilleurs japonais y entrent comme chez eux et peuvent s'approcher jusqu'à 50 mètres des navires qu'ils se proposent de torpiller sans qu'aucun homme de veille sur aucun navire dénonce leur présence, comme on a coutume de le faire, dans toutes les escadres bien tenues, pour les simples embarcations elles-mêmes. C'est seulement lorsque les torpilles eurent été lancées que les hommes de veille donnèrent l'alarme sur les navires russes. Il était trop tard; trois navires étaient endommagés. Or, de ce premier fait, découlent tous ceux qui se sont déroulés pendant les onze mois qu'a duré le blocus de Port-Arthur.

On a dit que les Japonais avaient violé les lois de la guerre en attaquant l'escadre russe avant qu'elle eût connaissance de la déclaration. Les Japonais pourraient répondre qu'il en a été ainsi antérieurement dans un très grand nombre de conflits entre nations européennes. Mais, en admettant qu'ils aient eu tort d'imiter ces exemples, il n'en reste pas moins certain que l'escadre russe a fait preuve d'une impardonnable négligence en ne se gardant pas.

S'il est un enseignement qui se dégage de sa faute, c'est la nécessité, pour les navires de guerre, d'habituer leurs équipages à se comporter pendant la paix comme s'ils étaient toujours sous la menace de quelque ennemi. La guerre a peut-être des lois, mais il est rare qu'elles soient respectées et il faut s'attendre à ce qu'elles le soient désormais d'autant moins que chaque armée navale ou terrestre a conscience de l'extraordinaire avantage que peut lui procurer l'initiative de l'offensive et l'obtention des premiers succès.

En résumé, au point de vue de la préparation de la guerre, des fautes graves furent commises par la Russie: elle négligea de concentrer toutes ses forces navales, d'Extrême-Orient sur un même point, elle n'avait pas préparé son escadre d'Etrême-Orient en vue de la guerre et elle n'avait pas doté ses ports de l'outillage qui leur serait nécessaire en cas de guerre.

D'une façon plus générale, l'enseignement capital qui ressort de la guerre russo-japonaise, c'est que les défaites subies par la Russie sont dues, aussi bien sur terre que sur mer, à ce qu'elle a fait la guerre sans s'y être préparée. « Elle n'y croyait pas, elle n'en voulait pas, dit-on, pour-« quoi donc s'y serait-elle préparée? » Parce que, répond l'histoire, toute nation qui a la prétention de jouer un rôle dans le monde — et c'est le cas de la Russie — ou qui, simplement, a le souci de son indépendance, doit et devra pendant bien longtemps encore, être toujours prête à se défendre contre les ennemis que sa puissance, sa richesse ou ses ambitions sont susceptibles de lui susciter. Or, aucun Russe de bonne foi ne pourait nier que de toutes les nations de l'Europe, la Russie a été, pendant la fin du XIXe siècle et est encore aujourd'hui celle dont les ambitions sont les plus vastes et les moins dissimulées. Au moment même où commençait la guerre actuelle, les journaux et revues russes ou dévoués à la Russie, exposaient avec complaisance ses projets d'agrandissement du côté de la Chine d'une part, du côté de l'Asie occidentale et centrale de l'autre, sans parler des vues qu'elle a sur Constantinople et sur les Balkans. Qu'une nation à si vastes projets d'agrandissement ne soit pas constamment prête à faire face aux résistances qu'elle est appelée à rencontrer dans son expansion, ce serait, sans contredit, un fait incompréhensible, si l'on ne savait dans quelle anarchie le gouvernement russe est tombé, quels désordres existent dans sa haute administration et quels abus rendent improductifs les efforts faits par les quelques personnages qui ont encore le souci des intérêts généraux de leur pays.

Or, ce spectacle, la Russie le donne au monde depuis plus de dix-huit mois. Elle voulait garder la Mandchourie et prendre la Corée; elle possédait depuis longtemps Vladivostock; elle s'était fait concéder Port-Arthur; elle avait construit un chemin de fer de 12.000 kilomètres à travers la Sibérie et la Mandchourie; elle avait envoyé une flotte considérable dans les mers extrême-orientales; elle y avait fortifié les deux ports militaires nommés plus haut; elle était en train d'établir un port de commerce à Dalny; elle faisait, en un mot, des actes quotidiens d'occupation dont la vue ne pouvait qu'inspirer des défiances à la Chine, au Japon, aux Etats-Unis possesseurs des Philippines, à l'Allemagne maîtresse du Chan-Toung, à l'Angleterre dont les intérêts sont considérables dans les mers de Chine, à nous-mêmes, si nous n'étions pas ses alliés; et rien n'avait été préparé en vue des conflits d'intérêts ou d'ambitions que cette politique devait nécessairement susciter! Son chemin de fer transsibérien et transmandchourien était incapable de suffire au transport considérable d'hommes, de munitions, de matériel, d'approvisionnements qu'une guerre exigerait; ses ports n'avaient pas de bassins pour la réparation des navires; ses magasins étaient vides; ses équipages étaient insuffisamment instruits; ses fortifications étaient incomplètes; son armée était presque absente; sa flotte était inférieure comme nombre ou valeur des unités et comme capacité du personnel, à celle du Japon; rien, enfin, n'avait été préparé en vue du conflit inévitable que ses ambitions devaient nécessairement provoquer, dont on voyait grandir l'imminence à mesure que ses établissements se développaient et en vue duquel le Japon se préparait avec une ardeur patriotique extraordinaire, depuis le jour où cédant aux sollicitations de la Russie, l'Europe était intervenue entre lui et la Chine pour lui arracher le fruit de ses victoires et lui infliger de douloureuses humiliations. Aussi le Japon était-il prêt à entrer en campagne sur mer comme sur terre à l'heure même où la Russie, insoucieuse et ignorante, ne croyait même pas à la possibilité de la guerre.

Pour que le Japon put triompher de sa puissante rivale, il fallait qu'il fut maître de la mer. Par là, il empêchait la Russie d'envahir ses îles; par là, d'autre part, il s'assurait à lui-même la possibilité de transporter ses troupes en Corée, en Mandchourie, autour de Port-Arthur, près de Vladivostock, partout où ses intérêts militaires et maritimes exigeraient qu'il les envoyât. Il s'était donc, depuis fort longtemps, occupé de se créer une marine puissante. La France d'abord, puis l'Angleterre et l'Allemagne lui avaient donné d'utiles leçons, lui avaient construit des navires, l'avaient aidé dans la création de ses arsenaux et dans l'instruction de ses officiers, avaient travaillé, de diverses façons, à lui constituer la marine dont il avait besoin pour s'assurer la maîtrise des mers qui enveloppent ses îles et le séparent du continent asiatique où grandissaient déjà les ambitions russes.

Aussitôt que ses premiers pas eurent été faits dans la voie où son patriotisme et peut-être ses ambitions le poussaient, il s'émancipa de ses maîtres. Trouvant sur ses côtes autant de marins qu'il pouvait en désirer et, parmi sa jeunesse studieuse tous les officiers nécessaires pour instruire ses marins et conduire ses bâtiments, il forma des équipages militaires, avec lesquels, dès 1875, il vint chercher en Europe, pour les conduire en Extrême-Orient, les bâtiments qu'il faisait construire sur les chantiers français ou anglais. En 1887, la marine japonaise faisait déjà figure dans les mers de Chine, et des arsenaux avaient été construits pour les réparations de ses navires. En 1894, elle battait une escadre chinoise dans le combat d'Yalu, en faisant preuve de qualités qui attirèrent l'attention des puissances maritimes européennes. A partir de ce moment, le Japon n'eut qu'une pensée, celle de se soustraire au concours qu'il avait dû, jusqu'alors, demander aux étrangers. Il s'organisa de façon à construire lui-même les plus grands navires. Toutefois, il ne renonçait pas aux chantiers européens, car il avait hâte de prendre sa revanche des humiliations que l'Europe lui avait infligées lors de la conclusion du traité de Simonosaky. C'est lui qui, le premier, aborda, pour les vaisseaux de ligne cuirassés, les très grands tonnages. Dès 1898, on lançait pour lui, en Angleterre, le *Shikishima*, de 15.100 tonnes, puis, en 1899 et 1900, l'*Asahi* et le *Mikasa* de 15.140 tonnes. Ces trois cuirassés sont encore les plus grands qui existent à la surface des mers ; ils figurent parmi les plus fortement protégés et les plus puissamment armés. Au moment où la guerre actuelle éclata, le Japon possédait cinq magnifiques cuirassés de ligne en service et il en avait sur les chantiers deux autres plus formidables encore (16.600 tonnes). Il avait, en outre, au début de la guerre, 8 croiseurs cuirassés très modernes, dont 2 de 7.700 tonnes et 6 déplaçant de 9.500 à 9.900 tonnes. Les derniers, protégés plus fortement que tous les croiseurs cuirassés anglais et aussi fortement que nos croiseurs cuirassés du programme de 1900, soit 170 millimètres à la ligne de flottaison.

On voit que la marine japonaise, malgré sa jeunesse, avait eu garde de se laisser tenter par les théories de notre « jeune marine ». Elle tenait la tête de toutes les puissances maritimes pour la dimension, la force offensive et la protection de ses vaisseaux de ligne. Elle avait cependant des torpilleurs et des contre-torpilleurs, mais c'est dans les grands navires à artillerie qu'elle mettait sa confiance. La guerre actuelle témoigne qu'elle n'a pas été déçue, en même temps qu'elle a mis en relief les illusions de ceux qui préconisent l'abandon des grands cuirassés à artillerie au profit des pygmées à torpilles.

Au moment où la guerre éclata, le personnel de la marine japonaise comprenait 120 officiers généraux ou supérieurs, 1.700 officiers subalternes, 5.000 sous-officiers et une vingtaine de mille hommes des diverses spécialités. Ses officiers sont venus d'abord s'instruire en Europe, puis ils ont fait leur éducation au Japon même, où furent créées une Ecole navale et une Ecole supérieure, en prenant dans chacune des Écoles européennes ce qui paraissait le meilleur. N'ayant pas de traditions, les Japonais ignorent la routine et prennent leur bien partout où ils le trouvent.

Dès 1867, ils avaient fondé à Yokoska, sous la direction d'ingénieurs français, un arsenal qui possède aujourd'hui l'outillage le plus perfectionné. Ils en ont établi plus tard d'autres : à Hirosuma-Kuré, dans la mer intérieure, où l'on peut construire les plus grands vaisseaux de ligne et où l'on vient de mettre sur les chantiers deux cuirassés de 19.000 tonnes, les plus grands du monde ; à Sasebo, près de Nagasaki, en vue spécialement des réparations et du ravitaillement des navires ; à Mezura dans le nord-ouest et à Mororan dans le sud d'Yéso, également en vue des réparations et du ravitaillement.

Le Japon a tout fait, en un mot, depuis une quarantaine d'années, pour se créer une marine capable de lui assurer la maîtrise des mers qui entourent ses îles ; et il est parvenu à conquérir cette maîtrise parce que la Russie, moins active, n'a pas su être prévoyante.

Faut-il ajouter que le Japon se préparait avec non moins d'activité et d'intelligence à la guerre terrestre ? Au moment où éclata le conflit actuel, il était prêt à entrer en campagne, tandis que la Russie n'avait en Mandchourie qu'une poignée d'hommes. Pour l'armée de terre, comme pour la marine, le Japon a profité sans hésitation de tous les progrès scientifiques réalisés dans l'art militaire pendant ce dernier quart de siècle.

En un mot, le Japon avait préparé la guerre ; la Russie ne l'avait pas préparée. Là est la cause principale des victoires japonaises et des défaites russes.

Cependant, au moment de la déclaration de guerre, beaucoup de gens, en Europe, ignoraient à quel degré de force militaire et maritime le Japon était parvenu ; beaucoup même en étaient encore à nier que les hommes de race jaune fussent capables d'éprouver les sentiments patriotiques dont les peuples d'Europe sont si justement fiers pour eux-mêmes. Plus généralement encore, on croyait la Russie prête à supporter le poids des conflits et des guerres qu'elle-même semblait vouloir provoquer. On croyait que ses forces étaient proportionnées au chiffre énorme de ses populations, à l'étendue immense de ses territoires, à la grandeur démesurée de ses convoitises. Peu nombreuses étaient les personnes qui avaient pu jeter les yeux sur l'état véritable de son armée et de sa marine, qui connaissaient la négligence apportée par son gouvernement dans l'exécution des chemins de fer stratégiques pour lesquels la France lui avait prêté des milliards, et qui s'étaient trouvées en situation de constater le peu de soin qu'elle mettait à développer sa marine. Celle-ci surtout était absolument négligée par les hommes d'Etat russes. J'ai entendu moi-même l'un des plus éminents et des plus importants d'entre eux déclarer qu'il ne voulait pas développer la marine russe en Extrême-Orient. C'était, il est vrai, un ami de la paix, un partisan de l'entente russo-japonaise, mais c'était aussi l'un des instigateurs de la construction des chemins de fer transsibérien et transmandchourien, l'un des plus zélés partisans de l'expansion de la Russie dans l'Extrême-Orient. Il voulait la paix, et il la voulait sincèrement, mais il laissait faire tout ce qu'il fallait pour amener la guerre, sans exiger que l'on préparât ce qui eût été indispensable pour l'empêcher de surgir ou pour assurer la victoire.

Si je parle de ce fait c'est qu'il contient, à mon avis, l'enseignement le plus précieux peut-être que nous ayons à tirer de la guerre russo-japonaise. Il témoigne de l'erreur dans laquelle peuvent tomber les hommes d'État les plus considérables lorsqu'ils font passer leurs idées personnelles avant les leçons de l'histoire et de l'expérience. Nous aussi, en France, nous voulons la paix, nous la voulons avec tous les peuples et nous sommes résolus à ne rien faire pour la troubler, mais les événements sont plus forts que notre volonté; telle circonstance imprévue peut surgir qui nous entraînerait à quelque guerre, si nous n'étions pas toujours assez forts pour inspirer à nos voisins le respect de nos sentiments pacifiques.

Depuis que la guerre russo-joponaise accumule sur nos alliés défaites après défaites, ruines après ruines, je n'ai passé aucun jour sans me souvenir de la parole rappelée plus haut et je me suis donné pour tâche d'éviter qu'une erreur pareille à la sienne soit commise par mon pays. C'est, en grande partie, cette pensée qui m'a conduit à étudier de près les enseignements de la guerre dans laquelle la Russie s'est jetée avec tant d'imprévoyance et dont elle ne pourra, désormais, éviter le retour qu'en concluant avec le Japon, non seulement un traité de paix, mais une entente précise et durable, par laquelle tous leurs intérêts réciproques seraient satisfaits dans la mesure que comportent les résultats de la guerre actuelle.

CHAPITRE VI

L'INSTRUCTION DES OFFICIERS ET DES ÉQUIPAGES ET LES ENSEIGNEMENTS DE LA GUERRE RUSSO-JAPONAISE

L'un des enseignements les plus instructifs de la guerre russo-japonaise, c'est celui qui est fourni par la comparaison du personnel des navires japonais avec celui des navires russes.

Il n'y a pas une seule opération navale de cette guerre qui ne mette en lumière la supériorité des équipages japonais sur les équipages russes. Toutes les fois que les navires des deux belligérants entrent en lutte, on voit ceux des Russes subir des avaries considérables et des pertes d'hommes très nombreuses, tandis que les avaries et les pertes d'hommes sont peu importantes sur ceux des Japonais. Il est impossible de ne pas en conclure que les canonniers japonais étaient beaucoup plus habiles que ceux des Russes.

Les officiers japonais ne l'ignoraient certainement pas, car dans tous les combats ils eurent soin d'engager la lutte à grande distance. Il ne semble pas que jamais ils se soient rapprochés de l'ennemi en dedans de 3.000 mètres. Ils calculaient, sans aucun doute, que plus la distance séparant leurs navires de ceux des Russes serait grande et moins les canonniers russes, peu habiles, auraient des chances de toucher leurs bâtiments, tandis que leurs propres canonniers feraient du mal à l'ennemi. C'est, en effet, ce qui se produisit dans toutes les rencontres. Pendant la bataille de Tsou-Shima, où l'escadre japonaise s'approcha peu à peu jusqu'à 3.000 mètres, c'est-à-dire à une distance où des canonniers, même médiocres, devraient faire un tir utile, on vit les navires russes être rapidement désemparés par l'artillerie japonaise, tandis que les navires japonais ne subissaient aucune avarie grave et ne perdaient qu'un petit nombre d'hommes.

Tous les récits de cette bataille font ressortir que les Japonais y tirèrent un très grand avantage de l'état de la mer. Celle-ci étant très houleuse, le tir était difficile, même sur les cuirassés ; mais sur les navires du Japon, qui tenaient à peu près constamment la mer depuis une quinzaine de mois, les canonniers avaient été exercés à tirer par tous les temps, tandis que ceux des bâtiments russes firent preuve d'une ignorance non douteuse de leur métier. Il n'y a pas un récit qui ne signale ce détail.

Les Russes sont les premiers à reconnaître l'infériorité de leurs canonniers par rapport à ceux des Japonais. Un correspondant de la *Novoie Vremia*, M. Olinsky, appréciant dans ce journal les causes de la défaite des Russes à Tsou-Shima, dit : « Les Japonais étaient très supérieurs « dans la technique du tir. Ils corrigeaient et organisaient « leur tir, tiraient d'après un plan déterminé, concentrant « le feu de toute leur escadre sur un seul des navires russes « et le transportant sur un autre après avoir obtenu des « résultats. Ainsi furent coulés d'abord l'*Osliablia*, puis « l'*Alexandre-III* et enfin le *Souvaroff*. »

Parlant des Russes, il dit : « Notre tir était étonnam- « ment bas et inférieur à celui des Japonais. Depuis sept « mois il n'y avait pas eu de tir de guerre ; on ne peut

« donner ce nom aux tirs exécutés à Madagascar où l'on « fit quelques tirs à petite distance, et seulement trois « coups de douze pouces par navire [1]. »

Dans un rapport du général Liniévich, dressé d'après des officiers russes qui avaient assisté à la bataille de Tsou-Shima, il est dit avec non moins de netteté : « Le feu « des Japonais était très sûr et ils couvraient littéralement « nos navires de projectiles [2]. » L'amiral Rodjestvensky lui-même, dans un rapport sur la bataille, se plaint de l'ignorance technique des équipages : « Les équipages, dit-il, se « composaient pour les deux tiers d'hommes incapables « de fournir le service qu'on demandait d'eux. Les artil- « leurs ne connaissaient pas les lois élémentaires du tir « et, malgré les exercices qu'on leur faisait faire, il était « certain qu'on allait à une défaite. Les équipages de « Nebogatoff laissaient surtout à désirer [3]. »

Il est évident que, par mer houleuse surtout, les canonniers japonais devaient assurer la victoire à l'escadre de l'amiral Togo, car plus les difficultés du tir étaient grandes et plus l'ignorance des Russes se faisait sentir. On lit dans un récit de la bataille donné par le *Times* : « Les canon- « niers de l'amiral Rodjestvensky exécutent un tir beau- « coup plus rapide que le tir japonais, mais les projectiles « passent presque toujours au-dessus des navires ennemis « ou bien viennent tomber dans la mer, par suite mani- « festement de ce fait que les canonniers russes ne sont « pas assez exercés au tir par mer houleuse. » On a vu plus haut que d'après le témoignage de Rodjestvensky lui-

1. *Novoié Vrémia*, n° 10.503. Reproduit par la *France militaire*, numéro du 18 juin 1905.
2. *Moniteur de la flotte*, 24 juin 1905, p. 5, col. 2.
3. *Liberté*, 19 juillet 1905.

même ils « ne connaissaient pas les lois élémentaires du tir ». Les équipages qui furent embarqués sur les navires de son escadre n'avaient, au moment du départ de Russie, qu'une instruction insuffisante. Il put les habituer plus ou moins, pendant le cours de son long voyage, aux manœuvres générales, mais il lui était impossible de former des canonniers, car il devait conserver précieusement ses munitions pour le jour où il rencontrerait l'ennemi. En face de ces canonniers inexpérimentés et que la houle rend plus ignorants encore, si je puis dire, le récit du *Times* montre les Japonais favorisés par ce qui contrarie leurs adversaires : « L'état de la mer est d'ailleurs, « dit-il, favorable aux Japonais qui ont l'habitude de faire « leurs exercices de tir par mauvais temps, de sorte que « l'instabilité des canons ne les déconcerte pas. De plus, « ils sont en mesure de profiter de ce fait que le roulis et « le tangage exposent au feu les parties pour ainsi dire « vitales des navires ennemis [1]. »

Ce n'est pas seulement dans l'escadre de Rodjestvensky que les canonniers se montrèrent inférieurs à ceux des Japonais, c'est aussi dans l'escadre de Port-Arthur, dans la division navale de Vladivostock et sur les croiseurs de Chemulpo. Partout où se produisit un combat entre navires russes et navires japonais, la même infériorité fut manifestée par les artilleurs russes.

L'infériorité des équipages russes résulte non seulement d'un défaut d'instruction, mais encore du mode de recrutement des marins.

La Russie proprement dite n'a qu'une faible étendue de côtes habitées et ne compte, en conséquence, qu'une

1. *Temps*, 11 juin 1905.

minime proportion de marins de profession parmi ses habitants. Les côtes de la Finlande et celles de la mer Noire sont les seules où l'on en trouve, et ils y sont en nombre relativement minime. La marine marchande russe est, d'autre part, peu développée. Aussi la flotte de guerre est-elle obligée de recruter ses équipages parmi les hommes du contingent militaire, en choisissant de préférence ceux qui habitent les côtes ou le bord des fleuves.

Le Japon se trouve dans des conditions très différentes. Sa situation insulaire, l'énorme étendue de ses côtes et la nature montagneuse de toutes ses îles font qu'un très grand nombre de ses habitants habitent sur les bords de la mer et vivent de cette dernière, soit comme pêcheurs, soit comme marins du commerce. Rien n'est donc plus facile pour le Japon que d'avoir des équipages dont les hommes ont été amarinés dès l'enfance. Le *Berliner Tageblatt* publiait récemment une conversation d'un officier de marine japonais qui se trouvait à Londres après avoir pris part aux opérations maritimes du début de la guerre et qui disait fort justement au sujet de la bataille de Tsou-Shima : « Il faut avant tout attribuer notre victoire dans le détroit « de Corée au personnel de notre flotte. Il y a au Japon plus « de marins de naissance qu'en Angleterre. Nous ne pos- « sédons pas une flotte à vapeur aussi grande que celle « des Anglais, et nos vapeurs sont moins grands, mais « notre population se sert constamment de petits voiliers « sur lesquels dès l'enfance on nous apprend le métier de « marin. Nous pouvons prendre dans la flotte des pêcheurs « qui, en six mois, nous donnent des marins excellents... « Nous n'appréhendons pas de rencontrer une escadre « russe plus nombreuse encore, non parce que les Russes « manquent de bravoure, mais parce qu'ils ne sont pas un

« peuple de marins. Ils ne sont pas marins de naissance « comme nous, et ils ne travaillent pas assez pour s'ins- « truire. L'escadre de Port-Arthur ne sortait jamais du « port et ne s'exerçait pas au tir. En tout cas, il n'y a pas « de Russe dont on puisse faire un vrai marin en six « semaines, comme nous faisons avec nos pêcheurs[1]. » A ces très justes observations il faut ajouter que s'il existe au Japon une proportion énorme de marins de naissance, tous ces marins fréquentent l'école pendant leur enfance, savent lire, écrire, compter, possèdent une instruction primaire générale suffisante pour leur permettre d'acquérir très vite les connaissances techniques exigées par les diverses professions et, en particulier, par celle de marin. On sait, au contraire, qu'en Russie, le nombre des marins ou des soldats qui savent lire est très peu considérable. Aussi peut-on dire, sans aucune exagération, que dans la guerre actuelle c'est l'école japonaise qui a battu l'ignorance russe.

La même observation s'applique à l'armée de terre des deux belligérants. Il n'y a pas, dans celle du Japon, un seul homme qui ne soit capable de lire sans peine la carte du pays où il se bat, tandis que l'état-major général russe lui-même fut obligé d'emprunter à la France, au début de la guerre, des cartes de Mandchourie. Combien d'officiers russes subalternes seraient incapables de les lire couramment et d'en user sans erreur, ceux-là seuls le pourraient dire qui ont vécu en leur compagnie[2].

La supériorité que les équipages comme les soldats

1. *France militaire*, 16 juin 1905.

2. Le correspondant du *Matin* en Mandchourie, M. Jean Rodes, a envoyé récemment à ce journal des informations sur l'instruction des officiers russes que je crois pouvoir reproduire ici parce qu'elles

japonais doivent à leur instruction est encore augmentée par l'esprit de discipline dont ils sont animés et par la sobriété relative qui les caractérise. Certes, les Orientaux en général et les Japonais en particulier sont tout autre chose que des saints; ils ont leurs vices comme les Occidentaux ont les leurs, mais ils doivent à l'éducation très forte, reçue par tous les enfants sans exception, de ne s'y livrer en général qu'avec une modération dont les Russes donnent rarement le spectacle, même dans les classes

sont confirmées par tous les officiers étrangers qui ont vécu dans les camps de la Mandchourie :

« Quelques jours avant mon départ, je disais à un officier d'état-« major :

« — Vous avez reçu de nombreux renforts, vos positions sont très « solides, vous avez des réserves puissantes, vous allez, je pense, « pouvoir marcher et prendre votre revanche.

« — Oui, nous avons tout cela, me répondit-il avec amertume, « mais nous avons aussi toujours les mêmes généraux.

« Les mêmes généraux, c'est-à-dire.....

« Les officiers non plus, hélas! n'ont pas changé. Certes, il y a, « parmi eux, des hommes de premier ordre, beaucoup de ceux « notamment qui sont issus de la garde ou de l'académie, mais ils « sont noyés dans la masse. Et la masse, ce qu'elle vaut, on le sait « aujourd'hui. Il n'y a certainement pas d'armée au monde où le « niveau, je ne dis pas de culture générale, mais simplement d'ins-« truction professionnelle, soit aussi inférieur. Je pourrais fournir « à l'appui de cette affirmation de nombreux exemples. Combien « ai-je vu d'officiers combattants qui ignoraient complètement le « sens général des positions russes, qui ne savaient même plus « exactement quelle place occupaient leur corps, leur division, « dans la ligne de bataille! J'ai eu, une fois, l'occasion de tracer, « devant quelques-uns d'entre eux, un topo rapide, indiquant le « dispositif sommaire des forces japonaises et russes. Mes auditeurs « étaient très surpris. Eux ne savaient pas. Ils me considéraient « avec une certaine admiration, non exempte d'une pointe de « méfiance. Quel concours intelligent peut-on espérer d'officiers de « ce genre? Ceux dont on pouvait attendre davantage étaient dépri-« més par le découragement et le scepticisme. Si on leur parlait « des victoires futures, ils souriaient, se moquaient. Les convaincus « critiquaient les généraux avec une vivacité extrême. Chez Kaul-« bars, on accablait Kouropatkine; ailleurs, on daubait sur Kaul-« bars et sur Linievitch..... » (*Matin*, 7 août 1905.)

supérieures. L'officier japonais dont le *Berliner Tageblatt* a recueilli les propos, traçait un tableau exact de ce que j'ai vu moi-même au Japon lorsqu'il disait : « Les mate- « lots étrangers qui arrivent à Nagasaki vont dépenser « dans les auberges tout leur argent ; vous ne verrez « jamais nos matelots ivres. Chacun d'eux est aussi fier « d'être au service qu'un amiral, même s'il n'a qu'à char- « ger du charbon. Nous n'avons pas besoin de recourir « aux rigueurs disciplinaires. Nous enseignons à chacun « son métier et rien de plus. Voilà la cause principale de « notre victoire à Tsou-Shima. Avec des hommes comme « les nôtres, il n'était pas difficile à Togo d'obtenir la « victoire. »

Instruits et sobres, parce qu'instruits, les équipages et les soldats japonais ont encore offert le spectacle, pendant toute cette guerre, d'une admirable discipline, et d'une discipline qui n'a rien de commun avec celle dont les esprits militaristes occidentaux ont la conception. La discipline des Japonais, celle que j'ai connue aussi en Indo-chine, est une discipline intelligente et raisonnée, due à ce que tous les hommes ont une instruction suffisante pour en comprendre la nécessité, en même temps qu'une éducation fondée tout entière sur le respect des supériorités, intellectuelles et morales. Le marin et le soldat japonais respectent leurs officiers parce que ceux-ci, en vertu de la même éducation, se font un devoir strict de toujours se montrer respectables. Les officiers partagent entièrement la vie de leurs hommes, d'un bout à l'autre de la journée, en s'attachant beaucoup plus à se faire estimer pour leur savoir, respecter pour leur conduite et aimer pour leur bonté qu'à se faire craindre par la dureté de leur commandement. Il y a là des traits de mœurs dont un

Européen ne saurait se faire une idée quand il n'a pas vécu parmi les populations de l'Extrême-Orient.

Tous les officiers étrangers qui ont assisté aux opérations de la guerre en Mandchourie s'accordent à vanter la discipline et la bonne tenue des officiers et des soldats japonais. Les lettres privées qu'il m'a été donné de voir peuvent être résumées de la façon suivante : « Commandement méthodique, sans être génial, généraux dirigeant les opérations de leurs divisions et de leurs brigades depuis un lieu d'observation situé au loin et où aboutissent des fils téléphoniques et télégraphiques à l'aide desquels les ordres sont dictés comme d'un bureau ; officiers instruits, très soucieux de la vie de leurs hommes, mais ne la ménageant pas quand c'est utile ; soldats admirablement disciplinés, mais agissant avec beaucoup d'initiative dans l'exécution des ordres, se faisant tuer sans forfanterie, sans bruit comme sans peur, ainsi que leurs officiers. On cite des régiments qui perdirent sans reculer d'une semelle la plupart de leurs officiers et presque tous leurs hommes. » Et tous concluent que l'armée japonaise pourrait tout oser sous les ordres d'un général de génie.

A peine ai-je besoin d'ajouter que le patriotisme ardent des Japonais contribue encore puissamment à maintenir la discipline dans leurs armées et leurs équipages. Autre chose est se battre pour son pays, pour son indépendance nationale et pour la conservation de sa dignité personnelle, autre chose est de faire la guerre dans un simple but de conquête coloniale.

Cette dernière condition étant celle des armées et des escadres russes, on comprend sans peine que la discipline et l'ardeur aient été beaucoup moins grandes dans ces dernières que dans celles du Japon. Toutefois, l'indiscipline des hommes et la mauvaise conduite des officiers ont atteint, dans l'armée et la marine russes en Extrême-Orient de telles proportions qu'elles ont dû contribuer pour une large part aux défaites de la Russie et qu'il est impossible de ne pas les attribuer à un vice profond de l'organisme russe tout entier.

Sans parler des résistances que les réservistes russes opposaient aux convocations qui leur étaient adressées pour l'armée et du spectacle offert par les soldats qui refusaient de rallier le drapeau, n'est-il point attristant de voir les généraux et les amiraux rejeter l'un sur l'autre, dans des conversations ou des lettres rendues publiques, la faute des désastres subis ? Ne faut-il pas attribuer à une démoralisation profonde de la société russe, la conduite de ces officiers qui perdent jusqu'à l'amour-propre de leur métier et ne craignant pas d'abandonner leurs postes au moment du combat pour aller se distraire dans la ville voisine[1]. Mais c'est là un sujet si délicat qu'il me paraît préférable de ne pas y insister.

1. M. Jean Rodes écrit au *Matin* : « Kharbine regorge d'une multitude d'officiers qui y viennent sans permission et, loin de se « cacher, remplissent les hôtels, les cafés chantants et les mauvais « lieux des éclats de la noce la plus répugnante. J'ai vu, dans la « salle d'un restaurant très fréquenté, un capitaine ivre insulter et « menacer les personnes présentes. Un colonel s'étant interposé, « l'ivrogne lui rit au visage et refusa de sortir. Il fallut le concours « de la gendarmerie pour expulser ce pochard dangereux. On peut « être convaincu que l'incident n'eut aucune suite. Dans une autre « circonstance, un officier encore ivre tira devant moi, pour en « frapper un contradicteur, son sabre, dont la pointe était rouge de « sang frais. Nul ne s'en inquiéta.

« Je n'en finirais pas de raconter les faits de cette sorte.....

« A Kountchoulino, après la retraite de Moukden, j'ai partagé « pendant quelques jours, une chambre avec un schtap-capitaine, « officier de l'active, qui vivait là bien tranquillement, ayant, « comme beaucoup d'autres, abandonné son poste. Un matin, un

Il m'est cependant impossible de ne pas reproduire les quelques lignes suivantes du Rapport dans lequel l'amiral Rodjestvensky a exposé les motifs de sa défaite : « A Mada-« gascar il y eut une mutinerie et quatorze matelots durent « être exécutés. Les canons du navire de Rodjestvensky « durent être braqués sur le *Seniavine* et l'*Apraxine* pour « réduire les mutins. Alors les équipages résolurent, on « l'apprit plus tard, de se révolter et de se rendre à l'en-« nemi. Près de Formose, une mutinerie éclata de nou-« veau dans l'escadre de Nebogatoff et c'est grâce seule-« ment à l'énergie de l'amiral Rodjestvensky que les « mutins ne réussirent pas à se rendre maîtres des navires « et à se séparer du reste de l'escadre. Dès le commence-« ment de la bataille de Tsou-Shima, Rodjestvensky vit « que les navires de Nebogatoff, surtout le *Seniavine* et « l'*Apraxine*, ne prenaient aucune part au combat et « n'exécutaient pas ses ordres. Il envoya les torpilleurs

« colonel passa, carnet en main, et s'enquit de ce qu'il faisait là. Il « bredouilla de vagues explications. Le lendemain, il dut partir. Il « ne lui arriva d'ailleurs rien de fâcheux, car je l'ai revu depuis, à « Kouang-Tcheng-Tse, ayant l'air fort à l'abri.

« Un autre, un aimable compagnon d'ailleurs, dont je venais de « faire la connaissance, me disait, un jour, qu'il appartenait à la « deuxième armée.

« — Vous êtes à Mai-Mai-Kaï? lui demandai-je.

« — Oh! non, j'arrive de Kharbine, où j'ai passé deux mois.

« — Comment cela? Vous aviez une mission?

« — Oh! non, répondit-il, souriant, avec un charmant cynisme. « Pendant la retraite de Moukden, j'ai sauté dans un convoi de « blessés, et je ne me suis arrêté qu'à Kharbine. Je suis revenu « hier, et c'est encore trop tôt, puisque ce n'est pas fini.

« Les cas semblables furent innombrables. J'ai vu et j'ai photo-« graphié, sur la porte du buffet de la station de Kountchouline, « une affiche enjoignant aux officiers qui avaient abandonné leurs « corps de rejoindre au plus tôt. Suivait une longue liste, bien « incomplète du reste, donnant les noms des déserteurs, avec l'indi-« cation des régiments. Deux mois après, il y en avait tout juste « six de rayés.... » (*Matin*, 8 août 1905.)

« prévenir les mutins que s'ils ne cessaient pas leurs « manœuvres il les ferait couler. Alors seulement ils « ouvrirent le feu. » Après avoir rappelé la disparition de l'amiral Enquist avec son escadre de croiseurs, il ajoute : « Les ordres de l'amiral Nebogatoff ne furent pas exécutés. « Ce fut un sauve-qui-peut général. Les escadres furent « dispersées, ce qui donna aux Japonais les moyens de « faire la chasse aux navires qui furent coulés les uns « après les autres. Une partie, sous les ordres de Nebo- « gatoff, réussit à se rassembler ; ce furent l'*Orel*, le *Nico- « las-Ier*, le *Seniavine*, l'*Apraxine*, le *Nakhimoff*, etc., « mais alors les mutins du *Seniavine* et de l'*Apraxine* « refusèrent de suivre l'amiral. En vain, Nebogatoff les « somma, les supplia, les Japonais s'approchèrent en for- « mant un vaste cercle. Voyant que tout était perdu, le « *Nakhimoff* essaya de fuir, mais il fut coulé. Sur les « autres navires, les matelots menacèrent de mort les offi- « ciers s'ils s'opposaient à la reddition... Les munitions « du *Seniavine* et de l'*Apraxine* furent trouvées presque « intactes[1]. » Il est évident que dans de pareilles conditions la défaite était inévitable.

Je ne m'arrêterai pas non plus longuement à la question de savoir si les officiers de la marine russe se sont montrés, en toutes circonstances et dans tous les grades, à la hauteur de leur tâche, au cours des diverses opérations maritimes de la guerre.

Les généraux russes ont beaucoup reproché à l'escadre de Port-Arthur de ne s'être jamais engagée à fond contre celle de l'amiral Togo, en risquant le tout pour le tout. A ce reproche les commandants de l'escadre russe pour-

1. *Liberté*, 19 juillet 1905.

raient répondre que dans les premiers mois de la guerre, après les avaries produites dans la nuit du 8 au 9 février, ils ne disposaient pas de tous les éléments cuirassés dont ils avaient besoin pour offrir le combat aux Japonais avec quelques chances de succès, que plus tard ils pensèrent agir sagement en ménageant leur escadre pour le jour où celle de la Baltique viendrait prendre l'amiral Togo par derrière, et que si cette éventualité ne s'est pas produite, c'est parce que la flotte de la Baltique ne s'est pas suffisamment hâtée de gagner le théâtre de la guerre, ou parce que la sécurité du port intérieur n'a pas été assurée pendant aussi longtemps qu'on le leur avait fait espérer.

Il est d'autres reproches auxquels ils ne peuvent trouver aucune réponse plausible. D'abord il leur est impossible de se justifier de la négligence qu'ils toléraient dans le service de leurs bâtiments et qui permit le torpillage du 8 février. Ensuite, il est incontestable qu'ils devaient se battre jusqu'à destruction complète dans la sortie du 10 août 1904. Ce jour-là, ils avaient à choisir entre faire couler leurs navires par la flotte japonaise en lui faisant le plus de mal possible, ou la conserver pour une destruction, dans le port même, à laquelle rien ne lui permettrait d'échapper. Il est probable que si l'amiral Witheft n'avait pas été tué, la première façon d'agir aurait été adoptée. Que sa mort ait déterminé la transmission du commandement à un prince qui paraissait être fort mal préparé pour l'exercer, c'est un malheur dont l'escadre elle-même ne saurait être rendue responsable, mais que ses officiers pourraient reprocher au grand état-major de la marine russe.

Il y a là une leçon dont toutes les marines doivent tirer profit. Elle établit très nettement la nécessité de ne laisser parvenir dans les hauts grades que des officiers ayant toutes les qualités nécessaires dans le commandement. La mort frappera toujours beaucoup les commandants d'escadres, de divisions ou de bâtiments, car, au contraire de ce qui se passe dans les armées, ils sont toujours très exposés. L'expérience de la guerre russo-japonaise s'ajoute, sur ce point, à celle de toutes les guerres précédentes. L'amiral Makharoff, commandant en chef de l'escadre de Port-Arthur a été tué dans l'explosion du *Petropavlovsk,* l'amiral Witheft qui lui avait succédé dans le commandement de cette même escadre fut tué au cours de la bataille du 10 août par un projectile qui éclata dans le kiosque de commandement ; l'amiral Rodjestvensky lui-même fut blessé presque dès le début de la bataille de Tsou-Shima et ne paraît pas avoir exercé, à partir de ce moment, le moindre rôle directeur. Plusieurs commandants de navires grands ou petits furent également frappés à mort au cours des divers combats qui ont été livrés pendant le cours de la guerre russo-japonaise. Il est donc indispensable que tout officier supérieur embarqué sur un grand navire comme second soit apte à le commander et que tout officier général soit capable de prendre à l'improviste le commandement d'une division ou d'une escadre.

J'ai entendu raconter une anecdote piquante sur l'amiral Dupetit-Thouars qui me revient en ce moment à la mémoire. Il venait de prendre le commandement de l'escadre de la Méditerranée et inspectait les cuirassés placés sous ses ordres. En arrivant sur le pont de l'un d'entre eux, il est reçu par le commandant auquel il dit ces simples mots : « Vous êtes mort ; rendez-vous dans votre chambre. » Puis il fait appeler le commandant en second et lui donne le même ordre. Faisant venir alors le plus ancien lieutenant de vaisseau, il lui ordonna de prendre le commandement du navire. On ne disait pas s'il avait été satisfait de la façon dont cet officier se tira de son commandement improvisé. J'avais retenu cette anecdote, parce qu'elle me paraissait contenir un enseignement précieux. Les leçons de la guerre russo-japonaise en soulignent singulièrement la signification. Elles montrent combien il peut être dangereux de tenir compte, dans le choix des officiers supérieurs et généraux surtout, de toute autre considération que celles tirées de leur valeur technique et de leurs qualités de commandement. Certes, les Russes ont bien fait d'enlever au prince Ouchtomsky une autorité dont il n'avait pas su faire un usage convenable dans la bataille du 10 août 1904, mais ils auraient mieux fait encore en ne donnant pas les étoiles d'amiral à un officier qui ne possédait pas les qualités exigées pour les hauts commandements. Les démocraties n'étant pas plus que les autocraties à l'abri de pareilles fautes, il me parait utile de noter, d'une façon particulière, l'enseignement que la guerre russo-japonaise nous donne au sujet du choix des officiers.

Un autre reproche a été adressé au commandement russe. On s'est montré surpris que l'amiral Rodjestvensky ait choisi pour se rendre à Vladivostock la route qui passe par le détroit de Corée et qui devait être la mieux gardée par les Japonais, celle où il aurait le plus de chances de rencontrer l'escadre de l'amiral Togo et d'être attaqué dans les conditions les plus défavorables pour sa propre flotte. Les uns lui reprochent de n'avoir pas pris le large au Nord de Formose, pour contourner à l'Est les îles du Japon et gagner Vladivostock par le Nord, c'est-à-dire par le détroit de Soya. D'autres s'attendaient à le voir passer à l'Est des îles Kiou-Siou et Nippon, puis prendre, entre l'île Nippon et l'île Yéso le détroit de Tsugar qui le conduisait juste en face de Vladivostock. Les officiers japonais, se montrent, en général, moins sévères, sur ce point, pour l'amiral Rodjestvensky que ses compatriotes. Ils font valoir que la route par le Nord du Japon était extrêmement longue et rendait fort difficile le ravitaillement en charbon des navires russes, sans les mettre à l'abri d'une attaque de l'amiral Togo, car celui-ci pouvait facilement faire surveiller la marche de son ennemi et aller l'attendre devant Vladivostock. Tout ce que Rodjestvensky aurait pu espérer du choix de cette route, c'eût été d'arriver au lieu du combat sans charbon et avec des équipages fourbus. Il aurait perdu, dans cette partie de sa course, tout le bénéfice du repos qu'il avait fait prendre à ses équipages sur les côtes de Madagascar et de l'Indo-Chine. Les officiers japonais déclarent donc qu'ils n'ont jamais considéré comme possible le choix de la route du Nord que certaines personnes reprochent à l'amiral Rodjestvensky de n'avoir pas prise.

Ils ne considéraient pas davantage comme probable que Rodjestvensky tentât de gagner Vladivostock par le détroit de Tsugar. Celui-ci est très long, étroit et très difficile, surtout par les temps de brouillard. En outre, Rodjestvensky devait, *a priori*, supposer qu'on y avait placé des mines flottantes, car les navires de commerce étaient avisés de ne s'y engager qu'avec des pilotes spéciaux.

Ces deux routes écartées pour les raisons majeures que donnent, je le répète, les officiers japonais eux-mêmes, il ne restait plus à l'amiral Rodjestvensky que de passer par le détroit de Corée, en y pénétrant soit à l'Est, soit à l'Ouest des îles Tsou-Shima. A l'Est, le détroit de Kruzenstern est rétréci par l'île Ki-Shima. A l'Ouest, c'est-à-dire par le détroit de Broughton le passage est beaucoup plus large et les russes pouvaient espérer que le brouillard les y soustrairait à la surveillance de l'amiral Togo. On sait que le brouillard se dissipa au moment même où l'escadre russe espérait pouvoir en profiter.

D'après une correspondance adressée au *Times* [1], l'amiral Togo et ses capitaines avaient adopté depuis longtemps, pour les motifs exposés ci-dessus, la conclusion que l'escadre de l'amiral Rodjestvenský passerait forcément par le détroit de Broughton ou par celui de Krusenstern et ils l'attendirent tranquillement à Tsou-Shima, entre les deux détroits. Les reproches adressés à l'amiral russe au sujet du choix de sa route étaient donc injustifiés. On peut seulement se demander pourquoi il choisit le détroit de Krusenstern au lieu de celui de Broughton qui est plus large; mais c'est là une question secondaire.

Un autre reproche plus grave lui a été fait : on a vivement critiqué la formation avec laquelle il se présenta au combat. Il avait disposé ses bâtiments sur deux files : celle de droite, formée par les cuirassés et les croiseurs cuirassés; celle de gauche composée par les croiseurs protégés. Entre les deux étaient les transports et les petits navires. Il est évident que cette disposition était peu favorable, car les cuirassés risquaient d'être embarrassés dans leurs mouvements par les transports et les croiseurs protégés; c'est, en effet, ce qui se produisit dès le début de la bataille. Le fait que la file de droite était formée par les meilleurs cuirassés russes semble indiquer que Rod-

1. *Times*, 31 juillet 1905, p. 6, col. 1.

jestvensky s'attendait à voir l'escadre japonaise venir de l'Est, c'est-à-dire de la côte japonaise. On sait qu'elle déboucha, au contraire, de l'Ouest, au Nord des îles Tsou-Shima. Elle s'avança aussitôt de l'Ouest à l'Est pour couper la route aux Russes et ouvrit le feu sur leurs têtes de colonnes dès qu'elle fut à bonne portée.

D'après les observations d'officiers japonais notées par le correspondant du *Times* à Tokio, la disposition adoptée par l'amiral Rodjestvensky eut pour conséquence grave de contraindre ses navires à ne tirer qu'avec leurs canons de l'avant alors que les navires japonais tiraient avec toutes les pièces d'un bord, en concentrant leurs feux sur les têtes des deux files russes. C'est donc toute une bordée de chaque navire japonais qui tombait à la fois sur les cuirassés russes de tête, tandis que ceux-ci ne pouvaient se servir que des pièces de l'avant. De plus, à cause de la distance, les navires qui tenaient la queue des deux files russes ne pouvaient pas faire un tir véritablement efficace. Dans ces conditions, dès que les têtes des files russes eurent été désemparées, le désordre se mit dans les files elles-mêmes et la bataille était perdue. Il n'avait fallu à l'amiral Togo, pour obtenir ce résultat, que trente-sept minutes.

Il y a là une leçon qu'il importe de retenir. On a imaginé parfois des combinaisons pour rendre possible la lutte de navires moins protégés et plus rapides contre des navires moins rapides mais très protégés; or, toutes ces combinaisons reposent, en principe, sur le fait que le navire moins protégé s'arrange de façon à ne présenter, autant que possible, à l'ennemi que son avant ou son arrière, c'est-à-dire une surface tangible aussi peu étendue que possible. On oublie que le navire ne peut, dans ces positions, faire usage que d'un nombre restreint de ses pièces. Si l'ennemi est en situation, pendant ce temps, d'user de toutes les pièces d'un bord de ses navires, et de concentrer le feu de tous ses bâtiments tour à tour sur chacun de ceux qui cherchent à l'éviter, il importe assez peu que ces derniers se présentent soit par l'avant ou l'arrière, soit par le flanc ; ils seront, dans tous les cas, criblés de fer les uns après les autres. C'est précisément ce qui s'est passé dans la bataille de Tsou-Shima. De cette bataille il résulte très clairement que la meilleure formation de combat est celle qui permet à une escadre de tirer simultanément avec le plus grand nombre possible de ses pièces, à la condition que ses coques et son artillerie soient aussi fortement protégées que possible. Et c'est un argument de plus à l'appui de ce principe rationnel, aujourd'hui confirmé par l'expérience de la guerre, que la protection d'un bâtiment à artillerie doit être rigoureusement proportionnée à sa puissance offensive.

Revenons au plan de l'amiral Rodjestvensky. On s'est demandé s'il n'aurait pas mieux fait de n'aller au combat qu'avec ses bâtiments cuirassés, en laissant les autres à la traîne. Il est certain que ses transports de charbon et ses croiseurs protégés non seulement ne pouvaient lui être d'aucune utilité, mais encore devaient contribuer à sa défaite, en mettant le désordre dans son escadre combattante. Il n'est pas possible qu'il n'ait pas fait lui-même cette réflexion, et si elle n'a pas influé sur ses décisions, c'est que, probablement, il songeait beaucoup plus à passer qu'à se battre. Cela résulte non seulement de la formation de sa flotte, mais encore des mouvements qu'il ordonna pendant la bataille même à ses navires. Tous indiquent surtout le désir d'échapper à la flotte japonaise. S'il est une faute qu'on puisse lui reprocher, c'est précisément celle-là. Il semble qu'il soit arrivé sur le lieu du combat sans l'avoir prévu et n'ayant pris aucune disposition spéciale en vue d'une bataille qui, cependant était inévitable. De même que les Japonais l'attendaient dans le détroit de Corée parce qu'il ne pouvait pas passer ailleurs, il aurait dû s'attendre lui-même à trouver là les Japonais tout prêts pour la bataille. Il aurait dû, au moins, se faire éclairer par des croiseurs ; or, on a vu plus haut que non seulement il n'était pas éclairé, mais qu'il laissa les Japonais s'éclairer tout à leur aise sur sa marche.

Je ne veux pas insister davantage sur ces délicates questions. Je me borne à conclure que si bien des reproches injustifiés ou exagérés ont été adressés aux officiers et aux grands chefs russes — les plus durs émanant d'ailleurs de leurs pairs — il en est un dont la justesse paraît ne pas pouvoir être contestée, c'est qu'ils se sont montrés, en général, de même que leurs équipages, inférieurs à leur tâche. Ce qui manque évidemment le plus à l'armée et à la marine russes, c'est le commandement.

Dans les articles publiés en juillet 1905 par la *Novoïe Vremia*, le commandant Clado dit au sujet du personnel de la flotte de Rodjestvensky : « De Libau il est non seulement sorti de mauvais marins, mais en même temps « de mauvais marins de guerre. De là sont partis des « amiraux, des commandants, des officiers n'ayant jamais « étudié ni le fond des questions de la guerre navale, ni la « stratégie, ni la tactique maritime actuelle. Tous ont « grandi dans une atmosphère de suffisance, de mépris « des choses de la guerre et souvent même de la science. « Beaucoup sont restés dans cette conviction qu'ils ne « pouvaient compléter leurs connaissances parce que « dans notre flotte, depuis longtemps déjà, il n'a pas

« été exécuté de manœuvres. Voilà pourquoi on a cons-
« tatédans notre escadre une mauvaise stratégie des mou-
« vements; voilà pourquoi il n'a pas été exécuté de
« service de reconnaissance et il n'a pas été effectué de
« formations avantageuses; voilà pourquoi nos navires
« sont restés peints en noir avec leurs cheminées en
« jaune; voilà pourquoi personne ne fut initié aux plans
« du chef. Je ne veux accuser ni les amiraux, ni les offi-
« ciers; ils ne pouvaient être que les victimes de cette
« ignorance de l'art de la guerre dans laquelle croupit le
« personnel de notre marine. »

En France, il a été fait beaucoup déjà pour l'instruction des officiers de notre marine, mais il reste encore beaucoup à faire, surtout au point de vue pratique.

Pour la théorie, nous n'avons rien à envier aux marines étrangères. Nos officiers sortent du *Borda* ou de l'École des élèves-officiers aussi instruits qu'ils doivent l'être pour remplir tous les devoirs de leur carrière. D'un autre côté, l'entrée à l'École supérieure de la marine est sollicitée par un très grand nombre d'officiers qui s'y montrent fort assidus et en sortent pourvus de toutes les connaissances techniques nécessaires aux commandants des navires, des divisions et des escadres. Les Écoles de canonnage et de torpilles forment, de leur côté, des officiers pratiques d'une haute valeur et qui offrent l'avantage de pouvoir servir tour à tour soit dans la manœuvre, soit dans le canonnage ou la torpillerie. Enfin, nos officiers mécaniciens sont tout à fait à la hauteur des fonctions délicates qu'ils ont à remplir. Ils s'opposent, en général, à la création d'une École supérieure analogue à celle du *Borda*, parce qu'ils estiment que l'une de leurs qualités principales, actuellement, est d'être des praticiens habiles, autant et plus que des théoriciens savants. Peut-être ont-ils raison.

Les seuls desiderata qui me paraissent devoir être formulés sont relatifs à l'instruction pratique des officiers. J'estime, en premier lieu, qu'aucun officier ne devrait être embarqué dans les escadres des mers métropolitaines avant d'avoir passé par celles des mers lointaines. Il y a encore trop d'officiers qui ne sont jamais sortis d'Europe ; ceux-là ne sont pas, ne peuvent pas être des marins, dans le sens scientifique du mot. C'est pour remédier à ce défaut que j'avais prévu, dans les décrets des 1er et 23 avril 1902 l'embarquement obligatoire des aspirants et des enseignes de vaisseau dans les escadres de croiseurs de l'Extrême-Orient et de l'Atlantique. Je crois qu'il serait utile de revenir non seulement à la constitution de ces escadres mais encore à l'embarquement obligatoire sur leurs navires de tous les officiers avant qu'ils ne passent sur les escadres métropolitaines.

En second lieu, il est indispensable que les officiers, tant des escadres métropolitaines que des escadres des mers lointaines soient contraints à des manœuvres incessantes, à la mer, et que dans ces manœuvres, on les habitue à prendre de l'initiative. Il serait bon, par exemple, que tout officier d'un navire fût exercé à le commander, en choisissant bien entendu, les conditions dans lesquelles on lui confierait ce rôle et en surveillant sa conduite de manière à éviter les fausses manœuvres dangereuses. Il faudrait, d'autre part, habituer les officiers supérieurs à exercer le commandement des divisions qui seront placées sous leurs ordres quand ils auront les étoiles. Il peut arriver, en effet, telle circonstance où le dernier des officiers d'un bâtiment doive en prendre la direction à l'improviste, de même qu'un capitaine de vaisseau soit obligé de remplacer tout à coup un amiral. Il faut que l'un et l'autre soient à même de faire face à ces éventualités. La discipline et l'initiative sont parfaitement conciliables et il faut que les officiers aient beaucoup d'initiative tout en restant très disciplinés.

Il est enfin indispensable d'habituer les officiers généraux les plus anciens au commandement de grandes masses de navires. C'est pour cela que j'avais institué des manœuvres d'armée navale, dans lesquelles, chaque année, un officier général prenait, pendant un mois ou deux le commandement de nos escadres de la Méditerranée et du Nord, des escadres de réserve, des défenses mobiles, etc. Ces manœuvres sont indispensables pour habituer les officiers de tous les grades aux grandes opérations d'ensemble dans lesquelles une part d'initiative revient à chacun, et où se forment les grands chefs pour la guerre.

Pour donner à ces manœuvres toute leur portée instructive, il faudrait qu'il y fût procédé par tous les bâtiments à des tirs avec charge de combat sur des buts mobiles et par tous les temps.

Pour ce qui est des équipages, les enseignements de la guerre russo-japonaise ont confirmé toutes les observations que j'ai eu l'occasion de présenter aux Chambres et au public lors de la discussion et du vote du programme de 1900.

En France les hommes de manœuvre ne font pas défaut. L'inscription maritime en fournit autant et plus qu'il ne nous en faut, et c'est un motif pour la conserver. Mais, actuellement, les inscrits maritimes figurent pour la plupart, parmi les hommes les moins instruits de notre pays. Beaucoup sont à peine capables de faire des canonniers et un très grand nombre ne pourraient pas devenir mécaniciens. D'un autre côté, le recrutement volontaire ne donne pas un nombre suffisant de jeunes gens susceptibles de devenir de bons mécaniciens ou de bons canonniers.

Pour les mécaniciens, ce n'est pas seulement en France qu'il en est ainsi ; c'est encore dans toutes les grandes marines. Nulle part on ne trouve à en recruter un nombre suffisant et beaucoup de ceux dont on dispose n'ont pas une valeur proportionnée à la perfection qu'atteint le mécanisme des navires de guerre modernes. En France, nous sommes obligés de transformer en ouvriers mécaniciens de simples chauffeurs brevetés, et encore nous n'avons pas toujours le personnel dont nous aurions besoin. L'Angleterre elle-même n'est pas mieux dotée que nous à cet égard[1].

Nous manquons également de canonniers. Ne trouvant pas à en recruter un nombre suffisant par les engagements volontaires, nous sommes contraints de faire appel aux hommes de l'inscription maritime. Or, leur instruction générale est presque toujours très défectueuse ; et ce n'est qu'à grand'peine que nous parvenons à fabriquer des canonniers dont nos chefs d'escadre ne sont pas éloignés de se plaindre, malgré les qualités non douteuses qu'ils possèdent.

On constate, en particulier, leur inhabileté à entretenir les appareils mécaniques des canons et des monte-charges dont le soin leur est confié. Ils ne possèdent pas assez de notions de mécanique. Cette plainte est légitime, car plus nous allons et plus les appareils de l'artillerie se com-

1. Voyez DE LANESSAN, *Le Programme maritime de* 1900-1906, p. 100, note 1. (Paris, F. Alcan.)

pliquent, exigeant un personnel de plus en plus habile et instruit.

Nos chefs militaires font remarquer encore qu'avec les modifications et les perfectionnements incessants du matériel actuel, il est inadmissible que nos matelots de spécialités puissent arriver au grade de premier maître avec la seule instruction qui leur a valu leur brevet. Ils demandent qu'on envoie *obligatoirement*, de temps à autre, les quartiers-maîtres et officiers mariniers des spécialités du canonnage, des torpilles et de la mousqueterie, se mettre au courant dans les Écoles qui les ont brevetés et y faire constater qu'ils ont conservé leur capacité. Ils voudraient enfin que les incapables pussent être congédiés après quinze ans de service avec une retraite proportionnelle.

Les croiseurs cuirassés à grande vitesse exigent un personnel de mécaniciens et surtout de canonniers plus habile encore, si possible, que celui des vaisseaux de ligne. Moins, en effet, la stabilité de plate-forme d'un navire est grande, et plus il est difficile de tirer convenablement avec les pièces qu'il porte. Or, nous savons déjà que l'un des caractères essentiels des croiseurs, l'un de leurs défauts inévitables, devrions-nous dire, est le peu de stabilité de leur plate-forme. Ils roulent par des mers qui n'ont aucun effet sur les cuirassés ; il faut presque toujours que leurs canonniers tirent, en quelque sorte, au vol ; il faut, par conséquent, qu'ils soient plus habiles et plus expérimentés, sinon plus instruits théoriquement que ceux des cuirassés.

Il est bien évident que plus on augmentera le nombre des croiseurs et plus il sera difficile de réunir le personnel d'élite si impérieusement exigé par les chaufferies, les machines et l'artillerie de ces navires,

Enfin, il importe de noter que la réduction à deux ans du service militaire dans l'armée de terre accroît notablement la différence qui existe déjà entre la durée du service actif des inscrits maritimes et celle du service des autres citoyens. Il faut s'attendre à ce que les inscrits s'appuient sur cette considération pour demander qu'on réduise le temps de leur séjour à bord des navires de guerre. Déjà des manifestations ont été faites dans ce sens.

Pour toutes ces raisons, notre marine doit se préoccuper très sérieusement et sans délai du recrutement de ses équipages. Elle doit porter son attention sur ce point avec d'autant plus de hâte que nos chantiers nous livrent, en ce moment, des unités très puissantes, très modernes et comportant des organismes aussi délicats que difficiles à conduire. Or, à mesure que s'élève l'effectif des hommes dont notre marine a besoin et que s'accroît la complexité des différents organes des navires, le goût pour le service militaire va sans cesse en diminuant parmi nos populations.

Il est donc indispensable que la marine se préoccupe de la création de moyens spéciaux de recrutement pour ses équipages et, en particulier, pour les spécialités qui exigent une certaine science théorique et pratique, telles que celles des mécaniciens et des canonniers. En Angleterre, où les difficultés du recrutement pour la flotte de guerre sont plus grandes encore qu'en France, car l'inscription maritime n'existe pas, l'amirauté fait à peu près face à ses besoins à l'aide d'écoles où l'on reçoit des enfants qui s'engagent à servir pendant douze années sur les navires de l'Etat. On les attire dans ces écoles et on les retient au service par des avantages de toutes sortes. Il est indispensable que nous ayons recours à des moyens analogues[1].

Nous sommes entrés déjà dans cette voie, mais d'une façon beaucoup trop modeste. Notre École des mousses de Brest ne contient que 800 enfants ; il en faudrait trois ou quatre fois plus. L'École des apprentis mécaniciens de Lorient que j'ai créée en 1900 ne compte actuellement que 750 élèves ; il faudrait en multiplier beaucoup le nombre. Or, ce ne sont pas les élèves qui manqueraient à ces Écoles, car chaque jour le ministère en refuse qui se présentent dans les meilleures conditions. Il suffit donc d'augmenter l'importance des Écoles déjà existantes et d'en créer de nouvelles pour répondre aux besoins de notre marine. C'est une dépense à faire, mais cette dépense doit être considérée comme inévitable par tous ceux qui ont le souci de la puissance maritime de notre pays.

Etant ministre de la marine je m'étais beaucoup occupé de cette question capitale. Après avoir constaté le succès de l'École des mousses de Brest et celui de l'École des apprentis mécaniciens de Lorient, je m'assurai le concours des municipalités de certaines villes de commerce, et je créai, par décret du 29 janvier 1901, en vue du recrutement des spécialités de notre flotte un organisme nouveau, auquel je donnai le non d'*Écoles professionnelles maritimes*. Aussitôt la municipalité de Bordeaux signa une con-

1. L'Angleterre possède actuellement neuf Écoles de mousses dans lesquelles se forment la majeure partie de ses équipages. Ces Écoles comptent de 9 à 10.000 élèves. En 1905, plus de 75.000 hommes des effectifs anglais proviennent des « boys », pris de quinze à seize ans. Ils reçoivent pendant deux années environ une instruction spéciale en vue du « continuous service ». Ils s'engagent à l'âge de dix-huit ans pour douze années, c'est-à-dire jusqu'à trente ans. Environ 25 p. 100 de ces hommes reprennent de l'engagement jusqu'à quarante ans.

vention par laquelle elle prenait à sa charge la moitié des frais d'entretien de ces Écoles. Après mon départ, l'idée fut abandonnée. Je la crois assez bonne pour estimer qu'il serait utile de la reprendre. Son succès pratique ne saurait faire de doute, car en même temps que je signais avec la ville de Bordeaux la convention à laquelle je viens de faire allusion, celle de Marseille me faisait des propositions pour la création d'une autre École dans cette ville. Le Havre, Nantes, etc., auraient certainement suivi ces exemples, si l'on n'avait pas laissé tomber en désuétude le décret du 29 janvier 1901.

Les enseignements maritimes de la guerre russo-japonaise confirment d'une façon si formelle les considérations dont j'avais fait précéder le décret du 29 janvier 1901, que je me crois autorisé à les reproduire ici, comme conclusion de la partie du présent ouvrage relative aux équipages.

« L'évolution subie par les navires de guerre dans le « sens d'une augmentation incessante de l'importance du « machinisme, disais-je, a exigé une évolution parallèle « de l'habileté professionnelle du personnel des équipages. « A mesure que les organes principaux et secondaires des « navires se multipliaient et se diversifiaient, il a fallu « instruire les hommes des équipages en vue du service « de chacun de ces organes.

« Le personnel des équipages modernes s'est ainsi peu « à peu divisé en deux catégories bien distinctes : celle « des simples matelots, auxquels incombent tous les tra- « vaux courants du bord, et celle des marins de spéciali- « tés, qui sont chargés de toutes les besognes exigeant « une certaine instruction générale ou professionnelle. Le « nombre des spécialités s'est accru au point que la cons-

« titution des équipages est rendue fort difficile par la « nécessité où l'on est de réunir sur chaque navire tous « les hommes spéciaux qu'exigent la conduite et l'entre« tien de ses multiples organes.

« Mais si la multiplication des spécialités du personnel « a marché parallèlement à la différenciation des organes « du matériel, la valeur du personnel a progressé moins « rapidement que n'a crû la complexité du matériel. Cer« tains rapports des commandants de nos navires et des « chefs de nos escadres signalent l'insuffisance d'une « notable partie des hommes de nos équipages et per« mettent de conclure qu'en ce moment le matériel est « plus perfectionné que le personnel n'est savant. En « d'autres termes, l'évolution scientifique du personnel a « marché moins vite que celle du matériel...

« Parmi les spécialités entre lesquelles nos équipages « se divisent, il en est surtout trois qui exigent des con« naissances sérieuses; ce sont celles des mécaniciens, des « torpilleurs et des canonniers.

« Bien que les machines, chaudières, canons et torpilles « soient des appareils différents aussi bien dans leur cons« truction que dans leur manœuvre et leur entretien, il « nous semble nécessaire de donner d'abord au personnel « qui sera chargé des uns et des autres des connaissances « générales communes et utiles à tous. Il est facile de se « rendre compte de cette nécessité en examinant les fonc« tions que remplissent à bord les diverses catégories de « personnel que nous venons d'énumérer. Et d'abord, il « est presque inutile de dire que les mécaniciens ne sau« raient remplir leurs fonctions d'une manière conve« nable que s'ils joignent la possession de connaissances « sérieuses en physique, en mécanique et même en chi-

« mie, à une expérience consommée des divers types « d'appareils évaporatoires et moteurs qui existent à bord « des navires de guerre modernes.

« Les torpilleurs doivent avoir des notions étendues, « théoriques et pratiques, des parties de la physique rela- « tives à l'électricité, à la chaleur et à la lumière, possé- « der les principes de la mécanique et la connaissance de « certains phénomènes chimiques.

« Les canonniers ne seront, désormais, à la hauteur de « leur tâche que s'ils savent, indépendamment du tir de « leurs pièces, monter, démonter et entretenir d'une « manière convenable les appareils mécaniques si déli- « cats des culasses, des affûts et des monte-charges, et « s'ils possèdent quelques notions des poudres et des pro- « jectiles dont ils ont le maniement quotidien.

« Ils devront aussi posséder les éléments de physique « nécessaires pour la compréhension et la conduite des « organes de manœuvre hydrauliques ou électriques, des « tourelles et des affûts pour le pointage électrique ou « optique des pièces, etc. Enfin, tous devront posséder, « en même temps que les connaissances professionnelles, « des éléments de métallurgie et, au moins, les notions « descriptives de l'architecture du navire dans lequel « sont placés, dans des conditions qui ne sont pas indif- « férentes, les divers appareils dont ils ont la conduite et « l'entretien.

« Il sera indispensable aussi que tous possèdent, d'une « manière spéciale, les éléments du dessin, soit géomé- « tral, soit perspectif, leur permettant d'exécuter rapide- « ment des croquis cotés et clairs des diverses pièces d'une « machine ou d'un appareil quelconque.

« L'utilité de ces connaissances générales n'est pas

« douteuse, aussi bien pour le mécanicien que pour le « torpilleur ou le canonnier, et leur acquisition contri« buera à développer chez ceux qui les posséderont l'ini« tiative et la décision, qualités éminemment précieuses « dans la marine.

« Il est bien entendu que les mécaniciens, torpilleurs « et canonniers auxquels nous faisons allusion ne sont « que les hommes d'élite de ces trois spécialités. Nous ne « prétendons pas que tout mécanicien, tout torpilleur ou « tout canonnier de nos navires de guerre doive être « nécessairement pourvu de la science professionnelle et « théorique dont il est question ci-dessus. Il nous suffirait « qu'à bord de chaque bâtiment, il y eût un nombre « déterminé de sujets véritablement instruits, appelés à « conduire les autres et constituant une catégorie de « « brevetés supérieurs » dont le nombre serait graduelle« ment accru.

« Les connaissances théoriques et pratiques et l'expé« rience que devraient posséder tous les brevetés supé« rieurs de nos trois grandes spécialités maritimes, pour « faire face convenablement à leurs devoirs, ne peuvent « être acquises ni dans les écoles primaires ni même dans « les collèges ou lycées de l'instruction secondaire. Aussi, « ni les hommes de l'inscription maritime ni même ceux « que nos navires tirent de l'engagement volontaire ne « les possèdent-ils au moment où ils embarquent sur nos « bâtiments de guerre pour y accomplir leur service mili« taire. »

Après avoir dit que les Écoles des spécialités de la marine ne peuvent, en général, former que des hommes d'une instruction strictement limitée à chaque spécialité et, par conséquent, peu développée, et avoir montré l'impossibilité de recruter dans l'industrie tous les mécaniciens dont la marine a besoin, j'ajoutais :

« Pour sortir de cette situation, le moyen qui me paraît « le plus efficace consiste dans la création d'Écoles où la « marine formera elle-même, dès l'enfance, les sujets « dont elle a besoin pour ses principales spécialités, c'est-« à-dire pour le service des machines et chaudières, des « torpilles et engins sous-marins, des appareils élec-« triques et hydrauliques de son artillerie.

« On n'admettra comme élèves titulaires, dans les « *Écoles professionnelles maritimes*, que des enfants « pourvus du certificat d'études primaires, ayant de treize « à quinze ans et doués d'une forte constitution phy-« sique. Si le nombre des candidats était supérieur aux « besoins de l'École, il serait institué un examen d'entrée « ayant pour objet d'éliminer les moins intelligents et les « moins robustes.

« Les principales matières enseignées seront les parties « de la chimie, de la physique, de la mécanique, de la « métallurgie et le dessin, dont la connaissance est néces-« saire aux très bons ouvriers mécaniciens et électriciens « tant de la marine militaire ou de commerce que des « grandes industries. L'enseignement de ces matières « devra être dirigé de telle sorte que l'observation, l'ex-« périence et la pratique en forment la base essentielle. « Il sera complété par le travail dans les ateliers de l'École.

« Tout jeune homme devra pouvoir, à sa sortie de « l'École, être placé indifféremment soit dans la chaufferie « ou dans la machine d'un navire de guerre quelconque, « soit devant l'un des nombreux appareils auxiliaires à « vapeur, électriques ou hydrauliques de ces mêmes bâti-« ments.

« On enseignera aussi à tous les élèves non seulement « le pointage et le tir des fusils et des canons des divers « calibres, mais encore leur manœuvre ; on les familiari- « sera avec le démontage et l'entretien des culasses, des « affûts, des monte-charges, etc., en un mot, des pièces « diverses dont se compose l'artillerie et la mousqueterie- « rie modernes et leurs accessoires. On leur donnera le « même enseignement en ce qui concerne les torpilles et « autres engins sous-marins.

« Leur instruction en ces matières devra être telle qu'on « puisse, quand ils auront été versés dans le service actif, « les faire passer alternativement et suivant les besoins « de chaque navire, des machines et chaudières aux ca- « nons ou aux torpilles et réciproquement. En un mot, « on les instruira dans les trois grandes spécialités de la « marine de guerre, assez solidement pour qu'il soit pos- « sible de les attribuer indifféremment à l'une quelconque « de ces spécialités, sauf à leur permettre de se consacrer « exclusivement à l'une d'entre elles à partir du moment « où ils entreront dans la maistrance. Autant, en effet, il « est désirable, pour faciliter la constitution des équi- « pages, de ne pas trop spécialiser les non gradés, autant « il est avantageux de maintenir les chefs dans une spé- « cialité déterminée, afin d'accroître leur compétence et « l'autorité morale qui en découle.

« Nous attachons, d'ailleurs, une grande importance à « ce que tous les élèves de nos Écoles professionnelles « maritimes soient, à la fois, des marins, des combat- « tants et des mécaniciens. Nous pensons qu'on a trop de « tendance à séparer ces éléments les uns des autres, et « nous encouragerons de toutes nos forces le rapproche- « ment, aussi bien dans les cadres de la maistrance que

« dans ceux des états-majors, de l'élément combattant et « de l'élément mécanicien.

« Enfin, en obligeant les élèves des Écoles profession- « nelles maritimes à s'instruire en vue des trois spécia- « lités, aujourd'hui tout à fait distinctes, de mécanicien, « torpilleur et canonnier, nous n'avons pas seulement « pour but de rendre plus facile la constitution des équi- « pages, nous nous préoccupons aussi du sort de ces « jeunes gens après qu'ils auront quitté la marine de « guerre, nous voulons qu'ils soient tous en possession « de connaissances générales et professionnelles qui leur « permettent de gagner leur vie en dehors de la marine, « et nous pensons qu'en agissant ainsi, nous faciliterons « beaucoup le recrutement de nos Écoles.

« La masse des élèves sera mise en service sur les bâti- « ments de guerre entre dix-huit et vingt ans. Les meil- « leurs sujets seront autorisés à suivre pendant un an des « cours de perfectionnement où ils puiseront une instruc- « tion complémentaire suffisante pour qu'ils puissent être « promus dans la maistrance dès qu'ils rempliront les « conditions exigées par la loi. Le programme de cette « année d'études sera tel qu'il prépare et facilite l'accès « ultérieur au grade d'officier des jeunes gens qui en « auront suivi les cours avec fruit et qui voudront faire « leur carrière dans la marine...

« Pour éviter qu'il se produise aucun arrêt dans le « recrutement actuel des spécialités, nous avons soin de « maintenir l'École des apprentis mécaniciens de Lorient, « l'École des mécaniciens de Brest, l'École des torpilles et « l'École de canonnage de Toulon. Ces diverses Écoles « continueront à fonctionner dans les conditions actuelles, « jusqu'à ce que les *Écoles professionnelles maritimes*

« soient en état de fournir à notre flotte de guerre tous « les sujets d'élite, tous les brevetés supérieurs qu'exigent « les trois grandes spécialités de mécanicien, torpilleur « et canonnier.

« Par ces diverses mesures, nous espérons faire des « Écoles professionnelles maritimes instituées par le pré- « sent décret, non seulement des pépinières de marins « instruits et de mécaniciens ou électriciens assurés de « gagner ultérieurement leur vie dans la marine mar- « chande ou l'industrie, mais encore une source de recru- « tement de nos officiers mariniers, très supérieure à « celle dont nous disposons aujourd'hui. La sélection, « en effet, portant sur un grand nombre de sujets instruits, « ne saurait donner que d'excellents produits. »

Rien n'empêche de reprendre aujourd'hui l'œuvre que je n'ai pas eu le temps de mener à bien ; rien, pas même la question financière, car on retrouverait, sans aucun doute, les concours qui s'étaient offerts à moi en 1901.

En résumé, la guerre russo-japonaise met en relief le principe déjà posé depuis longtemps par le raisonnement scientifique, que plus les navires sont perfectionnés et plus il est nécessaire d'avoir des équipages habiles. Or, le recrutement volontaire et les engagements à long terme peuvent seuls donner de tels équipages. Ainsi que je le disais dans un projet de loi sur le recrutement des équipages, déposé sur le bureau de la Chambre le 22 octobre 1901 et qui fut voté par elle le 25 mars 1902, « les flottes « modernes sont trop scientifiquement organisées pour « que des équipages temporaires et mobiles puissent leur « suffire ». Il faut retenir au service actif, le plus longtemps possible, par des rengagements et des réadmissions, les hommes des diverses provenances qui se montrent à la hauteur de leur tâche. Il faut surtout les recruter jeunes et les élever en vue de la marine, puis les y retenir par les avantages qu'elle leur procurera. Or, ils n'y resteront que s'ils sont assez instruits pour espérer de s'y faire une carrière honorable pendant la première phase de leur existence d'hommes faits, et si les connaissances acquises dans la marine leur facilitent l'accession à une profession lucrative quand ils seront rentrés dans la vie civile.

De même qu'au lieu d'accroître indéfiniment le nombre des unités de notre flotte, nous devons nous attacher à faire réaliser par chacune d'entre elles le maximum des progrès atteints au moment de sa mise en chantier, nous devons nous attacher à avoir un personnel d'officiers, de sous-officiers et de marins aussi instruits, aussi habiles et aussi disciplinés que possible.

L'avenir maritime est au matériel le plus parfait conduit par le personnel le plus savant.

CHAPITRE VII

L'OFFENSIVE ET LA DÉFENSIVE D'APRÈS LES ENSEIGNEMENTS DE LA GUERRE RUSSO-JAPONAISE

L'école de publicistes maritimes qui, depuis vingt-cinq ans, préconise l'abandon des vaisseaux de ligne cuirassés, avait pour principe essentiel que notre marine devrait renoncer à l'offensive et se confiner dans la défensive.

Il est donc intéressant d'étudier les enseignements que contient à cet égard la guerre russo-japonaise. Ces enseignements sont d'autant plus nets que l'un des deux belligérants s'est maintenu sans cesse sur la défensive, soit dans la guerre terrestre, soit dans la guerre maritime, tandis que l'autre a pris partout et constamment l'offensive.

A peine la guerre est-elle déclarée, le Japon prend vigoureusement l'offensive sur mer. Il fait attaquer par ses torpilleurs, pendant la nuit du 8 au 9 février, l'escadre de Port-Arthur qui n'est pas sur ses gardes. Deux cuirassés et un croiseur protégé russes sont blessés assez grièvement pour être réduits à ne pouvoir pas prendre la mer pendant plusieurs mois. La veille, les deux escadres étaient presque de même force, au point de vue du nombre des navires cuirassés, maintenant l'infériorité de la flotte russe est telle qu'il y aurait folie de sa part à se risquer dans un combat contre la flotte japonaise.

On a dit que les Japonais avaient violé les règles de la guerre en attaquant la flotte russe sans l'avoir prévenue. Ils ont répliqué qu'avertir l'ennemi n'était pas dans leur rôle, que leur gouvernement avait rompu toutes relations diplomatiques avant l'attaque du 8 février, qu'il appartenait à la Russie d'informer ses escadres et ses armées de la tension diplomatique existant depuis longtemps déjà et connue du monde entier, que bien des fois, les nations européennes ont ouvert les hostilités dans des conditions analogues, et qu'ils s'étaient bornés à user de leur droit. On sait aujourd'hui que l'escadre russe de Port-Arthur n'ignorait pas elle-même la situation politique et l'on ne comprendrait pas qu'elle ne se fût pas tenue sur ses gardes, si l'on ne savait avec quelle incurie toutes les affaires de la Russie sont traitées par la majeure partie de ses fonctionnaires, de ses généraux et de ses amiraux.

Sans discuter ici la question de savoir si l'attaque du 8 février s'est produite dans des conditions conformes ou contraires aux règles internationales, nous devons nous borner à constater, d'une part, que même en pleine paix, toute escadre et toute armée bien tenues doivent exercer une surveillance active autour d'elles, et, d'autre part, que toute escadre appartenant à une nation dont les relations diplomatiques avec une autre sont tendues, doit se tenir constamment sur le pied de guerre.

Comme le gouvernement russe était peu disposé à faire la guerre, du moins au moment où elle a éclaté, on comprend que son escadre d'Extrême-Orient n'ait pas pris l'offensive ; mais rien ne la peut justifier de s'être laissée surprendre comme elle le fut par les torpilleurs japonais. Elle peut d'autant moins en donner une raison plausible, que, dès le 7 février, l'escadre de l'amiral Togo s'était montrée sur les côtes de la Corée où ses navires avaient arrêté un paquebot russe, que de là, elle était descendue vers le Sud, c'est-à-dire vers Port-Arthur, pour s'établir aux îles Elliott, comme elle l'avait fait en 1894 au moment de l'ouverture des hostilités contre la Chine. La rupture diplomatique ayant eu lieu le 6 et ayant été communiquée par la Russie à toutes les puissances, il était de toute évidence que la marine japonaise prendrait l'offensive.

La hardiesse et l'impromptu de son premier acte ont eu des conséquences tellement graves pour l'escadre russe qu'elles seront, sans nul doute, imitées dans l'avenir par toute puissance maritime décidée à faire la guerre. On peut s'attendre à ce que toujours une opération soit exécutée au moment même de la rupture des relations diplomatiques. Il y a là un enseignement dont notre marine doit savoir tirer profit [1].

Avoir des forces toujours prêtes au combat, et veiller à ce que ces forces soient constamment aussi grandes que le comportent ses ressources budgétaires, tel

1. Dans une étude publiée par la *Revue de Paris* le 8 février 1904, sous la signature « lieutenant X... », on a reproduit les lignes suivantes, empruntées aux *Proceedings of the Royal United Service* et dans lesquelles se trouve formulé le principe appliqué par les Japonais. « Lorsque les puissances navales des deux belligérants sont à « peu près équivalentes, avant d'engager la bataille qui doit donner la suprématie sur mer, il faut s'efforcer d'obtenir dès le début « la supériorité numérique sur l'adversaire, en essayant de tomber « à l'improviste sur une partie de ses forces et de détruire ainsi « une ou plusieurs de ses unités de combat. On lui infligera ainsi « une perte irréparable pour toute la durée de la guerre, car, de nos « jours, la construction d'un grand navire demandant au moins « trois années, il est probable que les bâtiments mis en chantier « pendant la période des hostilités ne seront jamais construits à « temps pour être utilisés. Pour être certain de la réussite en ce « genre particulier d'attaque, on pourrait l'employer comme déclaration d'ouverture des hostilités dès que les relations diplomatiques ont été rompues. »

doit être son souci constant et celui du ministre de la marine.

Dès le 9 février au matin, la flotte japonaise elle-même prend l'offensive contre Port-Arthur, tente de contraindre les navires russes à sortir et tâte les batteries du front de mer. Au même moment, des croiseurs de l'amiral Togo attaquent les deux croiseurs russes que l'on avait eu le tort de laisser à Chemulpo, les battent et les contraignent à se faire couler.

Le Japon, alors, commence à débarquer en Corée des troupes qui se portent immédiatement vers le Yalou. Il prend, en un mot, l'offensive sur terre comme sur mer.

L'escadre russe de Port-Arthur ne pouvant plus sortir du port parce que les torpillages du premier jour l'ont trop affaiblie, les croiseurs de Chemulpo étant détruits et ceux que l'on avait eu le tort de laisser à Vladivostock ne pouvant pas en sortir à cause des glaces qui ferment le port, le Japon se trouve, dès le premier lever de soleil, après la déclaration de guerre, maître absolu de la mer. L'offensive hardie qu'il a prise lui a donné cette maîtrise. Et celle-ci assurera le tranquille transport de ses troupes, à travers le détroit de Corée, vers Chémulpo d'une part, vers l'embouchure du Yalou de l'autre.

L'armée russe ne comptait alors en Mandchourie que 45.700 hommes dont 20.000 à Port-Arthur et 120 pièces de campagne. Pour transporter d'autres troupes et d'autre matériel, elle n'avait que le chemin de fer transsibérien et transmandchourien, le premier coupé en 2 tronçons par le lac Baïkal. Il lui fallait des mois et des mois pour envoyer en Mandchourie les 4 ou 500.000 hommes qui lui étaient nécessaires, tandis qu'en quelques semaines, à travers la mer libre, le Japon pouvait, sans difficulté, sans souci, transporter sur le Yalou un même nombre de soldats avec leur armement, leurs munitions, leurs vivres, etc. Il est incontestable qu'à ce moment l'armée russe était incapable de prendre l'offensive; on ne peut donc pas lui reprocher de ne l'avoir pas fait. Mais il n'en est pas moins certain que n'ayant pas fait les préparatifs nécessaires en vue de la guerre, les Russes se trouvaient dans une fort mauvaise situation, car ils n'avaient pas assez de troupes en Mandchourie pour résister aux premiers chocs de l'ennemi.

Dès le 1er mai, les troupes japonaises sont maîtresses de l'estuaire du Yalou. Au milieu du même mois, elles sont établies sur les deux côtes est et ouest de l'isthme de Chan-Toung, coupent les communications de Port-Arthur avec l'armée russe de Mandchourie et prennent possession du port de Dalny abandonné par les Russes.

Ceux-ci sont encore obligés par l'insuffisance de leurs effectifs de remonter vers Liao-Yang et de s'y fortifier, tandis que les Japonais investissent Port-Arthur avec l'une de leurs armées et font remonter aux trois autres la vallée du Yalou.

Vers la fin de mai, les Japonais sont à peu près les maîtres de toute la presqu'île de Lia-Toung. L'offensive leur a pleinement réussi sur terre comme sur mer.

Cela n'empêcha point les partisans de la guerre défensive d'affirmer que les Russes avaient fait montre de sagesse et de force véritable, en ne risquant pas leur escadre contre celle de l'amiral Togo et en ne compromettant pas le sort de leurs armes contre l'armée d'investissement de Port-Arthur. La vérité, cependant, était que le général Kouropatkine avait dû ordonner la retraite générale des troupes du Lia-Toung, parce que la Russie était allée à la guerre sans l'avoir préparée.

Les partisans de la guerre défensive transformaient en système stratégique un ordre qui était simplement le résultat forcé de l'imprévoyance russe. « Les Japonais, « disaient-ils, s'useront devant Port-Arthur ; leur escadre « se détériorera, tandis que celle des Russes réparera ses « navires avariés ; leur armée s'épuisera dans un siège « dont ils ne verront jamais la fin ; elle y consommera ses « munitions, y usera son artillerie, y perdra ses hommes « de maladie, tandis que l'armée russe verra le nombre « de ses soldats et la valeur de son matériel augmenter « par l'afflux incessant de la voie ferrée transsibérienne. » On vantait la tactique de Kouropatkine *cunctator* et on l'encourageait à se maintenir sur la défensive, jusqu'à ce que le Japon eût usé, sur le sol de la Mandchourie et autour de Port-Arthur, ses ressources financières, ses réserves de soldats et ses navires de guerre.

Cependant les Japonais profitaient de ce qu'ils étaient les maîtres absolus de la mer et de la presqu'île de Lia-Toung pour transporter hâtivement leurs armées sur le territoire naguère occupé par les Russes et pour remonter la vallée du Yalou, en se servant de la voie ferrée qui leur avait été abandonnée. A la fin du mois d'août 1904, ils étaient maîtres de Liao-Yang.

On peut estimer que jusqu'à la bataille de Liao-Yang, la défensive s'était imposée aux Russes à cause de l'insuffisance de leurs effectifs. Plus tard, il est manifeste qu'elle fut voulue par le général Kouropatkine et imposée par lui à son armée. Cette faute de tactique a été sans doute pour baucoup dans tous les revers que les armées russes essuyèrent ultérieurement. Plus, en effet, Kouropatkine accentuait sa défensive *voulue*, et plus les Japonais se montraient hardis dans l'offensive, quoique jamais ils n'aient tenté de culbuter les armées battues par eux.

Le vice de la tactique défensive des Russes devint manifeste surtout dans la bataille de Moukden. Avant cette bataille, ils possédaient des effectifs égaux, sinon supérieurs à ceux des Japonais. Ils perdirent la bataille en grande partie parcequ'ils n'osèrent pasen prendre l'initiative. Au mois de septembre 1904, les armées russes, reculant toujours, étaient battues près de Moukden et les Japonais pénétraient en triomphateurs dans la ville sacrée des Mandchous.

Les troupes russes se maintenant encore sur la défensive, reculaient vers le Nord jusqu'à Khirin, tandis que les Japonais, poursuivant leur offensive, étaient en train de les couper de Vladivostock, et de préparer le siège de ce port au moment où la Convention de Portsmouth a été signée. Cependant, il se trouva, jusqu'au dernier jour, des Russes et d'aveugles amis de la Russie pour célébrer les mérites de la guerre défensive, de même qu'il se trouve en France des écrivains maritimes et jusqu'à des officiers de marine pour préconiser une organisation purement défensive de notre marine.

Ces conseils, nous ne les avons hélas que trop écoutés depuis vingt-cinq ans. Les esprits raisonnables s'en rendront compte s'ils veulent bien examiner, à la lumière des enseignements de la guerre russo-japonaise, les dépenses énormes que nous avons faites pour la construction de navires purement défensifs.

Depuis 1880, époque à laquelle remontent les premières manifestations de la politique maritime défensive et les premières luttes engagées, au nom de la petite marine, contre les grands navires offensifs à artillerie, jusqu'au vote du programme de 1900, nous n'avons mis en chantier que 34 navires véritablement offensifs qui ont coûté, ensemble, 714.269.389 francs[1]. Encore faut-il noter que dans ce nombre figurent plus de croiseurs-cuirassés que de cuirassés d'escadre, proportion contraire à celle qui conviendrait, puisque les enseignements de la guerre russo-japonaise proclament d'une façon indiscutable la très grande supériorité des cuirassés de ligne sur les croiseurs-cuirassés, au point de vue de la valeur militaire.

Pendant le même temps, c'est-à-dire de 1880 à fin 1899, nous mettions sur les chantiers : 4 gardes-côtes cuirassés qui seraient incapables de figurer en cas de guerre dans aucune escadre de combat; 8 canonnières cuirassées qui ne pourraient même pas servir à la protection de nos ports ou des embouchures de nos rivières, tant elles sont peu défensives; 6 croiseurs protégés de 1re classe sans aucune valeur militaire; 14 croiseurs protégés de 2e classe, qui valent encore moins; 13 croiseurs protégés de 3e classe qui ne valent absolument rien comme navires de combat; 1 croiseur porte-torpilleurs qui ne peut être d'aucune utilité, car on a renoncé fort sagement aux torpilleurs embarcables; 10 avisos-torpilleurs trop grands pour servir de torpilleurs et trop petits pour être utilisés comme avisos; 12 avisos contre-torpilleurs qui seraient incapables, n'ayant pas de vitesse, de faire la chasse aux torpilleurs; 40 torpilleurs de haute mer, de 120 à 185 tonnes, aujourd'hui sans valeur parce qu'ils n'ont pas une vitesse suffisante; 122 torpilleurs de 1re classe de 80 à 90 tonnes, dont plus d'un tiers sont déjà fourbus et seraient incapables de

1. Soit : 16 cuirassés d'escadre 394.281.227
18 croiseurs cuirassés 319.988.362
714.269.589

servir en temps de guerre, car ces sortes de navires s'usent avec une extrême rapidité; 65 torpilleurs de 2e classe, de 45 à 55 tonnes sans aucune valeur et depuis longtemps condamnés; 7 torpilleurs de 3e classe de 30 à 32 tonnes impropres à aucun service; 5 torpilleurs vedettes de 12 tonnes condamnés avant d'avoir été mis en service; 9 torpilleurs embarcables de 14 tonnes également mis à l'écart avant d'avoir servi et impropres, comme les précédents, à aucun usage; 5 torpilleurs coloniaux de 30 à 32 tonnes également condamnés en raison de leur trop petite taille; 2 torpilleurs coloniaux de 87 tonnes, de bonne qualité; 6 sous-marins proprement dits et 1 submersible; enfin, 11 contre-torpilleurs de 308 à 315 tonnes qui sont de bons navires, mais ne pourraient guère jouer en cas de guerre que le rôle de torpilleurs ou d'estafettes, car les marines avec lesquelles nous aurions à combattre n'ont pas ou n'ont que très peu de torpilleurs.

Tous ces navires purement défensifs ou incapables de figurer dans les batailles navales parce qu'ils sont sans aucune valeur militaire, ont coûté ensemble, pour la construction, 514.746.835 francs[1], c'est-à-dire à peu près

1. Cette somme se décompose de la manière suivante :

Garde-côtes cuirassés	58.331.521
Canonnières cuirassées	23.799.965
Croiseurs protégés de 1re classe	79.656.630
Croiseurs protégés de 2e classe	109.468.528
Croiseurs protégés de 3e classe	61 923.355
Croiseur porte-torpilleur	10.294.357
Avisos contre-torpilleurs	33.646.224
Contre-torpilleurs proprement dits	18.562.040
Avisos-torpilleurs	12.781.180
Torpilleurs de haute mer	29.850.669
Torpilleurs de 1re classe	49.164.635
Torpilleurs de 2e classe	15.287.880
Torpilleurs de 3e classe	1.114.196
Torpilleurs-vedettes	736.994
Torpilleurs coloniaux	1.870.714
Torpilleurs à embarquer	1.160.955
Torpilleurs autonomes submersibles	591.300
Sous-marins	6.503.692
	514.746.835

autant que les navires offensifs construits pendant la même période. Dès l'ouverture d'une guerre maritime, la majeure partie d'entre eux devrait être soigneusement remisée au fond des ports. Seuls, nos contre-torpilleurs, nos torpilleurs et nos sous-marins ou submersibles pourraient rendre des services effectifs. Mais on a vu par les enseignements de la guerre russo-japonaise combien ces services seraient limités.

L'influence des partisans de la tactique défensive et les adversaires des gros navires cuirassés ont donc exercé, depuis vingt ans, une action telle sur notre marine, ou pour parler plus exactement, sur nos pouvoirs publics, que la France, marchant dans une direction opposée à celle suivie par les autres puissances maritimes, a fait presque autant de sacrifices pécuniers pour construire des navires purement défensifs ou sans aucune valeur militaire que pour construire des bâtiments offensifs.

Pendant ces mêmes vingt années, de 1880 à 1900, l'Angleterre a lancé 45 cuirassés de ligne, l'Allemagne, qui était aux débuts de son développement maritime, en a lancé 12, c'est-à-dire presque autant que la France.

Les partisans de la tactique défensive ont encore eu sur nos constructions navales une autre influence non moins fâcheuse : ils ont puissamment contribué à réduire la valeur de nos navires offensifs en faisant la guerre aux grands tonnages sans lesquels il est impossible de doter les navires de combat des qualités militaires qui leur sont indispensables.

Tous les cuirassés de ligne qui ont été construits en France de 1880 à 1900 offrent deux vices reconnus aujourd'hui par tous nos officiers et qui résultent de l'insuffisance du tonnage qui leur a été imposé : leur artillerie moyenne est plus faible que celle des cuirassés construits à l'étranger, notamment en Angleterre pendant la même période, et leur ceinture-cuirasse est si peu élevée au-dessus du niveau de l'eau qu'ils sont tous plus ou moins chavirables.

Sur tous les cuirassés de cette période, l'artillerie moyenne est formée de pièces de 138,4, tandis que celle des cuirassés construits partout ailleurs pendant le même temps est composée de pièces de 152 millimètres. D'un autre côté, tous nos cuirassés de 1880 à 1900 portent moins de pièces que ceux des marines étrangères. Leur déplacement étant beaucoup moindre que celui de leurs similaires étrangers tandis que leur vitesse est à peu près la même, nous avons dû réduire la portion du déplacement consacrée à l'offensive.

La même faute nous a contraints aussi à réduire la portion du déplacement consacrée à la protection, et nous l'avons réduite au point que dans tous les cuirassés construits de 1880 à 1900 la ceinture-cuirasse ne s'élève pas à plus de 40 à 80 centimètres au-dessus de la ligne de flottaison lorsque le navire n'a aucune surcharge. Or, il a été démontré, par les expériences faites à l'aide de petits modèles, que si un navire cuirassé de cette manière vient à être perforé au-dessus et au voisinage du can supérieur de sa ceinture, il suffit d'un simple coup de barre déterminant une inclinaison du côté de la blessure, pour que l'introduction de l'eau dans sa coque le fasse chavirer.

Sur les derniers cuirassés construits pendant la période 1880-1900, c'est-à-dire les 3 du type *Gaulois* et les 2 du type *Suffren*, on a essayé de corriger ce défaut, mais on ne l'a pu que dans une très faible mesure, parce que l'on recula encore devant les adversaires des grands déplacements. La ceinture cuirasse des 3 cuirassés du type *Gaulois* ne s'élève qu'à 50 centimètres au-dessus de la ligne de flottaison. Sur l'*Iéna* et le *Suffren*, elle atteint 83 centimètres de hauteur. Dans les cinq elle est surmontée d'un blindage épais seulement de 10 centimètres et haut de 1m,50 à 2 mètres. C'est un progrès sur les cuirassés plus anciens, mais un progrès très insuffisant, car les plaques de 10 centimètres sont transperçables par l'artillerie moyenne de 152 millimètres. Or, une blessure faite dans ce blindage au voisinage du can supérieur de la ceinture exposerait le *Gaulois* ou le *Suffren* et leurs similaires à chavirer.

Les trois cuirassés du type *Gaulois* doivent encore à l'insuffisance de leur déplacement (11.280 tonnes), de n'avoir leur artillerie moyenne que très mal protégée. D'abord, elle n'est formée que de pièces de 138,4, incapables de perforer les blindages qui protègent l'artillerie moyenne de la plupart des cuirassés étrangers ; ensuite, ces pièces sont peu nombreuses (10 seulement), et elles ne sont protégées par des murailles de casemates blindées seulement à 5 centimètres et demi, c'est-à-dire très facilement perforable par l'artillerie moyenne et même par des pièces de 75 millimètres ; enfin, comme ces casemates surplombent une partie du bâtiment qui n'est pas du tout protégée, il suffirait de projectiles de 152 millimètres frappant la coque en dessous de leur plancher pour les faire crouler avec leurs pièces. Sur le *Suffren* et le *Iéna*, grâce à une légère augmentation de déplacement (12.080 tonnes au lieu de 11.280) on a pu constituer l'artillerie moyenne avec des pièces de 164,7 millimètres et protéger les casemates qui les contiennent avec des plaques de 9 à 11 centimètres d'épaisseur, mais cette protection de l'artillerie est très insuffisante, et la ceinture-cuirasse est encore trop peu élevée au-dessus de la ligne de flottaison ; les plaques qui la surmontent n'ayant que 11 à 12 centimètres d'épaisseur, le navire est exposé au chavirement à la suite de leur perforation au voisinage du can supérieur de la ceinture.

L'influence des adversaires des grands navires à artillerie s'est ainsi exercée, de 1880 à 1900, non seulement pour en ralentir ou même en supprimer tout à fait la mise en chantier ainsi que cela s'est produit de 1898 à 1901, mais encore pour en diminuer le tonnage, d'où résultait fatalement la réduction de la valeur militaire, car on faisait porter les économies de poids sur l'artillerie et la protection. Il importe de noter, en effet, que les adversaires des grands navires réclamaient, à la fois, une diminution du tonnage et une augmentation de la vitesse. Pour obtenir cette dernière il fallait nécessairement réduire l'offensive et la protection.

L'un des exemples les plus tristes et les plus instructifs des erreurs auxquelles nous ont conduits les partisans de la tactive défensive est offert par le *Henri-IV*. La conception de ce navire résulte du désir de faire un bon cuirassé sans faire crier les adversaires des grands tonnages et sans dépenser beaucoup d'argent. On a tenté de résoudre ce difficile problème avec un navire de 8.948 tonnes, auquel on a donné une largeur exceptionnelle, afin qu'il ait un déplacement supérieur à ses congénères de même longueur et qu'il puisse porter une ceinture cuirassée s'élevant à 90 centimètres au-dessus de la ligne de flottaison, et un blindage intérieur dans les fonds. On a fait un navire non chavirable, peu vulnérable au-dessous de la flottaison, mais ne filant que 17 nœuds et ne portant, en fait d'artillerie, que 2 pièces de 305 et 4 pièces de 164,7. Il était impossible de mieux établir, pratiquement, la gravité de l'erreur à laquelle nos pouvoirs publics se sont laissés entraîner par le désir de faire taire l'opposition incessante faite aux grands navires à artillerie par l'école de la défensive et des petits bateaux.

J'ai déjà montré plus haut comment les mêmes erreurs avaient été commises dans la conception des croiseurs cuirassés que nous avons construits de 1880 à 1900. La cause qui les a déterminées est encore le désir qu'avaient les ministres et les Chambres de donner satisfaction à l'école qui préconisait la réunion de la grande vitesse et des petits tonnages. C'est ainsi que l'on a été amené à mettre en chantier, de 1895 à 1899, les trois croiseurs cuirassés de 7.710 tonnes du type *Kléber* auxquels on n'a pu donner une vitesse de 21 nœuds qu'en réduisant l'épaisseur de leur ceinture cuirassée à 10 centimètres au niveau de la ligne de flottaison et leur artillerie à 8 pièces de 164,7. C'est ainsi encore que l'on a été conduit à faire la *Jeanne-d'Arc*, à laquelle, malgré ses 11.329 tonnes, on n'a pu donner 23 nœuds de vitesse qu'en réduisant son artillerie à 2 pièces de 194 et 14 pièces de 138 millimètres, et sa protection à des plaques dont l'épaisseur maxima, au niveau de la ligne de flottaison n'est que de 150 millimètres, c'est-à-dire que son artillerie, et sa protection la mettraient à la merci des croiseurs cuirassés étrangers qui ont sa vitesse. En augmentant le tonnage des croiseurs cuirassés du type *Condé* à 10.000 tonnes, tandis qu'on limitait leur vitesse à 21 nœuds, on a pu obtenir des navires mieux armés que la *Jeanne-d'Arc*, mais encore insuffisamment protégés et moins armés que les croiseurs cuirassés construits à la même époque par l'Angleterre.

Dans la classe des croiseurs cuirassés, en somme, comme dans celle des cuirassés de ligne, on n'a fait, de 1880 à 1900, que des navires inférieurs à leurs similaires étrangers au point de vue de la valeur militaire.

Le programme de 1900 est le premier dans lequel les pouvoirs publics, donnant enfin satisfaction aux Conseils supérieurs de notre marine, se soient affranchis des influences dont les constructions entreprises de 1880 à 1900 portent les traces et qui ont tant fait reculer notre puissance maritime. Je ne reviendrai pas ici sur les caractères du programme de 1900; je ne dirai pas non plus les mille difficultés que j'eus à surmonter pour le faire accepter par le gouvernement et les Chambres, je ne rappellerai pas davantage comment son exécution fut arrêtée après mon départ du ministère de la marine, pour n'être reprise que sur l'injonction formelle votée par la Chambre dans sa séance du 13 novembre 1902.

Tout cela est loin aujourd'hui. L'opinion publique est revenue des illusions que les partisans de la petite marine et de la marine purement défensive avaient répandues ; il n'y a plus un seul homme raisonnable à qui l'on puisse faire croire qu'il est possible de créer une marine puissante sans argent et le pays tout entier est résolu à faire les sacrifices qu'exigent la protection de ses colonies, de ses côtes, de son territoire. Enfin, instruits par les enseignements de la guerre russo-japonaise, le gouvernement et les Chambres ont conscience des lourdes responsabilités qu'ils assumeraient s'ils persistaient dans les errements de la marine purement défensive. L'expérience et la raison sont, aujourd'hui, d'accord pour témoigner que le seul moyen de bien défendre son pays est de lui constituer des forces suffisantes pour qu'il puisse prendre l'offensive contre ceux qui s'aviseraient de menacer son repos, son indépendance ou son honneur.

L'illusion de la marine défensive s'effondre sous la leçon des défaites russes, en même temps que celle de la marine aux petits bateaux.

BIBLIOTHÈQUE NATIONALE R.F. IMPRIMÉS

TABLE DES MATIÈRES

ÉVREUX, IMPRIMERIE DE CHARLES HÉRISSEY

BIBLIOTHÈQUE NATIONALE R.F. IMPRIMÉS

Janvier 1905

FÉLIX ALCAN, ÉDITEUR

ANCIENNE LIBRAIRIE GERMER BAILLIÈRE ET Cie

108, Boulevard Saint-Germain, 108, Paris, 6e.

R.F. DÉPÔT LÉGAL IMPRIMÉS

EXTRAIT DU CATALOGUE

SCIENCES — MÉDECINE — HISTOIRE — PHILOSOPHIE

BIBLIOTHÈQUE SCIENTIFIQUE INTERNATIONALE

Volumes in-8, cartonnés à l'anglaise. — Prix : 6, 9 et 12 fr.

103 VOLUMES PUBLIÉS :

1. J. TYNDALL. **Les glaciers et les transformations de l'eau,** 7e éd., illustré.
2. W. BAGEHOT. **Lois scientifiques du développement des nations,** 6e édition.
3. J. MAREY. **La machine animale,** locomotion terrestre et aérienne, 6e édition, illustré.
4. A. BAIN. **L'esprit et le corps considérés au point de vue de leurs relations,** 6e édition.
5. PETTIGREW. **La locomotion chez les animaux,** 2e éd., ill.
6. HERBERT SPENCER. **Introd. à la science sociale,** 13e édit.
7. OSCAR SCHMIDT. **Descendance et darwinisme,** 6e édition.
8. H. MAUDSLEY. **Le crime et la folie,** 7e édition.
9. VAN BENEDEN. **Les commensaux et les parasites dans le règne animal,** 4e édition, illustré.
10. BALFOUR STEWART. **La conservation de l'énergie,** 6e éd., illustré.
11. DRAPER. **Les conflits de la science et de la religion,** 11e éd.
12. LÉON DUMONT. **Théorie scientifique de la sensibilité,** 4e éd.
13. SCHUTZENBERGER. **Les fermentations,** 6e édition, illustré.
14. WHITNEY. **La vie du langage,** 4e édition.
15. COOKE et BERKELEY. **Les champignons,** 4e éd., illustré.
16. BERNSTEIN. **Les sens,** 5e édition, illustré.
17. BERTHELOT. **La synthèse chimique,** 9e édition.
18. NIEWENGLOWSKI. **La photographie et la photochimie.** illustré.
19. LUYS. **Le cerveau, ses fonctions,** 7e édition.
20. W. STANLEY JEVONS. **La monnaie et le mécanisme de l'échange,** 5e édition.
21. FUCHS. **Les volcans et les tremblements de terre,** 6e éd.
22. GÉNÉRAL BRIALMONT. **La défense des États et les camps retranchés,** 3e édition, avec fig. (*épuisé*).
23. A. DE QUATREFAGES. **L'espèce humaine,** 13e édition.

24. BLASERNA et HELMHOLTZ. **Le son et la musique**, 5e éd.
25. ROSENTHAL. **Les muscles et les nerfs**, 3e édition (*épuisé*).
26. BRUCKE et HELMHOLTZ. **Principes scientifiques des beaux-arts**, 4e édition, illustré.
27. WURTZ. **La théorie atomique**, 8e édition.
28-29. SECCHI (Le Père). **Les étoiles**, 3e édit., 2 vol. illustrés.
30. N. JOLY. **L'homme avant les métaux**, 4e édit. (*épuisé*).
31. A. BAIN. **La science de l'éducation**, 10e édition.
32-33. THURSTON. **Histoire de la machine à vapeur**, 3e éd., 2 vol.
34. R. HARTMANN. **Les peuples de l'Afrique**, 2e édit. (*épuisé*).
35. HERBERT SPENCER. **Les bases de la morale évolutionniste**, 7e édition.
36. TH.-H. HUXLEY. **L'écrevisse**, introduction à l'étude de la zoologie, 2e édition, illustré.
37. DE ROBERTY. **La sociologie**, 3e édition.
38. O.-N. ROOD. **Théorie scientifique des couleurs et leurs applications à l'art et à l'industrie**, 2e édition, illustré.
39. DE SAPORTA et MARION. **L'évolution du règne végétal.** *Les cryptogames*, illustré.
40-41. CHARLTON-BASTIAN. **Le cerveau et la pensée**, 2e éd., 2 vol. illustrés.
42. JAMES SULLY. **Les illusions des sens et de l'esprit**, 3e éd., ill.
43. YOUNG. **Le Soleil**, illustré (*épuisé*).
44. A. DE CANDOLLE. **Origine des plantes cultivées**, 4e édit.
45-46. J. LUBBOCK. **Les Fourmis, les Abeilles et les Guêpes**, 2 vol. illustrés (*épuisé*).
47. ED. PERRIER. **La philos. zoologique avant Darwin**, 3e éd.
48. STALLO. **La matière et la physique moderne**, 3e édition.
49. MANTEGAZZA. **La physionomie et l'expression des sentiments**, 3e édit., illustré, avec 8 pl. hors texte.
50. DE MEYER. **Les organes de la parole**, illustré.
51. DE LANESSAN. **Introduction à la botanique.** *Le sapin*, 2e édit., illustré.
52-53. DE SAPORTA et MARION. **L'évolution du règne végétal.** *Les phanérogames*, 2 volumes illustrés.
54. TROUESSART. **Les microbes, les ferments et les moisissures**, 2e éd., illustré.
55. HARTMANN. **Les singes anthropoïdes** (*épuisé*).
56. SCHMIDT. **Les mammifères dans leurs rapports avec leurs ancêtres géologiques**, illustré.
57. BINET et FÉRÉ. **Le magnétisme animal**, 4e éd., illustré.
58-59. ROMANES. **L'intelligence des animaux**, 3e éd., 2 vol.
60. F. LAGRANGE. **Physiologie des exercices du corps**, 8e éd.
61. DREYFUS. **L'évolution des mondes et des sociétés**, 3e édit.
62. DAUBRÉE. **Les régions invisibles du globe et des espaces célestes**, 2e édition, illustré.
63-64. J. LUBBOCK. **L'homme préhistorique**, 4e édition, 2 volumes illustrés.
65. RICHET (Ch.). **La chaleur animale**, illustré.

66. FALSAN. **La période glaciaire,** illustré (*épuisé*).
67. BEAUNIS. **Les sensations internes.**
68. CARTAILHAC. **La France préhistorique,** 2e éd., illustré.
69. BERTHELOT. **La révolution chimique, Lavoisier,** ill.
70. J. LUBBOCK. **Les sens et l'instinct chez les animaux,** ill.
71. STARCKE. **La famille primitive.**
72. ARLOING. **Les virus,** illustré.
73. TOPINARD. **L'homme dans la nature,** illustré.
74. BINET. **Les altérations de la personnalité.**
75. A. DE QUATREFAGES. **Darwin et ses précurseurs français,** 2e éd.
76. LEFÈVRE. **Les races et les langues.**
77-78. A. DE QUATREFAGES. **Les émules de Darwin,** 2 vol.
79. BRUNACHE. **Le centre de l'Afrique; Autour du Tchad,** illustré.
80. A. ANGOT. **Les aurores polaires,** illustré.
81. JACCARD. **Le pétrole, l'asphalte et le bitume,** illustré.
82. STANISLAS MEUNIER. **La géologie comparée,** illustré.
83. LE DANTEC. **Théorie nouvelle de la vie,** 3e éd., illustré.
84. DE LANESSAN. **Principes de colonisation.**
85. DEMOOR, MASSART et VANDERVELDE. **L'évolution régressive en biologie et en sociologie,** illustré.
86. G. DE MORTILLET. **Formation de la nation française,** 2e édition, illustré.
87. G. ROCHÉ. **La culture des mers en Europe** (*Piscifacture, pisciculture, ostréiculture*), illustré.
88. J. COSTANTIN. **Les végétaux et les milieux cosmiques** (*Adaptation, évolution*), illustré.
89. LE DANTEC. **Evolution individuelle et hérédité.**
90. E. GUIGNET et E. GARNIER. **La céramique ancienne et moderne,** illustré.
91. E.-M. GELLÉ. **L'audition et ses organes,** illustré.
92. STANISLAS MEUNIER. **La géologie expérimentale,** 2e éd. illustré.
93. J. COSTANTIN. **La nature tropicale,** illustré.
94. E. GROSSE. **Les débuts de l'art,** illustré.
95. J. GRASSET. **Les maladies de l'orientation et de l'équilibre,** illustré.
96. G. DEMENY. **Les bases scientifiques de l'éducation physique,** 2e éd., illustré.
97. F. MALMÉJAC. **L'eau dans l'alimentation,** illustré.
98. STANISLAS MEUNIER. **La géologie générale,** illustré.
99. G. DEMENY. **Mécanisme et éducation des mouvements,** illustré. 9 fr.
100. L. BOURDEAU. **Histoire du vêtement et de la parure.**
101. A. MOSSO. **Les exercices physiques et le développement intellectuel.**
102. LE DANTEC. **Les lois naturelles,** illustré.
103. NORMAN LOCKYER. **L'évolution inorganique,** illustré.

COLLECTION MÉDICALE

ÉLÉGANTS VOLUMES IN-12, CARTONNÉS A L'ANGLAISE, A 4 ET A 3 FRANCS

Hygiène de l'alimentation dans l'état de santé et de maladie, par le Dr J. Laumonier, avec gravures. 3e éd. 4 fr.

Les nouveaux traitements, par *le même.* 2e édit. 4 fr.

L'alimentation des nouveau-nés. *Hygiène de l'allaitement artificiel,* par le Dr S. Icard, avec 60 gravures. 2e édit. (*Couronné par l'Académie de médecine.*) 4 fr.

La mort réelle et la mort apparente, diagnostic et traitement de la mort apparente, par *le même,* avec gravures. 4 fr.

L'hygiène sexuelle et ses conséquences morales, par le Dr S. Ribbing, prof. à l'Univ. de Lund (Suède). 2e édit. 4 fr.

Hygiène de l'exercice chez les enfants et les jeunes gens, par le Dr F. Lagrange, lauréat de l'Institut. 8e édit. 4 fr.

De l'exercice chez les adultes, par *le même.* 4e édition. 4 fr.

Hygiène des gens nerveux, par le Dr Levillain, avec gravures. 4e édition. 4 fr.

L'idiotie. *Psychologie et éducation de l'idiot,* par le Dr J. Voisin, médecin de la Salpêtrière, avec gravures. 4 fr.

La famille névropathique, *Hérédité, prédisposition morbide, dégénérescence,* par le Dr Ch. Féré, médecin de Bicêtre, avec gravures. 2e édition. 4 fr.

Le traitement des aliénés dans les familles, par *le même.* 2e édition. 3 fr.

L'éducation rationnelle de la volonté, son emploi thérapeutique, par le Dr Paul-Emile Lévy. Préface de M. le prof. Bernheim. 5e édition. 4 fr.

L'hystérie et son traitement, par le Dr Paul Sollier. 4 fr.

Manuel de psychiatrie, par le Dr J. Rogues de Fursac, ancien chef de clinique à la Faculté de Paris. 2e éd. 4 fr.

L'instinct sexuel. *Évolution, dissolution,* par *le même.* 2e édition. 4 fr.

L'éducation physique de la jeunesse, par A. Mosso, profess. à l'Univers. de Turin. Préface du Commandant Legros. 4 fr.

Manuel de percussion et d'auscultation, par le Dr P. Simon, professeur à la Faculté de médecine de Nancy, avec grav. 4 fr.

Éléments d'anatomie et de physiologie génitales et obstétricales, par le Dr A. Pozzi, professeur à l'École de médecine de Reims, avec 219 gravures. 4 fr.

Manuel théorique et pratique d'accouchements, par *le même,* avec 138 gravures. 4e édition. 4 fr.

Morphinisme et Morphinomanie, par le Dr PAUL RODET. (*Couronné par l'Académie de médecine.*) 4 fr.

La fatigue et l'entraînement physique, par le Dr PH. TISSIÉ, avec gravures. Préface de M. le prof. BOUCHARD. 2e édition. 4 fr.

Les maladies de la vessie et de l'urèthre chez la femme, par le Dr KOLISCHER ; trad. de l'allemand par le Dr BEUTTNER, de Genève; avec gravures. 4 fr.

La profession médicale. *Ses devoirs, ses droits,* par le Dr G. MORACHE, professeur de médecine légale à l'Université de Bordeaux. 4 fr.

Le mariage. *Étude de socio-biologie et de médecine légale,* par *le même.* 4 fr.

Grossesse et accouchement. *Étude de socio-biologie et de médecine légale,* par *le même.* 4 fr.

Naissance et mort. *Étude de socio-biologie et de médecine légale,* par *le même.* 4 fr.

Manuel d'électrothérapie et d'électrodiagnostic, par le Dr E. ALBERT-WEIL, avec 80 gravures. 2e éd. 4 fr.

Traité de l'intubation du larynx *chez l'enfant et chez l'adulte,* par le Dr A. BONAIN, avec 42 gravures. 4 fr.

Pratique de la chirurgie courante, par le Dr M. CORNET. Préface du Pr OLLIER, avec 111 gravures. 4 fr.

Dans la même collection :

COURS DE MÉDECINE OPÉRATOIRE

de M. le Professeur **Félix Terrier.**

Petit manuel d'antisepsie et d'asepsie chirurgicales, par les Drs FÉLIX TERRIER, professeur à la Faculté de médecine de Paris, et M. PÉRAIRE, ancien interne des hôpitaux, avec grav. 3 fr.

Petit manuel d'anesthésie chirurgicale, par *les mêmes,* avec 37 gravures. 3 fr.

L'opération du trépan, par *les mêmes,* avec 222 grav. 4 fr.

Chirurgie de la face, par les Drs FÉLIX TERRIER, GUILLEMAIN et MALHERBE, avec gravures. 4 fr.

Chirurgie du cou, par *les mêmes,* avec gravures. 4 fr.

Chirurgie du cœur et du péricarde, par les Drs FÉLIX TERRIER et E. REYMOND, avec 79 gravures. 3 fr.

Chirurgie de la plèvre et du poumon, par *les mêmes,* avec 67 gravures. 4 fr.

MÉDECINE

Extrait du catalogue, par ordre de spécialités.

A. — Pathologie et thérapeutique médicales.

AXENFELD ET HUCHARD. **Traité des névroses.** 2e édition, par HENRI HUCHARD. 1 fort vol. gr. in-8. 20 fr.

BOUCHUT ET DESPRÉS. **Dictionnaire de médecine et de thérapeutique médicale et chirurgicale**, comprenant le résumé de la médecine et de la chirurgie, les indications thérapeutiques de chaque maladie, la médecine opératoire, les accouchements, l'oculitisque, l'odontotechnie, les maladies d'oreilles, l'électrisation, la matière médicale, les eaux minérales, et un formulaire spécial pour chaque maladie. 6e édition, très augmentée. 1 vol. in-4, avec 1001 fig. dans le texte et 3 cartes. Broché, 25 fr. ; relié 30 fr.

BOURCART et CAUTRU. **Le ventre.** I. *Le rein.* 1 vol. gr. in-8 avec grav. et planches. 10 fr.

CAMUS ET PAGNIEZ. **Isolement et psychothérapie.** *Traitement de la neurasthénie.* Préface du Pr DÉJERINE. 1 vol. gr. in-8. 9 fr.

Couronné par l'Académie des Sciences (Prix Lallemand.)

CORNIL ET BABES. **Les bactéries et leur rôle dans l'anatomie et l'histologie pathologiques des maladies infectieuses.** 3e éd. entièrement refondue. 2 vol. in-8, avec 350 fig. dans le texte en noir et en couleurs et 12 planches hors texte. 40 fr.

DAVID. **Les microbes de la bouche.** 1 vol. in-8, avec gravures en noir et en couleurs dans le texte. 10 fr.

DÉJERINE-KLUMPKE (Mme). **Des polynévrites et des paralysies et atrophies saturnines.** 1 vol. in-8. 6 fr.

DELBET (Pierre). **Du traitement des anévrysmes.** 1 vol. in-8. 5 fr.

DUCKWORTH (Sir Dyce). **La goutte,** son traitement. Trad. de l'anglais par le Dr RODET. 1 vol. gr. in-8, avec gravures dans le texte. 10 fr.

DURAND-FARDEL. **Traité des eaux minérales** de la France et de l'étranger, leur emploi dans les maladies chroniques. 3e éd. 1 v. in-8. 10 fr.

FÉRÉ (Ch.). **Les épilepsies et les épileptiques.** 1 vol. gr. in-8, avec 12 planches hors texte et 67 grav. dans le texte. 20 fr.

— **La pathologie des émotions.** 1 vol. in-8. 12 fr.

FINGER (E.). **La syphilis et les maladies vénériennes.** Trad. de l'allemand avec notes par les docteurs SPILLMANN et DOYON. 2e édit. 1 vol. in-8, avec 5 planches hors texte. 12 fr.

FLEURY (Maurice de). **Introduction à la médecine de l'esprit.** 6e édit. 1 vol. in-8. 7 fr. 50

(*Ouvrage couronné par l'Académie française et par l'Académie de médecine.*)

— **Les grands symptômes neurasthéniques.** 2e édition, revue. 1 vol. in-8. 7 fr. 50

— **Manuel pour l'étude des maladies du système nerveux.** 1 vol. gr. in-8, avec 132 grav. en noir et en couleurs, cart. à l'angl. 25 fr.

Ces deux derniers ouvrages ont été couronnés par l'Académie des Sciences (Prix Lallemand.)

GAYME (L.). **Essai sur la maladie de Basedow.** 1 vol. grand in-8. 6 fr.

GLÉNARD. **Les ptoses viscérales** (Estomac, Intestin, Rein, Foie, Rate). 1 vol. gr. in-8, avec 224 fig. et 30 tableaux synoptiques. 20 fr.

GRASSET. **Les maladies de l'orientation et de l'équilibre.** 1 vol. in-8, cart à l'angl. 6 fr.

HERARD, CORNIL ET HANOT. **De la phtisie pulmonaire.** 2e éd. 1 vol. in-8, avec fig. dans le texte et pl. coloriées. 20 fr.

ICARD (S.). **La femme pendant la période menstruelle.** Étude de psychologie morbide et de médecine légale. In-8. 6 fr.

JANET (P.) ET RAYMOND (F.). **Névroses et idées fixes.**

Tome I. — *Études expérimentales sur les troubles de la volonté, de l'attention, de la mémoire; sur les émotions, les idées obsédantes et leur traitement*, par P. Janet. 2e éd. 1 vol. gr. in-8, avec 68 gr. 12 fr.

Tome II. — *Fragments des leçons cliniques du mardi sur les névroses, les maladies produites par les émotions, les idées obsédantes et leur traitement*, par F. Raymond et P. Janet. 1 vol. grand in-8, avec 97 gravures. 14 fr.

(*Ouvrage couronné par l'Académie des Sciences et par l'Académie de médecine.*)

JANET (P.) ET RAYMOND (F.) **Les obsessions et la psychasthénie.**

Tome I. — *Études cliniques et expérimentales sur les idées obsédantes, les impulsions, les manies mentales, la folie du doute, les tics, les agitations, les phobies, les délires du contact, les angoisses, les sentiments d'incomplétude, la neurasthénie, les modifications des sentiments du réel, leur pathogénie et leur traitement*, par P. Janet. 1 vol. in-8 raisin, avec gravures dans le texte. 18 fr.

Tome II. — *Fragments des leçons cliniques du mardi sur les états neurasthéniques, les aboulies, les sentiments d'incomplétude, les agitations et les angoisses diffuses, les algies, les phobies, les délires du contact, les tics, les manies mentales, les folies du doute, les idées obsédantes, les impulsions, leur pathogénie et leur traitement*, par F. Raymond et P. Janet. 1 vol. in-8 raisin, avec 22 grav. dans le texte. 14 fr.

LAGRANGE (F.). **Les mouvements méthodiques et la « mécanothérapie ».** 1 vol. in-8, avec 55 gravures dans le texte. 10 fr.

— **Le traitement des affections du cœur par l'exercice et le mouvement.** 1 vol. in-8, avec nombreux graphiques et une carte hors texte. 6 fr.

— **La médication par l'exercice.** 1 vol. gr. in-8 avec 68 grav. et une planche en couleurs hors texte, 2e éd. 12 fr.

MARVAUD (A.). **Les maladies du soldat,** étude étiologique, épidémiologique et prophylactique. 1 vol. grand in-8. 20 fr.

(*Ouvrage couronné par l'Académie des sciences.*)

MOSSÉ. **Le diabète et l'alimentation aux pommes de terre.** 1 vol. in-8. 5 fr.

MURCHISON. **De la fièvre typhoïde.** In-8, avec figures dans le texte et planches hors texte. 3 fr.

ONIMUS ET LEGROS. **Traité d'électricité médicale.** 2e édition. 1 fort vol. in-8, avec 275 figures dans le texte. 17 fr.

RILLIET ET BARTHEZ. **Traité clinique et pratique des maladies des enfants.** 3e édition, refondue et augmentée, par Barthez et A. Sanné.

Tome I, 1 fort vol. gr. in-8. 16 fr.

Tome II, 1 fort vol. gr. in-8. 14 fr.

Tome III terminant l'ouvrage, 1 fort vol. gr. in-8. 25 fr.

SOLLIER (Paul). **Genèse et nature de l'hystérie.** 2 forts vol. in-8. 20 fr.

SPRINGER. **La croissance.** Son rôle en pathologie. Essai de pathologie générale. 1 vol. in-8. 6 fr.

VOISIN (J.). **L'épilepsie.** 1 vol. in-8. 6 fr.

WIDE (A.). **Traité de gymnastique médicale suédoise.** Trad., annoté et augm. par le Dr BOURCART. 1 vol. in-8, avec 128 grav. 12 fr. 50

B. — Pathologie et thérapeutique chirurgicales.

ANGER (Benjamin). **Traité iconographique des fractures et luxations.** 2e tirage. 1 fort volume in-4, avec 100 planches coloriées, et 127 gravures dans le texte. Relié 150 fr.

Congrès français de chirurgie. Mémoires et discussions, publiés par MM. POZZI et PICQUÉ, secrétaires généraux :

1re, 2e et 3e sessions : 1885, 1886, 1888, 3 forts vol. gr. in-8, avec fig., chacun, 14 fr. — 4e session : 1889, 1 fort vol. gr. in-8, avec fig., 16 fr. — 5e session : 1891, 1 fort vol. gr. in-8, avec fig., 14 fr. — 6e session : 1892, 1 fort vol. gr. in-8, avec fig., 16 fr. — 7e session : 1893, 1 fort vol. gr. in-8, 18 fr. — 8e, 9e, 10e, 11e, 12e, 13e, 14e, 15e et 16e sessions : 1894-95-96-97-98-99-1901-02-03, chaque volume 20 fr.

DE BOVIS. **Le cancer du gros intestin,** *rectum excepté.* 1 volume in-8. 5 fr.

DELORME. **Traité de chirurgie de guerre.** 2 vol. gr. in-8.

TOME I, avec 95 grav. dans le texte et une pl. hors texte. 16 fr.

TOME II, terminant l'ouvrage, avec 400 grav. dans le texte. 26 fr.

(*Ouvrage couronné par l'Académie des Sciences.*)

ESTOR. **Guide pratique de chirurgie infantile.** 1 vol. in-8, avec 165 gravures. 8 fr.

FRAISSE. **Principes du diagnostic gynécologique.** 1 vol. in-12, avec gravures. 5 fr.

JAMAIN ET TERRIER. **Manuel de pathologie et de clinique chirurgicales.** 3e édition. TOME I, 1 fort vol. in-18, 8 fr. — TOME II, 1 vol. in-18, 8 fr. — TOME III, avec la collaboration de MM. BROCA et HARTMANN, 1 vol. in-18, 8 fr. — TOME IV, avec la collaboration de MM. BROCA et HARTMANN, 1 vol. in-18. 8 fr.

KOSCHER. **Les fractures de l'humérus et du fémur.** 1 vol. gr. in-8, avec 105 fig. et 56 planches hors texte. 15 fr.

LABADIE-LAGRAVE ET LEGUEU. **Traité médico-chirurgical de gynécologie.** 3e édition entièrement remaniée. 1 vol. grand in-8, avec nombreuses fig., cart. à l'angl. 25 fr.

LE FORT (Léon). **Œuvres complètes,** publiées par le Dr LEJARS (1895-1896).

TOME I. — *Hygiène hospitalière, démographie, hygiène publique.* 1 vol. in-8. 20 fr.

TOME II. — *Chirurgie militaire, enseignement.* 1 vol. in-8. 20 fr.

TOME III. — *Chirurgie.* 1 vol. in-8. 20 fr.

F. LEGUEU. **Leçons de clinique chirurgicale** (Hôtel-Dieu, 1901). 1 volume grand in-8, avec 71 gravures dans le texte. 12 fr.

LIEBREICH. **Atlas d'ophtalmoscopie,** représentant l'état normal et les modifications pathologiques du fond de l'œil vues à l'ophtalmoscope. 3e édition. Atlas in-fo de 12 planches. 40 fr.

MALGAIGNE ET LE FORT. **Manuel de médecine opératoire.** 9e édit. 2 vol. grand in-18, avec nombreuses fig. dans le texte. 16 fr.

NÉLATON. **Éléments de pathologie chirurgicale**, par A. NÉLATON, membre de l'Institut, professeur de clinique à la Faculté de médecine, etc. Ouvrage complet en six volumes.

Seconde édition, complètement remaniée, revue par les Drs JAMAIN, PÉAN, DESPRÉS, GILLETTE et HORTELOUP, chirurgiens des hôpitaux. 6 forts vol. gr. in-8, avec 795 figures dans le texte. 32 fr.

NIMIER (H.). **Blessures du crâne et de l'encéphale par coup de feu.** 1 vol. in-8, avec 150 fig. 15 fr.

NIMIER (H.) ET DESPAGNET. **Traité élémentaire d'ophtalmologie.** 1 fort vol. gr. in-8, avec 432 gravures. Cart. à l'angl. 20 fr.

NIMIER (H.) ET LAVAL. **Les projectiles de guerre** et leur action vulnérante. 1 vol. in-12, avec grav. 3 fr.

— **Les explosifs, les poudres, les projectiles d'exercice,** leur action et leurs effets vulnérants. 1 vol. in-12, avec grav. 3 fr.

— **Les armes blanches,** leur action et leurs effets vulnérants. 1 vol. in-12, avec grav. 6 fr.

— **De l'infection en chirurgie d'armée,** évolution des blessures de guerre. 1 vol. in-12, avec grav. 6 fr.

— **Traitement des blessures de guerre.** 1 fort vol. in-12, avec gravures. 6 fr.

RICHARD. **Pratique journalière de la chirurgie.** 2e éd. 1 vol. gr. in-8, avec 215 fig. dans le texte. 5 fr.

SOELBERG-WELLS. **Traité pratique des maladies des yeux.** 1 fort volume gr. in-8, avec fig. 4 fr. 50

TERRIER. **Éléments de pathologie chirurgicale générale.**

1er fascicule : *Lésions traumatiques et leurs complications.* 1 vol. in-8. 7 fr.

2e fascicule : *Complications des lésions traumatiques. Lésions inflammatoires.* 1 vol. in-8. 6 fr.

F. TERRIER ET M. AUVRAY. **Chirurgie du foie et des voies biliaires.** 1 vol. grand in-8, avec 50 fig. 10 fr.

F. TERRIER ET M. PÉRAIRE. **Manuel de petite chirurgie.** 8e édition, entièrement refondue. 1 fort vol. in-12, avec 572 fig., cartonné à l'anglaise. 8 fr.

C. — Thérapeutique. Pharmacie. Hygiène.

BOSSU. **Petit Compendium médical.** 6e édit. 1 vol. in-32, cartonné à l'anglaise. 1 fr. 25

BOUCHARDAT. **Nouveau formulaire magistral.** 1900. 1 vol. in-18, cartonné. 4 fr.

BOUCHARDAT ET DESOUBRY. **Formulaire vétérinaire,** contenant le mode d'action, l'emploi et les doses des médicaments. 6e édit. 1 vol. in-18, broché, 3 fr. 50; cartonné, 4 fr.; relié 4 fr. 50

BOUCHARDAT. **De la glycosurie ou diabète sucré,** son traitement hygiénique. 2e édition. 1 vol. grand in-8, suivi de notes et documents sur la nature et le traitement de la goutte, la gravelle urique, sur l'oligurie, le diabète insipide avec excès d'urée, l'hippurie, la pimélorrhée, etc. 15 fr.

BOUCHARDAT. **Traité d'hygiène publique et privée,** basée sur l'étiologie. 3e édition. 1 fort volume gr. in-8. 18 fr.

LAGRANGE (F.). **La médication par l'exercice.** 1 vol. grand in-8, avec 68 grav. et une carte en couleurs. 2 éd. 12 fr.

— **Les mouvements méthodiques et la « mécanothérapie »** 1 vol. in-8, avec 55 gravures. 10 fr.

MOSSÉ. **Le diabète et l'alimentation aux pommes de terre.** 1 volume in-8, avec graphiques. 5 fr.

WEBER. **Climatothérapie.** Traduit de l'allemand par les docteurs DOYON et SPILMANN. 1 vol. in-8. 6 fr.

D. — Anatomie. Physiologie. Histologie.

ALEZAIS. **Étude anatomique sur le cobaye.** 1 vol. in-4°, avec 58 gravures. 8 fr.

BELZUNG. **Anatomie et physiologie végétales.** 1 fort volume in-8, avec 1700 gravures. 20 fr.

— **Anatomie et physiologie animales.** 9e édition revue. 1 fort volume in-8, avec 522 gravures dans le texte, broché, 6 fr.; cart. 7 fr.

BÉRAUD (B.-J.). **Atlas complet d'anatomie chirurgicale topographique**, pouvant servir de complément à tous les ouvrages d'anatomie chirurgicale, composé de 109 planches représentant plus de 200 figures gravées sur acier, avec texte explicatif. 1 fort vol. in-4.

Prix : Fig. noires, relié, 60 fr. — Fig. coloriées, relié, 120 fr.

BURDON-SANDERSON, FOSTER ET BRUNTON. **Manuel du laboratoire de physiologie.** Traduit de l'anglais par M. MOQUIN-TANDON. 1 vol. in-8, avec 184 figures dans le texte. 7 fr.

CORNIL, RANVIER, BRAULT ET LETULLE. **Manuel d'histologie pathologique.** 3e édition entièrement remaniée.

TOME I, par MM. RANVIER, CORNIL, BRAULT, F. BEZANÇON et M. CAZIN. — *Histologie normale. — Cellules et tissus normaux. — Généralités sur l'histologie pathologique. — Altération des cellules et des tissus. — Inflammations. — Tumeurs. — Notions sur les bactéries. — Maladies des systèmes et des tissus. — Altérations du tissu conjonctif.* 1 vol. in-8, avec 387 gravures en noir et en couleurs. 25 fr.

TOME II, par MM. DURANTE, JOLLY, DOMINICI, GOMBAULT et PHILLIPE. — *Muscles. — Sang et hématopoïèse. — Généralités sur le système nerveux.* 1 vol. in-8, avec 278 grav. en noir et en couleurs. 25 fr.

TOME III, par MM. GOMBAULT, NAGEOTTE, RICHE, MARIE, DURANTE, MILIAN, BEZANÇON. — *Cerveau. — Moelle. — Nerfs. — Cœur. — Poumon. — Ganglion lymphatique. — Rate.* 1 vol. in-8, avec gravures en noir et en couleurs. 25 fr.

L'ouvrage complet comprendra 4 volumes.

DEBIERRE. **Traité élémentaire d'anatomie de l'homme.** Anatomie descriptive et dissection, avec notions d'organogénie et d'embryologie générales. Ouvrage complet en 2 volumes. 40 fr.

TOME I. *Manuel de l'amphithéâtre.* 1 vol. in-8 de 950 pages, avec 450 figures en noir et en couleurs dans le texte. 20 fr.

TOME II ET DERNIER. 1 vol. in-8, avec 515 figures en noir et en couleurs dans le texte. 20 fr.

(Couronné par l'Académie des Sciences.)

DEBIERRE. **Les Centres nerveux** (Moelle épinière et encéphale), avec applications physiologiques et médico-chirurgicales. 1 vol. in-8, avec grav. en noir et en couleurs. 12 fr.

— **Atlas d'ostéologie,** comprenant les articulations des os et les insertions musculaires. 1 vol. in-4, avec 253 grav. en noir et en couleurs, cart. toile dorée. 12 fr.

— **Leçons sur le péritoine.** 1 vol. in-8, avec 58 figures. 4 fr.

— **L'embryologie en quelques leçons.** 1 vol. in-8, avec 144 fig. 4 fr.

G. DEMENY. **Mécanisme et éducation des mouvements.** 1 vol. in-8, avec 565 figures. 9 fr.

DUVAL (Mathias). **Le placenta des rongeurs.** 1 vol. in-4, avec 106 fig. dans le texte et un atlas de 22 planches en taille-douce hors texte. 40 fr.

— **Le placenta des carnassiers.** 1 beau vol. in-4, avec 46 figures dans le texte et un atlas de 13 planches en taille-douce. 25 fr.

— **Études sur l'embryologie des chéiroptères.** *L'ovule, la gastrula, le blastoderme et l'origine des annexes chez le murin.* 1 fort vol., avec 29 fig. dans le texte et 5 planches en taille-douce. 15 fr.

FAU. **Anatomie des formes du corps humain,** à l'usage des peintres et des sculpteurs. 1 atlas in-folio de 25 planches. Prix : Figures noires, 15 fr. — Figures coloriées 30 fr.

FÉRÉ. **Travail et plaisir.** *Études de psycho-mécanique.* 1 vol. gr. in-8, avec 200 fig. 12 fr.

LE DANTEC. **Traité de Biologie.** 1 vol. grand in-8, avec fig. 15 fr.

PREYER. **Éléments de physiologie générale.** Traduit de l'allemand par M. J. SOURY. 1 vol. in-8. 5 fr.

— **Physiologie spéciale de l'embryon.** 1 vol. in-8, avec figures et 9 planches hors texte. 7 fr. 50

BIBLIOTHÈQUE GÉNÉRALE DES SCIENCES SOCIALES

Secrétaire de la rédaction : DICK MAY, Secr. gén. de l'Éc. des Hautes Études sociales.

Volumes in-8 carré de 300 pages environ, cart. à l'anglaise. Chaque volume, 6 fr.

L'individualisation de la peine, par R. SALEILLES, professeur à la Faculté de droit de l'Université de Paris.

L'idéalisme social, par EUGÈNE FOURNIÈRE.

Ouvriers du temps passé (XVe et XVIe siècles), par H. HAUSER, professeur à l'Université de Dijon.

Les transformations du pouvoir, par G. TARDE, de l'Institut, professeur au Collège de France.

Morale sociale, par MM. G. BELOT, MARCEL BERNÈS, BRUNSCHVICG, F. BUISSON, DARLU, DAURIAC, DELBET, CH. GIDE, M. KOVALEVSKY, MALAPERT, le R. P. MAUMUS, DE ROBERTY, G. SOREL, le PASTEUR WAGNER. Préface de M. ÉMILE BOUTROUX, de l'Institut.

Les enquêtes, *pratique et théorie,* par P. DU MAROUSSEM. (*Ouvrage couronné par l'Institut.*)

Questions de morale, par MM. BELOT, BERNÈS, F. BUISSON, A. CROISET, DARLU, DELBOS, FOURNIÈRE, MALAPERT, MOCH, D. PARODI, G. SOREL.

Le développement du catholicisme social, depuis l'encyclique *Rerum Novarum*, par MAX TURMANN.
Le socialisme sans doctrines, par A. MÉTIN.
L'éducation morale dans l'Université (*Enseignement secondaire*). Conférences et discussions, sous la présidence de M. A. CROISET, doyen de la Faculté des lettres de l'Université de Paris.
La méthode historique appliquée aux sciences sociales, par CH. SEIGNOBOS, maître de conf. à l'Univ. de Paris.
Assistance sociale. *Pauvres et mendiants,* par PAUL STRAUSS, sénateur.
L'hygiène sociale, par E. DUCLAUX, de l'Institut, directeur de l'Institut Pasteur.
Le contrat de travail. *Le rôle des syndicats professionnels,* par P. BUREAU, professeur à la Faculté libre de droit de Paris.
Essai d'une philosophie de la solidarité. Conférences et discussions, sous la présidence de MM. LÉON BOURGEOIS, député, ancien président du Conseil des ministres, et A. CROISET, de l'Institut, doyen de la Faculté des lettres de Paris.
L'éducation de la démocratie. Leçons professées à l'École des Hautes Études sociales, par MM. E. LAVISSE, A. CROISET, SEIGNOBOS, MALAPERT, LANSON, HADAMARD.
L'exode rural et le retour aux champs, par E. VANDERVELDE, professeur à l'Université nouvelle de Bruxelles.
La lutte pour l'existence et l'évolution des sociétés, par J.-L. DE LANESSAN, député, ancien ministre de la Marine.
La concurrence sociale et les devoirs sociaux, par LE MÊME.
La démocratie devant la science, par C. BOUGLÉ, professeur à l'Université de Toulouse.
L'individualisme anarchiste. *Max Stirner,* par V. BASCH, professeur à l'Université de Rennes.
Les applications sociales de la solidarité, par MM. P. BUDIN, CH. GIDE, H. MONOD, PAULET, ROBIN, SIEGFRIED, BROUARDEL. Préface de M. LÉON BOURGEOIS.
La paix et l'enseignement pacifiste, par MM. FR. PASSY, CH. RICHET, D'ESTOURNELLES DE CONSTANT, E. BOURGEOIS, A. WEISS, H. LA FONTAINE, G. LYON.
Études sur la philosophie morale au XIXe siècle, par MM. BELOT, A. DARLU, M. BERNÈS, A. LANDRY, CH. GIDE, E. ROBERTY, R. ALLIER, H. LICHTENBERGER, L. BRUNSCHVICG.
Enseignement et démocratie, par MM. CROISET, DEVINAT, BOITEL, MILLERAND, APPELL, SEIGNOBOS, LANSON, CH.-V. LANGLOIS.

MINISTRES ET HOMMES D'ÉTAT

Volumes in-16, à 2 fr. 50

Bismarck, par HENRI WELSCHINGER.
Prim, par H. LÉONARDON.
Disraeli, par M. COURCELLE.
Mac Kinley, par A. VIALLATE.
Ôkoubo, ministre japonais, par M. COURANT.

BIBLIOTHÈQUE D'HISTOIRE CONTEMPORAINE

Volumes in-18 et in-8

EUROPE

HISTOIRE DE L'EUROPE PENDANT LA RÉVOLUTION FRANÇAISE, par *H. de Sybel*. Traduit de l'allemand par Mlle Dosquet. 6 vol. in-8. Chacun séparément. . . . . 7 fr.

HISTOIRE DIPLOMATIQUE DE L'EUROPE, DE 1815 A 1878, par *Debidour*, 2 vol. in-8. . . . . 18 fr.

LA QUESTION D'ORIENT, depuis ses origines jusqu'à nos jours, par *E. Driault*; préface de *G. Monod*. 1 vol. in-8. 3ᵉ édit. . . . . 7 fr.

LA PAPAUTÉ, par *I. de Dœllenger*. Traduit de l'allemand par *A. Giraud-Teulon*. 1 vol. in-8. . . . . 7 fr.

FRANCE

LA RÉVOLUTION FRANÇAISE, par *H. Carnot*. 1 vol. in-18. Nouv. éd. 3 fr. 50

LA THÉOPHILANTHROPIE ET LE CULTE DÉCADAIRE, par *A. Mathiez*. 1 vol. in-8. . . . . 12 fr.

CONDORCET ET LA RÉVOLUTION FRANÇAISE, par *L. Cahen*. 1 vol. in-8. 10 fr.

LE CULTE DE LA RAISON ET LE CULTE DE L'ÊTRE SUPRÊME (1793-1794). Étude historique, par *A. Aulard*. 2ᵉ éd. 1 vol. in-18. . . . . 3 fr. 50

ÉTUDES ET LEÇONS SUR LA RÉVOLUTION FRANÇAISE, par *A. Aulard*. 4 vol. in-18. Chacun . . . . 3 fr. 50

VARIÉTÉS RÉVOLUTIONNAIRES, par *M. Pellet*. 3 vol. in-18. Chacun 3 fr. 50

HOMMES ET CHOSES DE LA RÉVOLUTION, par *Eug. Spuller*. 1 vol. in-18. . . . . 3 fr. 50

LES CAMPAGNES DES ARMÉES FRANÇAISES (1792-1815), par *C. Vallaux*. 1 vol. in-18, avec 17 cartes. . . . . 3 fr. 50

LA POLITIQUE ORIENTALE DE NAPOLÉON (1806-1808), par *E. Driault*. 1 vol. in-8. . . . . 7 fr.

NAPOLÉON ET LA SOCIÉTÉ DE SON TEMPS, par *P. Bondois*. 1 vol. in-8. 7 fr.

DE WATERLOO A SAINTE-HÉLÈNE (20 juin. 16 oct. 1815), par *J. Silvestre*. 1 vol. in-16. . . . . 3 fr. 50

HISTOIRE DE LA RESTAURATION, par *de Rochau*. 1 vol. in-18. . 3 fr. 50

HISTOIRE DE DIX ANS (1830-1840), par *Louis Blanc*. 5 vol. in-8. Chacun. 5 fr.

HISTOIRE DU SECOND EMPIRE (1848-1870), par *Taxile Delord*. 6 vol. in-8. Chacun . . . . 7 fr.

HISTOIRE DU PARTI RÉPUBLICAIN (1814-1870), par *G. Weill*. 1 v. in-8. 10 fr.

HISTOIRE DU MOUVEMENT SOCIAL (1852-1902), par *le même*. 1 v. in-8. 7 fr.

LA CAMPAGNE DE L'EST (1870-71), par *Poullet*. 1 vol. in-8 avec cartes. 7 fr.

HISTOIRE DE LA TROISIÈME RÉPUBLIQUE, par *E. Zevort* :

I. *Présidence de M. Thiers*. 1 vol. in-8. 2ᵉ édit. . . . . . 7 fr.
II. *Présidence du Maréchal*. 1 vol. in-8. 2ᵉ édit. . . . . 7 fr.
III. *Présidence de Jules Grévy*. 1 vol. in-8. 2ᵉ édit. . . . 7 fr.
IV. *Présidence de Sadi-Carnot*. 1 vol. in-8. . . . . 7 fr.

LA SOCIÉTÉ FRANÇAISE SOUS LA TROISIÈME RÉPUBLIQUE, par *Marius-Ary Leblond*. 1 vol. in-8. . . . . 5 fr.

HISTOIRE DE LA LIBERTÉ DE CONSCIENCE EN FRANCE (1595-1870), par *G. Bonet-Maury*. 1 vol. in-8. . . . . 5 fr.

LES CIVILISATIONS TUNISIENNES (Musulmans, Israélites, Européens), par *Paul Lapie*. 1 vol. in-18. . . . . 3 fr. 50

LA FRANCE POLITIQUE ET SOCIALE, par *Aug. Laugel*. 1 vol. in-8. 5 fr.

HISTOIRE DES RAPPORTS DE L'EGLISE ET DE L'ÉTAT EN FRANCE (1789-1870), par *A. Debidour*. 1 vol. in-8. (*Couronné par l'Institut*). . . 12 fr.

LES COLONIES FRANÇAISES, par *P. Gaffarel*. 1 vol. in-8. 6ᵉ éd. . . 5 fr.

LA FRANCE HORS DE FRANCE. *Notre émigration, sa nécessité, ses conditions*, par *J.-B. Piolet*. 1 vol. in-8 . . . . 10 fr.

L'INDO-CHINE FRANÇAISE, étude économique, politique et administrative sur *la Cochinchine*, *le Cambodge*, *l'Annam* et *le Tonkin* (Médaille Du-

pleix de la Société de Géographie commerciale), par *J.-L. de Lanessan*. 1 vol. in-8, avec 5 cartes en couleurs. . . . . 15 fr.
L'ALGÉRIE, par *M. Wahl*. 1 vol. in-8. 4e édition, revue par *A. Bernard*. (Ouvrage couronné par l'Institut). . . . . 5 fr.

ANGLETERRE

HISTOIRE CONTEMPORAINE DE L'ANGLETERRE, depuis la mort de la reine Anne jusqu'à nos jours, par *H. Reynald*. 1 vol. in-18. 2e éd. 3 fr. 50
LORD PALMERSTON ET LORD RUSSELL, par *Aug. Laugel*. 1 vol. in-18. 3 fr. 50
LE SOCIALISME EN ANGLETERRE, par *Albert Métin*. 1 vol. in-18. 3 fr. 50
HISTOIRE GOUVERNEMENTALE DE L'ANGLETERRE (1770-1830), par *Cornewal Lewis*. 1 vol. in-8 . . . . 7 fr.

ALLEMAGNE

HISTOIRE DE LA PRUSSE, depuis la mort de Frédéric II jusqu'à la bataille de Sadowa, par *Eug. Véron*. 1 vol. in-18. 6e éd., revue par *Paul Bondois* . . . . 3 fr. 50
HISTOIRE DE L'ALLEMAGNE, depuis la bataille de Sadowa jusqu'à nos jours, par *Eug. Véron*. 1 vol. in-18. 3e éd., continuée jusqu'en 1892, par *Paul Bondois*. 3 fr. 50
LE SOCIALISME ALLEMAND ET LE NIHILISME RUSSE, par *J. Bourdeau*. 1 vol. in-18. 2e édition. . . . . 3 fr. 50
LES ORIGINES DU SOCIALISME D'ÉTAT EN ALLEMAGNE, par *Ch. Andler*. 1 vol. in-8. . . . . 7 fr.
L'ALLEMAGNE NOUVELLE ET SES HISTORIENS (*Niebuhr, Ranke, Mommsen, Sybel, Treitschke*), par *A. Guilland*. 1 vol. in-8 . . . . 5 fr.
LA DÉMOCRATIE SOCIALISTE ALLEMANDE, par *Edg. Milhaud*. 1 vol. in-8 . . . . 10 fr.
LA PRUSSE ET LA RÉVOLUTION DE 1848, par *P. Matter*. 1 vol. in-18 . . . . 3 fr. 50

AUTRICHE-HONGRIE

LES TCHÈQUES ET LA BOHÊME CONTEMPORAINE, par *J. Bourlier*. 1 vol. in-18. . . . . 3 fr. 50
LES RACES ET LES NATIONALITÉS EN AUTRICHE-HONGRIE, par *B. Auerbach*, 1 vol. in-8 . . . . 5 fr.
HISTOIRE DES HONGROIS ET DE LEUR LITTÉRATURE POLITIQUE (1790-1815), par *Ed. Sayous*. 1 vol. in-18 . . . . 3 fr. 50
LE PAYS MAGYAR, par *R. Recouly*. 1 vol. in-18. . . . . 3 fr. 50

ESPAGNE

HISTOIRE DE L'ESPAGNE, depuis la mort de Charles III jusqu'à nos jours, par *H. Reynald*. 1 vol. in-18. . . . . 3 fr. 50

SUISSE

HISTOIRE DU PEUPLE SUISSE, par *Daendliker*; précédée d'une Introduction par *Jules Favre*. 1 vol. in-8. . . . . 5 fr.

AMÉRIQUE

HISTOIRE DE L'AMÉRIQUE DU SUD, par *Alf. Deberle*. 1 vol. in-18. 3e éd., revue par *A. Milhaud*. 3 fr. 50

ITALIE

HISTOIRE DE L'UNITÉ ITALIENNE (1814-1871), par *Bolton King*. Traduit de l'anglais par *Macquart*; introduction de *Yves Guyot*. 2 vol. in-8. 15 fr.
HISTOIRE DE L'ITALIE, depuis 1815 jusqu'à la mort de Victor-Emmanuel, par *E. Sorin*. 1 vol. in-18 . . . . 3 fr. 50
BONAPARTE ET LES RÉPUBLIQUES ITALIENNES (1796-1799), par *P. Gaffarel*. 1 vol. in-8 . . . . 5 fr.

ROUMANIE

HISTOIRE DE LA ROUMANIE CONTEMPORAINE (1822-1900), par *F. Damé*. 1 vol. in-8. . . . . 7 fr.

GRÈCE et TURQUIE

LA TURQUIE ET L'HELLÉNISME CONTEMPORAIN, par *V. Bérard*. 1 vol. in-18. 4e éd. (*Ouvrage couronné par l'Académie française*) . . . . 3 fr. 50

BONAPARTE ET LES ILES IONIENNES (1797-1816), par *E. Rodocanachi*. 1 vol. in-8. . . . . 5 fr.

CHINE

HISTOIRE DES RELATIONS DE LA CHINE AVEC LES PUISSANCES OCCIDENTALES (1861-1902), par *H. Cordier*. 3 vol. in-8, avec cartes. . . . . . 30 fr.

L'EXPÉDITION DE CHINE DE 1857-58, par *le même*. 1 vol. in-8. . . 7 fr.

EN CHINE. *Mœurs et institutions. Hommes et faits*, par *Maurice Courant*. 1 vol. in-18 . . . . 3 fr. 50

ÉGYPTE

LA TRANSFORMATION DE L'ÉGYPTE, par *Alb. Métin*. 1 vol. in-18. 3 fr. 50

Paul Louis. L'OUVRIER DEVANT L'ÉTAT. 1 vol. in-8. . . . . . . 7 fr.

E. Driault. LES PROBLÈMES POLITIQUES ET SOCIAUX A LA FIN DU XIXe SIÈCLE. 1 vol. in-8. . . . . 7 fr.

Louis Blanc. DISCOURS POLITIQUES (1848-1881). 1 vol. in-8. 7 fr. 50

Jules Barni. HISTOIRE DES IDÉES MORALES ET POLITIQUES EN FRANCE AU XVIIIe SIÈCLE. 2 vol. in-18, chaque volume . . . . 3 fr. 50

Jules Barni. LES MORALISTES FRANÇAIS AU XVIIIe SIÈCLE. 1 vol. in-18 . . . . 3 fr. 50

Deschanel (E.). LE PEUPLE ET LA BOURGEOISIE. 1 vol. in-8. 2e éd. 5 fr.

E. de Laveleye. LE SOCIALISME CONTEMPORAIN. 1 volume in-18. 11e édition, augmentée. . . . . 3 fr. 50

E. Despois. LE VANDALISME RÉVOLUTIONNAIRE. 1 vol. in-18. 4e éd. 3 fr. 50

Du Casse. LES ROIS FRÈRES DE NAPOLÉON Ier. 1 vol. in-8. . 10 fr.

Eug. Spuller. FIGURES DISPARUES, portraits contemporains, littéraires et politiques. 3 vol. in-18, chaque volume. . . . . 3 fr. 50

Eug. Spuller. L'ÉDUCATION DE LA DÉMOCRATIE. 1 vol. in-18. 3 fr. 50

Eug. Spuller. L'ÉVOLUTION POLITIQUE ET SOCIALE DE L'ÉGLISE. 1 vol. in-18 . . . . 3 fr. 50

J. Reinach. LA FRANCE ET L'ITALIE DEVANT L'HISTOIRE. 1 vol. in-8. 5 fr.

J. Reinach. PAGES RÉPUBLICAINES. 1 vol. in-18. . . . . . . 3 fr. 50

G. Schefer. BERNADOTTE ROI (1810-1818-1844). 1 vol. in-8. . 5 fr.

G. Guéroult. LE CENTENAIRE DE 1789. Évolution politique, philos., artistique et scientifique de l'Europe depuis cent ans. In-18. 3 fr. 50

Henrard. HENRI IV ET LA PRINCESSE DE CONDÉ. 1 vol. in-8. . 6 fr.

Hector Depasse. TRANSFORMATIONS SOCIALES. 1 vol. in-18. 3 fr. 50

Hector Depasse. DU TRAVAIL ET DE SES CONDITIONS. 1 vol. in-18. . . . . 3 fr. 50

Eug. d'Eichthal. SOUVERAINETÉ DU PEUPLE ET GOUVERNEMENT. 1 vol. in-18. . . . . 3 fr. 50

G. Isambert. LA VIE A PARIS PENDANT UNE ANNÉE DE LA RÉVOLUTION (1791-1792). 1 vol. in-18. . . . . 3 fr. 50

Novicow. LA POLITIQUE INTERNATIONALE. 1 vol. in-8. . . . . 7 fr.

G. Weill. L'ÉCOLE SAINT-SIMONIENNE. 1 vol. in-18 . . 3 fr. 50

A. Lichtenberger. LE SOCIALISME UTOPIQUE. 1 vol. in-18. 3 fr. 50

A. Lichtenberger. LE SOCIALISME ET LA RÉVOLUTION FRANÇAISE. 1 vol. in-8. . . . . 5 fr.

Paul Matter. LA DISSOLUTION DES ASSEMBLÉES PARLEMENTAIRES. 1 vol. in-8. . . . . 5 fr.

J. Bourdeau. L'ÉVOLUTION DU SOCIALISME. 1 vol. in-18. . . 3 fr. 50

Em. Beaussire. LA GUERRE ÉTRANGÈRE ET LA GUERRE CIVILE. 1 vol. in-18. . . . . 3 fr. 50

BIBLIOTHÈQUE UTILE

Élégants volumes in-32, de 192 pages chacun.

Le volume broché, **60** centimes; en cartonnage anglais, **1** franc.

---

1. **Morand.** Introduction à l'étude des sciences physiques; 6e éd.
2. **Cruveilhier.** Hygiène générale. 9e édit.
3. **Corbon.** De l'enseignement professionnel. 4e édit.
4. **L. Pichat.** L'art et les artistes en France. 5e édit.
5. **Buchez.** Les Mérovingiens. 6e éd.
6. **Buchez.** Les Carlovingiens. 2e éd.
7. **F. Morin.** La France au moyen âge. 5e édit.
8. **Bastide.** Luttes religieuses des premiers siècles. 5e édit.
9. **Bastide.** Les guerres de la Réforme. 5e édit.
10. **Pelletan.** Décadence de la monarchie française. 5e édit.
11. **Brothier.** Histoire de la terre. 8e éd.
12. **Bonant.** Les principaux faits de la chimie (avec fig.).
13. **Turck.** Médecine populaire. 6e édit.
14. **Morin.** La loi civile en France. 5e édit.
15. **Paul Louis.** Les lois ouvrières.
16. (*Épuisé.*)
17. **Catalan.** Notions d'astronomie. 6e édit.
18. **Cristal.** Les délassements du travail. 4e édit.
19. **V. Meunier.** Philosophie zoologique. 3e édit.
20. **J. Jourdan.** La justice criminelle en France. 4e édit.
21. **Ch. Rolland.** Histoire de la maison d'Autriche. 4e édit.
22. **Eug. Despois.** Révolution d'Angleterre. 4e édit.
23. **B. Gastineau.** Les génies de la science et de l'industrie. 2e éd.
24. **Leneveux.** Le budget du foyer. Economie domestique. 3e édit.
25. **L. Combes.** La Grèce ancienne. 4e édit.
26. **F. Lock.** Histoire de la Restauration. 5e édit.
27. **Brothier.** Histoire populaire de la philosophie. (*Épuisé.*)
28. **Elie Margollé.** Les phénomènes de la mer. 7e édit.
29. **L. Collas.** Histoire de l'empire ottoman. 3e édit.
30. **F. Zurcher.** Les phénomènes de l'atmosphère. 7e édit.
31. **E. Raymond.** L'Espagne et le Portugal. 3e édit.
32. **Eugène Noël.** Voltaire et Rousseau. 4e édit.
33. **A. Ott.** L'Asie occidentale et l'Egypte. 3e édit.
34. **Ch. Richard.** Origine et fin des mondes. (*Épuisé.*)
35. **Enfantin.** La vie éternelle. 5e éd.
36. **Brothier.** Causeries sur la mécanique. 5e édit.
37. **Alfred Doneaud.** Histoire de la marine française. 4e édit.
38. **F. Lock.** Jeanne d'Arc. 3e édit.

39-40. **Carnot.** Révolution française, 2 vol. 7e édit.

41. **Zurcher et Margollé.** Télescope et microscope. 2e édit.
42. **Blerzy.** Torrents, fleuves et canaux de la France. 3e édit.
43. **Secchi, Wolf, Briot et Delaunay.** Le soleil et les étoiles. 5e édit.
44. **Stanley Jevons.** L'économie politique. 9e édit.
45. **Ferrière.** Le darwinisme. 8e éd.
46. **Leneveux.** Paris municipal. 2e édit.
47. **Boillot.** Les entretiens de Fontenelle sur la pluralité des mondes.
48. **Zevort (Edg.).** Histoire de Louis-Philippe. 4e édit.
49. **Geikie.** Géographie physique (avec fig.). 4e édit.
50. **Zaborowski.** L'origine du langage. 5e édit.
51. **H. Blerzy.** Les colonies anglaises.
52. **Albert Lévy.** Histoire de l'air (avec fig.). 4e édit.
53. **Geikie.** La géologie (avec fig.). 4e édit.
54. **Zaborowski.** Les migrations des animaux. 3e édit.
55. **F. Paulhan.** La physiologie de l'esprit. 5e édit.
56. **Zurcher et Margollé.** Les phénomènes célestes. 3e édit.
57. **Girard de Rialle.** Les peuples de l'Afrique et de l'Amérique. 2e éd.
58. **Jacques Bertillon.** La statistique humaine de la France.

59. **Paul Gaffarel.** La défense nationale en 1792. 2ᵉ édit.
60. **Herbert Spencer.** De l'éducation. 8ᵉ édit.
61. **Jules Barni.** Napoléon Iᵉʳ. 3ᵉ édit.
62. **Huxley.** Premières notions sur les sciences. 4ᵉ édit.
63. **P. Bondois.** L'Europe contemporaine (1789-1879). 2ᵉ édit.
64. **Grove.** Continents et océans. 3ᵉ éd.
65. **Jouan.** Les îles du Pacifique.
66. **Robinet.** La philosophie positive. 4ᵉ édit.
67. **Renard.** L'homme est-il libre? 5ᵉ édit.
68. **Zaborowski.** Les grands singes.
69. **Hatin.** Le Journal.
70. **Girard de Rialle.** Les peuples de l'Asie et de l'Europe.
71. **Doneaud.** Histoire contemporaine de la Prusse. 2ᵉ édit.
72. **Dufour.** Petit dictionnaire des falsifications. 4ᵉ édit.
73. **Henneguy.** Histoire de l'Italie depuis 1815.
74. **Leneveux.** Le travail manuel en France. 2ᵉ édit.
75. **Jouan.** La chasse et la pêche des animaux marins.
76. **Regnard.** Histoire contemporaine de l'Angleterre.
77. **Bouant.** Hist. de l'eau (avec fig.).
78. **Jourdy.** Le patriotisme à l'école.
79. **Mongredien.** Le libre-échange en Angleterre.
80. **Creighton.** Histoire romaine (avec fig.)
81-82. **P. Bondois.** Mœurs et institutions de la France. 2 vol. 2ᵉ éd.
83. **Zaborowski.** Les mondes disparus (avec fig.). 3ᵉ édit.
84. **Debidour.** Histoire des rapports de l'Église et de l'État en France (1789-1871). Abrégé par Dubois et Sarthou.
85. **H. Beauregard.** Zoologie générale (avec fig.).
86. **Wilkins.** L'antiquité romaine (avec fig.). 2ᵉ édit.
87. **Maigne.** Les mines de la France et de ses colonies.
88. **Broquère.** Médecine des accidents.
89. **E. Amigues.** A travers le ciel.
90. **H. Gossin.** La machine à vapeur (avec fig.).
91. **Gaffarel.** Les frontières françaises. 2ᵉ édit.
92. **Dallet.** La navigation aérienne (avec fig.).
93. **Collier.** Premiers principes des beaux-arts (avec fig.).
94. **A. Larbalétrier.** L'agriculture française (avec fig.).
95. **Gossin.** La photographie (fig.).
96. **F. Genevoix.** Les matières premières.
97. **Faque.** L'Indo-Chine française.
98. **Monin.** Les maladies épidémiques (avec fig.).
99. **Petit.** Économie rurale et agricole.
100. **Mahaffy.** L'antiquité grecque (avec fig.).
101. **Bère.** Hist. de l'armée française.
102. **F. Genevoix.** Les procédés industriels.
103. **Quesnel.** Histoire de la conquête de l'Algérie.
104. **A. Coste.** Richesse et bonheur.
105. **Joyeux.** L'Afrique française (avec fig.).
106. **G. Mayer.** Les chemins de fer (avec fig.).
107. **Ad. Coste.** Alcoolisme ou Épargne. 4ᵉ édit.
108. **Ch. de Larivière.** Les origines de la guerre de 1870.
109. **Gérardin.** Botanique générale (avec fig.).
110. **D. Bellet.** Les grands ports maritimes de commerce (avec fig.).
111. **H. Coupin.** La vie dans les mers (avec fig.).
112. **A. Larbalétrier.** Les plantes d'appartement (avec fig.).
113. **A. Milhaud.** Madagascar. 2ᵉ éd.
114. **Sérieux et Mathieu.** L'Alcool et l'alcoolisme. 2ᵉ édit.
115. **Dʳ J. Laumonier.** L'hygiène de la cuisine.
116. **Adrien Berget.** La viticulture nouvelle. 2ᵉ éd.
117. **A. Acloque.** Les insectes nuisibles (avec fig.).
118. **G. Meunier.** Histoire de la littérature française. 2ᵉ éd.
119. **P. Merklen.** La Tuberculose; son traitement hygiénique.
120. **G. Meunier.** Histoire de l'art (avec fig.).
121. **Larrivé.** L'assistance publique.
122. **Adrien Berget.** La pratique des vins.
123. **A. Berget.** Les vins de France. (*Guide du consommateur.*)
124. **Vaillant.** Petite chimie de l'agriculteur.
125. **S. Zaborowski.** L'homme préhistorique. 7ᵉ édit.

BIBLIOTHÈQUE
DE PHILOSOPHIE CONTEMPORAINE

VOLUMES IN-12.

Br., 2 fr. 50; cart. à l'angl., 3 fr.; reliés, 4 fr.

Alaux.
Philosophie de Victor Cousin.

R. Allier.
Philosophie d'Ernest Renan. 2ᵉ éd.

L. Arréat.
La morale dans le drame, l'épopée et le roman. 2ᵉ édition.
Mémoire et imagination (peintres, musiciens, poètes et orateurs).
Les croyances de demain.
Dix ans de philosophie (1890-1900).
Le sentiment religieux en France.

G. Ballet.
Langage intérieur et aphasie. 2ᵉ éd.

Beaussire.
Antécédents de l'hégélianisme dans la philosophie française.

Bergson.
Le rire. 3ᵉ édit.

Ernest Bersot.
Libre philosophie.

Bertauld.
De la philosophie sociale.

Binet.
Psychologie du raisonnement. 3ᵉ éd.

Hervé Blondel.
Les approximations de la vérité.

C. Bos.
Psychologie de la croyance. 2ᵉ éd.

M. Boucher.
Essai sur l'hyperespace, le temps, la matière et l'énergie.

C. Bouglé.
Les sciences sociales en Allemagne. 2ᵉ édit.

J. Bourdeau.
Les maîtres de la pensée contemporaine. 3ᵉ éd.

E. Boutroux.
Conting. des lois de la nature. 4ᵉ éd.

Brunschvicg.
Introduction à la vie de l'esprit.

Carus.
La conscience du moi.

Coste.
Dieu et l'âme. 2ᵉ édit.

G. Danville.
Psychologie de l'amour. 3ᵉ édit.

L. Dauriac.
La psychol. dans l'Opéra français.

Delbœuf.
Matière brute et matière vivante.

L. Dugas.
Le psittacisme et la pensée symbolique.
La timidité. 3ᵉ édit.
Psychologie du rire.
L'absolu.

Dunan.
Théorie psychologique de l'espace.

Duprat.
Les causes sociales de la folie.
Le mensonge.

Durand (de Gros).
Questions de philosophie morale et sociale.

E. Durkheim.
Les règles de la méthode sociologique. 3ᵉ édit.

E. d'Eichthal.
Correspondance inédite de J. Stuart Mill avec G. d'Eichthal.
Les probl. sociaux et le socialisme.

Encausse (Papus).
L'occultisme et le spiritualisme. 2ᵉ édit.

A. Espinas.
La philosophie expérimentale en Italie.

E. Faivre.
De la variabilité des espèces.

Ch. Féré.
Sensation et mouvement. 2ᵉ édit.
Dégénérescence et criminalité. 3ᵉ éd.

E. Ferri.
Les criminels dans l'art et la littérature. 2ᵉ édit.

Fierens-Gevaert.
Essai sur l'art contemporain. 2ᵉ éd.
La tristesse contemporaine. 4ᵉ éd.
Psychologie d'une ville. Essai sur Bruges. 2ᵉ édit.
Nouveaux essais sur l'art contemporain.

M. de Fleury.
L'âme du criminel.

Fonsegrive.
La causalité efficiente.

A. Fouillée.
• La propriété sociale et la démocratie. Nouv. éd.

E. Fournière.
Essai sur l'individualisme.

Ad. Franck.
Philosophie du droit pénal. 5e édit.
Des rapports de la religion et de l'État. 2e édit.
La philosophie mystique en France au XVIIIe siècle.

Gauckler.
Le beau et son histoire.

E. Goblot.
Justice et liberté.

J. Grasset.
Les limites de la biologie. 2e édit.

G. de Greef.
Les lois sociologiques. 3e édit.

Guyau.
La genèse de l'idée de temps. 2e éd.

E. de Hartmann.
La Religion de l'avenir. 5e édition.
Le Darwinisme. 7e édition.

R. C. Herckenrath.
Probl. d'esthétique et de morale.

Marie Jaëll.
La musique et la psycho-physiologie.

W. James.
La théorie de l'émotion.

Paul Janet.
La philosophie de Lamennais.

J. Lachelier.
Du fondement de l'induction. 4e éd.

Mme Lampérière.
Le rôle social de la femme.

A. Landry.
La responsabilité pénale.

J.-L. de Lanessan.
Morale des philosophes chinois.

Lange.
Les émotions. 2e édit.

Lapie.
La justice par l'État.

Auguste Laugel.
L'Optique et les Arts.

Gustave Le Bon.
Lois psychologiques de l'évolution des peuples. 7e éd.
Psychologie des foules. 9e éd.

Lechalas.
Étude sur l'espace et le temps.

F. Le Dantec.
Le déterminisme biologique. 2e éd.
L'individualité et l'erreur individualiste.
Lamarckiens et darwiniens. 2e éd.

G. Lefèvre.
Obligation morale et idéalisme.

Liard.
Les Logiciens anglais contemporains. 4e édition.
Définitions géométriques. 3e édit.

H. Lichtenberger.
La philosophie de Nietzsche. 8e éd.
Aphorismes et fragments choisis de Nietzsche. 2e édit.

Lombroso.
L'anthropologie criminelle. 5e éd.
Nouvelles recherches de psychiatrie et d'anthropologie criminelle.
Les applications de l'anthropologie criminelle.

John Lubbock.
Le bonheur de vivre. 2 vol. 8e éd.
L'emploi de la vie. 5e édit.

G. Lyon.
La philosophie de Hobbes.

E. Marguery.
L'œuvre d'art et l'évolution.

Mariano.
La Philosophie contemp. en Italie.

Marion.
J. Locke, sa vie, son œuvre. 2e édit.

Maus.
La justice pénale.

Mauxion.
L'éducation par l'instruction.
Nature et éléments de la moralité

G. Milhaud.
Essai sur les conditions et les limites de la certitude logique. 2e édit
Le Rationnel.

Mosso.
La peur. 2e éd.
La fatigue intellect. et phys. 3e éd.

E. Murisier.
Les maladies du sentiment religieux. 2e édit.

A. Naville.
Nouvelle classification des sciences. 2e édit.

Max Nordau.
Paradoxes psychologiques. 5e éd.
Paradoxes sociologiques. 4e édit.
Psycho-physiologie du génie et du talent. 3e édit.

Novicow.
L'avenir de la race blanche.

Ossip-Lourié.
Pensées de Tolstoï. 2e édit.
Philosophie de Tolstoï. 2e édit.
La philos. soc. dans le théât. d'Ibsen.
Nouvelles pensées de Tolstoï.
Le bonheur et l'intelligence.

G. Palante.
Précis de sociologie. 2e édit.

Paulhan.
Les phénomènes affectifs. 2e édit.
J. de Maistre, sa philosophie.
Psychologie de l'invention.
Analystes et esprits synthétiques.

J. Philippe.
L'image mentale.

F. Pillon.
La philosophie de Charles Secrétan.

Mario Pilo.
La psychologie du beau et de l'art.

Ploger.
Le monde physique.

Queyrat.
L'imagination chez l'enfant. 3e édit.
L'abstraction, son rôle dans l'éducation intellectuelle.
Les caractères et l'éducation morale.
La logique chez l'enfant et sa culture. 2e éd.

P. Regnaud.
Précis de logique évolutionniste.
Comment naissent les mythes.

Charles de Rémusat.
Philosophie religieuse.

G. Renard.
Le régime socialiste. 4e édit.

A. Réville
Dogme de la divinité de Jésus-Christ. 3e éd.

Th. Ribot.
La philos. de Schopenhauer. 9e éd.
Les maladies de la mémoire. 17e éd.
Les maladies de la volonté. 19e éd.
Les maladies de la personnalité. 11e édit.
La psychologie de l'attention. 7e éd.

G. Richard.
Socialisme et science sociale. 2e éd.

Ch. Richet.
Psychologie générale. 5e éd.

De Roberty.
L'inconnaissable.
L'agnosticisme. 2e édit.
La recherche de l'Unité.
Auguste Comte et H. Spencer. 2e éd.
Le bien et le mal.
Psychisme social.
Fondements de l'éthique.
Constitution de l'éthique.
Frédéric Nietzsche.

Roisel.
De la substance.
L'idée spiritualiste. 2e édit.

Roussel-Despierres
L'idéal esthétique.

Émile Saisset.
L'âme et la vie.

Schopenhauer.
Le libre arbitre. 9e édition.
Le fondement de la morale. 8e édit.
Pensées et fragments. 18e édition.

Camille Selden.
La Musique en Allemagne.

P. Sollier
Les phénomènes d'autoscopie.

Herbert Spencer.
Classification des sciences. 7e édit.
L'individu contre l'Etat. 5e éd.

Stuart Mill.
Auguste Comte et la philosophie positive. 6e édition.
L'Utilitarisme. 3e édition.

Sully Prudhomme et Ch. Richet.
Le probl. des causes finales. 2e éd.

Tanon.
L'évol. du droit et la conscience soc.

Tarde.
La criminalité comparée. 5e éd.
Les transformations du droit. 2e éd.
Les lois sociales. 2e édit.

Thamin.
Éducation et positivisme. 2e éd.

P.-F. Thomas.
La suggestion, son rôle dans l'éducation intellectuelle. 2e édit.
Morale et éducation.

Tissié.
Les rêves. 2e édit.

Vianna de Lima.
L'homme selon le transformisme.

T. Wechniakoff.
Savants, penseurs et artistes.

Wundt.
Hypnotisme et suggestion.

Zeller.
Christ. Baur et l'école de Tubingue.

Th. Ziegler.
La question sociale est une question morale. 3e éd.

Derniers volumes publiés :

A. Bayet.
La morale scientifique.

A. Cresson.
La morale de Kant. 2e éd.

Marie Jaëll.
L'intelligence et le rythme dans les mouvements artistiques.

C.-A. Laisant.
L'éduc. fondée sur la science. 2e éd.

W.-R. Paterson (SWIFT)
L'éternel conflit.

Paulhan.
La fonction de la mémoire.

Queyrat.
Les jeux des enfants.

VOLUMES IN-8.

Brochés, à 5, 7 50 et 10 fr.; cart. angl., 1 fr. de plus par vol.; reliure, 2 fr.

Ch. Adam.
La philosophie en France (première moitié du XIXe siècle). 7 fr. 50

Agassiz.
De l'espèce et des classifications. 5 fr.

Alengry.
La sociologie chez Aug. Comte. 10 fr.

Matthew Arnold.
La crise religieuse. 7 fr. 50

Arréat.
Psychologie du peintre. 5 fr.

P. Aubry.
La contag. du meurtre, 3e éd. 5 fr.

Alex. Bain.
La logique inductive et déductive. 3e édit. 2 vol. 20 fr.
Les sens et l'intell. 3e édit. 10 fr.

J.-M. Baldwin.
Le développement mental chez l'enfant et dans la race. 7 fr. 50

Barthélemy Saint-Hilaire.
La philosophie dans ses rapports avec les sciences et la religion. 5 fr.

Barzellotti.
La philosophie de H. Taine. 7 fr. 50

Bergson.
Essai sur les données immédiates de la conscience. 3e édit. 3 fr. 75
Matière et mémoire. 3e édit. 5 fr.

A. Bertrand.
L'enseigement intégral. 5 fr.
Les études dans la démocratie. 5 fr.

Em. Boirac.
L'idée du phénomène. 5 fr.

Bouglé.
Les idées égalitaires. 3 fr. 75

L. Bourdeau.
Le problème de la mort. 3e éd. 5 fr.
Le problème de la vie. 7 fr. 50

Bourdon.
L'expression des émotions et des tendances dans le langage. 7 fr. 50

Em. Boutroux.
Études d'histoire de la philosophie. 2e édit. 7 fr. 50

L. Bray.
Du beau. 5 fr.

Brochard.
De l'erreur. 2e éd. 5 fr.

Brunschvicg.
Spinoza. 3 fr. 75
La modalité du jugement 5 fr.

Ludovic Carrau.
La philosophie religieuse en Angleterre depuis Locke. 5 fr.

Ch. Chabot.
Nature et moralité. 5 fr.

Clay.
L'alternative. 2e éd. 10 fr.

Collins.
Résumé de la phil. de H. Spencer. 4e éd. 10 fr.

Aug. Comte.
La sociologie. 7 fr. 50

A. Coste.
Principes d'une sociol. obj. 3 fr. 75
L'expérience des peuples. 10 fr.

Crépieux-Jamin.
L'écriture et le caractère. 4e éd. 7 fr. 50

A. Cresson.
La morale de la raison théorique. 5 fr.

Dewaule.
Condillac et la psychologie anglaise contemporaine. 5 fr.

G. Dumas.
La tristesse et la joie. 7 fr. 50

G.-L. Duprat.
L'instabilité mentale. 5 fr.

Duproix.
Kant et Fichte et le problème de l'éducation. 2e édit. 5 fr.

Durand (DE GROS).
Taxinomie générale. 5 fr.
Esthétique et morale. 5 fr.
Variétés philosophiques. 2e éd. 5 fr.

Durkheim.
De la div. du trav. soc. 2e éd. 7 fr. 50
Le suicide, étude sociolog. 7 fr. 50
L'année sociologique. 7 volumes : 1896-97, 1897-98, 1898-99, 1899-1900, 1900-1901. Chacune. 10 fr.
1901-1902, 1902-1903. Chac. 12 fr. 50

V. Egger.
La parole intérieure. 2e éd. 5 fr.

A. Espinas.
La philosophie sociale au XVIIIe siècle et la Révolution. 7 fr. 50

G. Ferrero.
Les lois psychologiques du symbolisme. 5 fr.

Louis Ferri.
La psychologie de l'association, depuis Hobbes. 7 fr. 50

Flint.
La philosophie de l'histoire en Allemagne. 7 fr. 50

Fonsegrive.
Le libre arbitre. 2e éd. 10 fr.
M. Foucault.
La psychophysique. 7 fr. 50
Alf. Fouillée.
La liberté et le déterminisme. 4e édit. 7 fr. 50
Critique des systèmes de morale contemporains. 4e éd. 7 fr. 50
La morale, l'art et la religion, d'après Guyau. 5e éd. 3 fr. 75
L'avenir de la métaphysique fondée sur l'expérience. 5 fr.
L'évolutionnisme des idées-forces. 7 fr. 50
La psychologie des idées-forces. 2 vol. 15 fr.
Tempérament et caractère. 3e édit. 7 fr. 50
Le mouvement idéaliste. 2e éd. 7 fr. 50
Le mouvement positiviste. 2e édit. 7 fr. 50
Psychologie du peuple français. 3e édit. 7 fr. 50
La France au point de vue moral. 2e édit. 7 fr. 50
Esquisse psychologique des peuples européens. 3e édit. 10 fr.
Nietzsche et l'immoralisme. 5 fr.
Ad. Franck.
La philosophie du droit civil. 5 fr.
G. Fulliquet.
Sur l'obligation morale. 7 fr. 50
Garofalo.
La criminologie. 5e édit. 7 fr. 50
La superstition socialiste. 5 fr.
L. Gérard-Varet.
L'ignorance et l'irréflexion. 5 fr.
E. Goblot.
La classific. des sciences. 5 fr.
A. Godfernaux.
Le sentiment et la pensée. 5 fr.
G. Gory.
L'immanence de la raison dans la connaissance sensible. 5 fr.
R. de la Grasserie.
De la psychologie des religions. 5 fr.
G. de Greef.
Le transformisme social. 2e éd. 7 fr. 50
La sociologie économique. 3 fr. 75
K. Groos.
Les jeux des animaux. 7 fr. 50
Gurney, Myers et Podmore
Les hallucin. télépath. 4e éd. 7 fr. 50
Guyau.
La morale angl. cont. 5e éd. 7 fr. 50
Les problèmes de l'esthétique contemporaine. 5e éd. 5 fr.
Esquisse d'une morale sans obligation ni sanction. 6e éd. 5 fr.
L'irréligion de l'avenir. 9e éd. 7 fr. 50
L'art au point de vue sociologique. 6e éd. 7 fr. 50
Hérédité et éducation. 7e éd. 5 fr.
E. Halévy.
La form. du radicalisme philos.
I. *La jeunesse de Bentham.* 7 fr. 50
II. *Évol. de la doctr. utilitaire, 1789-1815.* 7 fr. 50
III. *Le radicalisme philos.* 3 fr. 50
Hannequin.
L'hypoth. des atomes. 2e éd. 7 fr. 50
P. Hartenberg.
Les timides et la timidité. 2e éd. 5 fr.
G. Hirth.
Physiologie de l'art. 5 fr.
H. Hoffding.
Esquisse d'une psychologie fondée sur l'expérience. 2e édit. 7 fr. 50
J. Izoulet.
La cité moderne. 6e éd. 10 fr.
Paul Janet.
Les causes finales. 4e édit. 10 fr.
Œuvres phil. de Leibniz. 2e édition. 2 vol. 20 fr.
Victor Cousin et son œuvre. 3e édit. 7 fr. 50
Pierre Janet.
L'automatisme psychol. 4e éd. 7 fr. 50
J. Jaurès.
De la réalité du monde sensible. 2e édition. 7 fr. 50
Karppe.
Études d'histoire de philosophie. 3 fr. 75
A. Lalande.
La dissolution opposée à l'évolution, dans les sciences phys. et mor. 7 fr. 50
Lang.
Mythes, cultes et religions. 10 fr.
P. Lapie.
Logique de la volonté. 7 fr. 50
E. de Laveleye.
De la propriété et de ses formes primitives. 5e édit. 10 fr.
Le gouvernement dans la démocratie. 3e éd. 2 vol. 15 fr.
Gustave Le Bon.
Psych. du socialisme. 3e éd. 7 fr. 50
G. Lechalas.
Études esthétiques. 5 fr.
Lechartier.
David Hume, moraliste et sociologue. 5 fr.
Leclère.
Le droit d'affirmer. 5 fr.
F. Le Dantec.
L'unité dans l'être vivant. 7 fr. 50
Les limites du connaissable. 2e éd. 3 fr. 75

X. Léon.
La philosophie de Fichte. 10 fr.

L. Lévy-Bruhl.
La philosophie de Jacobi. 5 fr.
Lettres inédites de J. Stuart Mill à Auguste Comte. 10 fr.
La philos. d'Aug. Comte. 2e éd. 7 fr. 50
La morale et la science des mœurs. 2e éd. 5 fr.

Liard.
La science positive et la métaphysique. 4e édit. 7 fr. 50
Descartes. 2e édit. 5 fr.

H. Lichtenberger.
Richard Wagner, poète et penseur. 3e édit. 10 fr.

Lombroso.
La femme criminelle et la prostituée (en collab. avec M. Ferrero). 1 vol., avec planches. 15 fr.
Le crime polit. et les révol. (en collab. avec M. Laschi). 2 vol. 15 fr.
L'homme criminel. 3e édit. 2 vol., avec atlas. 36 fr.

É. Lubac.
Esquisse d'un système de psychol. rationnelle. 3 fr. 75

G. Lyon.
L'idéalisme en Angleterre au XVIIIe siècle. 7 fr. 50

P. Malapert.
Les éléments du caractère. 5 fr.

Marion.
La solidarité morale. 5e édit. 5 fr.

Fr. Martin.
La perception extérieure et la science positive. 5 fr.

J. Maxwell.
Les phénomènes psych. 2e éd. 5 fr.

Max Muller.
Nouv. études de Mythol. 12 fr. 50

Myers.
La personnalité humaine. 7 fr. 50

E. Naville.
La logique de l'hypothèse. 2e éd. 5 fr.
La physique moderne. 2e édit. 5 fr.
La définition de la philosophie. 5 fr.
Les philosophies négatives. 5 fr.
Le libre arbitre. 2e édition. 5 fr.

Max Nordau.
Dégénérescence. 2 v. 6e éd. 17 fr. 50
Les mensonges conventionnels de notre civilisation. 8e éd. 5 fr.
Vus du dehors. 5 fr.

Novicow.
Les luttes entre sociétés humaines. 2e édit. 10 fr.
Les gaspillages des sociétés modernes. 2e édit. 5 fr.

H. Oldenberg.
Le Bouddha, sa vie, sa doctrine, sa communauté. 2e éd. 7 fr. 50
La religion du Véda. 10 fr.

Ossip-Lourié.
La philosophie russe contemp. 5 fr.

Ouvré.
Form. littér. de la pensée grecq. 10 fr.

G. Palante.
Combat pour l'individu. 3 fr. 75

Fr. Paulhan.
L'activité mentale et les éléments de l'esprit. 10 fr.
Esprits logiques et esprits faux. 7 fr. 50
Les caractères. 2e édition. 5 fr.

Payot.
L'éducation de la volonté. 20e éd. 5 fr.
La croyance. 2e éd. 5 fr.

Jean Pérès.
L'art et le réel. 3 fr. 75

Bernard Perez.
Les trois premières années de l'enfant. 5e édit. 5 fr.
L'éd. mor. dès le berceau. 4e éd. 5 fr.
L'éd. intell. dès le berceau. 2e éd. 5 fr.

C. Piat.
La personne humaine. 7 fr. 50
Destinée de l'homme. 5 fr.

Picavet.
Les idéologues. 10 fr.

Piderit.
La mimique et la physiognomonie, avec 95 fig. 5 fr.

Pillon.
L'année philosophique. 12 vol. : 1890, 1891, 1892, 1894, 1895, 1896, 1897, 1898, 1899, 1900, 1901, 1902. Séparément 5 fr.

J. Ploger.
La vie et la pensée. 5 fr.
La vie sociale, la morale et le progrès. 5 fr.

Preyer.
Éléments de physiologie. 5 fr.
L'âme de l'enfant. 10 fr.

L. Proal.
Le crime et la peine. 3e éd. 10 fr.
La criminalité politique. 5 fr.
Le crime et le suicide passionnels. 10 fr.

F. Rauh.
De la méthode dans la psychologie des sentiments. 5 fr.
L'expérience morale. 3 fr. 75

Récéjac.
La connaissance mystique. 5 fr.

Renard.
La méthode scientifique de l'histoire littéraire. 10 fr.

Renouvier.
Les dilem. de la métaph. pure. 5 fr.
Hist. et solut. des problèmes métaphysiques. 7 fr. 50
Le personnalisme. 10 fr.

Th. Ribot.
L'hérédité psycholog. 5e éd. 7 fr. 50
La psychologie anglaise contemporaine. 3e éd. 7 fr. 50
La psychologie allemande contemporaine. 4e éd. 7 fr. 50
La psych. des sentim. 4e éd. 7 fr. 50
L'évol. des idées générales. 2e éd. 5 fr.
L'imagination créatrice. 2e éd. 5 fr.

Ricardou.
De l'idéal. 5 fr.

G. Richard.
L'idée d'évolution dans la nature et dans l'histoire. 7 fr. 50

E. de Roberty
Ancienne et nouvelle philos. 7 fr. 50
La philosophie du siècle. 5 fr.
Nouveau programme de sociol. 5 fr.

Romanes.
L'évol. ment. chez l'homme, 7 fr. 50

Ruyssen.
Évolut. psychol. du jugement. 5 fr.

A. Sabatier.
Philosophie de l'effort. 7 fr. 50

Emile Saigey.
Les sciences au XVIIIe siècle. La physique de Voltaire. 5 fr.

E. Sanz y Escartin.
L'individu et la réforme sociale. 7 fr. 50

Schopenhauer.
Aphorisme sur la sagesse dans la vie. 7e éd. 5 fr.
Le monde comme volonté et représentation. 3e éd. 3 vol. 22 fr. 50

Séailles.
Ess. sur le génie dans l'art. 2e éd. 5 fr.

Sergi.
La psychologie physiolog. 7 fr. 50

Sighele.
La foule criminelle. 2e édit. 5 fr.

Sollier.
Psychologie de l'idiot et de l'imbécile. 2e éd. 5 fr.
Le problème de la mémoire. 3 fr. 75

Souriau.
L'esthétique du mouvement. 5 fr.
La suggestion dans l'art. 5 fr.
La beauté rationnelle 10 fr.

Herbert Spencer.
Les premiers principes. 9e éd. 10 fr.
Principes de psychologie. 2 vol. 20 fr.
Princip. de biologie. 5e éd. 2 v. 20 fr.
Princip. de sociol. 4 vol. 36 fr. 25
Essais sur le progrès. 5e éd. 7 fr. 50
Essais de politique. 4e éd. 7 fr. 50
Essais scientifiques. 3e éd. 7 fr. 50
De l'éducation physique, intellectuelle et morale. 11e édit. 5 fr.

Stein.
La question sociale au point de vue philosophique. 10 fr.

Stuart Mill.
Mes mémoires. 3e éd. 5 fr.
Système de logique déductive et inductive. 4e édit. 2 vol. 20 fr.
Essais sur la Religion. 4e édit. 5 fr.

James Sully.
Le pessimisme. 2e éd. 7 fr. 50
Etudes sur l'enfance. 10 fr.

G. Tarde.
La logique sociale. 2e édit. 7 fr. 50
Les lois de l'imitation. 4e éd. 7 fr. 50
L'opposition universelle. 7 fr. 50
L'opinion et la foule. 2e édit. 5 fr.
Psychologie économique. 2 vol. 15 fr.

Em. Tardieu.
L'ennui. 5 fr.

P.-Félix Thomas.
L'éduc. des sentiments. 2e éd. 5 fr.
Pierre Leroux. Sa philosophie. 5 fr.

Thouverez.
Réalisme métaphysique. 5 fr.

Et. Vacherot.
Essais de philosophie critique. 7 fr. 50
La religion. 7 fr. 50

L. Weber.
Vers le positivisme absolu par l'idéalisme. 7 fr. 50

Derniers volumes publiés :

Dauriac.
Essai sur l'esprit musical. 5 fr.

Draghicesco
Rôle de l'individu dans le déterminisme social. 7 fr. 50

E. Fournière.
Théories social. au XIXe siècle. 7 fr. 50

E. Gley.
Études de psycho-physiologie. 5 fr.

Jacoby.
La sélect. chez l'homme. 2e éd. 10 fr.

Lauvrière.
Edgar Poë. Sa vie. Son œuvre. 10 fr.

A. Lévy
La philosophie de Feuerbach. 10 fr.

Th. Ribot.
La logique des sentiments. 3 fr. 75

G. Saint-Paul.
Le langage intérieur et les paraphasies. 5 fr.

James Sully.
Essai sur le rire. 7 fr. 50

1081-04. — Coulommiers. Imp. PAUL BRODARD. — 11-04.
[stamp: BIBLIOTHÈQUE NAT...]

HISTOIRE. — COLONISATION

CORDIER (H.), professeur à l'École des langues orientales vivantes. — **Histoire des relations de la Chine avec les puissances occidentales (1860-1902).**

TOME I. — *L'empereur Toung-Tché* (1860-1875). 1 vol. in-8 avec cartes. 10 fr.

TOME II. — *L'empereur Kouang-Siu* (1re partie, 1876-1887). 1 vol. in-8 avec cartes........ 10 fr.

TOME III. — *L'empereur Kouang-Siu* (2e partie, 1888-1902). 1 vol. in-8 avec cartes........ 10 fr.

— **L'expédition de Chine de 1858.** 1 vol. in-8........ 7 fr.

— **L'expédition de Chine de 1860.** 1 vol. in-8........ 7 fr.

COURANT (M.), maître de conférences à l'Université de Lyon, ancien interprète de la légation de France à Pékin. — **En Chine.** *Mœurs et institutions. Hommes et faits.* 1 vol. in-12........ 3 fr. 50

DRIAULT (E.), professeur agrégé d'histoire au lycée de Versailles. — **La Question d'Orient**, depuis ses origines jusqu'à nos jours. *Préface de* G. MONOD, de l'Institut. 1 vol. in-8, 3e édit. (*Ouvrage couronné par l'Institut*)........ 7 fr.

GAFFAREL (P.), professeur à l'Université d'Aix. — **Les colonies françaises.** 6e édition, revue et augmentée. 1 vol. in-8........ 5 fr.

LANESSAN (J.-L. DE), député. — **L'Indo-Chine française.** *Étude économique, politique, administrative sur la Cochinchine, le Cambodge, l'Annam et le Tonkin.* 1 vol. in-8 avec 5 cartes en couleurs hors texte (*Ouvrage couronné par la Société de Géographie commerciale de Paris*)........ 15 fr.

— **Principes de colonisation.** 1 vol. in-8, cartonné........ 6 fr.

LAPIE (P.), maître de conférences à l'Université de Rennes. — **Les civilisations tunisiennes.** *Musulmans, Israélites, Européens.* Étude de psychologie sociale. 1 vol. in-12........ 3 fr. 50

MONNIER (M.). — **Le drame chinois** (juillet-août 1900). 1 vol. in-12... 2 fr. 50

PIOLET (J.-B.). — **La France hors de France.** *De notre émigration. Sa nécessité. Ses conditions.* 1 vol. in-8........ 10 fr.

SAUSSURE (DE). — **Psychologie de la colonisation française.** 1 v. in-12. 3 fr. 50

WAHL (M.), inspecteur général et A. BERNARD, professeur à la Sorbonne. — **L'Algérie.** 1 vol. in-8. 4e édition. (*Ouvrage couronné par l'Institut*)........ 5 fr.

ZEVORT (E.), recteur de l'Académie de Caen. — **Histoire de la troisième république.**

I. *La présidence de M. Thiers.* 2e éd. 1 vol. in-8........ 7 fr.

II. *La présidence du Maréchal.* 2e éd. 1 vol. in-8........ 7 fr.

III. *La présidence de Grévy.* 2e éd. 1 vol. in-8........ 7 fr.

IV. *La présidence de Carnot.* 1 vol. in-8........ 7 fr.

ANNALES DES SCIENCES POLITIQUES

REVUE BIMESTRIELLE

Publiée avec la Collaboration des professeurs et des anciens élèves de l'École libre des Sciences politiques.

Fondée en 1885

COMITÉ DE RÉDACTION : M. Émile BOUTMY, de l'Institut, directeur de l'École ; M. Alf. DE FOVILLE, de l'Institut, conseiller maître à la Cour des comptes ; M. R. STOURM, ancien inspecteur des finances et administrateur des Contributions indirectes ; M. Alexandre RIBOT, député, ancien ministre ; M. L. RENAULT, de l'Institut, professeur à la Faculté de droit ; M. Albert SOREL, de l'Académie française ; M. A. VANDAL, de l'Académie française ; M. Aug. ARNAUNÉ, Directeur de la Monnaie ; M. Émile BOURGEOIS, maître de conférences à la Sorbonne ; Directeurs des groupes du travail, professeurs à l'École.

Rédacteur en chef : M. A. VIALLATE.

Prix de l'abonnement. — Un an (du 15 janvier) : Paris, 18 fr. ; — départements et étranger, 19 fr. — La livraison, 3 fr. 50

1230-05. — Coulommiers. Imp. PAUL BRODARD. — 10-05.

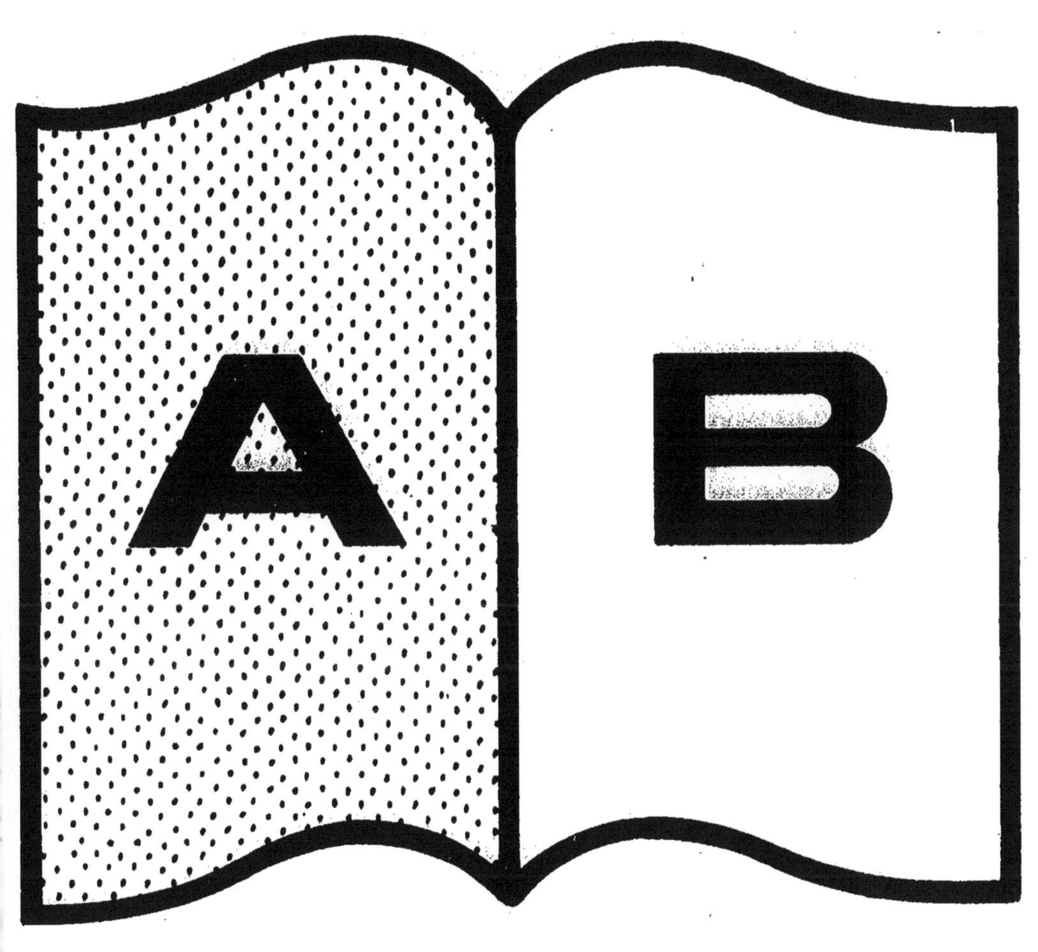

Contraste insuffisant

www.ingramcontent.com/pod-product-compliance
Ingram Content Group UK Ltd.
Pitfield, Milton Keynes, MK11 3LW, UK
UKHW020433200726
13857UKWH00002B/407